MOS

Microsoft Office Speciali

攻略問題集

PowerPoint 365

2023年リリース版

日経BP

目次

第1章　プレゼンテーションの管理 ──────────── 1

第2章　スライドの管理 ──────────────── 85

第3章　テキスト、図形、画像の挿入と書式設定 ————————115

第4章　表、グラフ、SmartArt、3Dモデル、メディアの挿入 ————————185

はじめに

本書は、Microsoft Office Specialist（MOS）に必要なアプリケーションの機能と操作方法を、練習問題で実習しながら学習する試験対策問題集です。試験の出題範囲をすべて学習することができます。

本書は「本誌解説」「模擬練習問題」「模擬テストプログラム」の 3 つの教材で学習を行います。

■ 本誌解説

個々の機能について、練習問題＋機能の説明＋操作手順という 3 ステップで学習します。
学習のために利用する実習用データのインストール方法は（7）ページを参照してください。

■ 模擬練習問題

より多くの問題を練習したい、という方のための模擬問題です。模擬テストプログラムではプログラムの都合上判定ができないような問題も収録しています。問題は 274 ページに掲載しています。解答に使用するファイルは実習用データと一緒にインストールされます。解答が終了したらプロジェクト単位でファイルを保存し、解答（PDF ファイル）および完成例ファイルと比較し、答え合わせを行ってください。

■ 模擬テストプログラム

実際の MOS 試験に似た画面で解答操作を行います。採点は自動で行われ、実力を確認できます。模擬テストのインストール方法は（7）ページ、詳しい使い方は 276 ページを参照してください。

模擬テストには次の 3 つのモードがあります。
・練習モード：　　一つのタスクごとに採点します。
・本番モード：　　実際の試験と同じように、50 分の制限時間の中で解答します。終了すると合否判定が表示され、問題ごとの採点結果を確認できます。作成したファイルはあとで内容を確認することもできます。
・実力判定テスト：毎回異なる組み合わせでプロジェクトが出題されます。何回でも挑戦できます。

■ 学習に必要なコンピューター環境（実習用データ、模擬テストプログラム）

OS	Windows 10 および 11（日本語版、32 ビットおよび 64 ビット。ただし S モードを除く）。本書発行後に発売された Windows のバージョンへの対応については、本書のウェブページ（https://nkbp.jp/050543）を参照してください。
アプリケーションソフト	Microsoft 365 または Office 2021（日本語版、32 ビットおよび 64 ビット）をインストールし、ライセンス認証を完了させた状態。 なお、お使いの Office がストアアプリ版の場合、模擬テストプログラムが動作しないことがあります。くわしくは、本書のウェブページ（https://nkbp.jp/050543）の「お知らせ」を参照してください。
インターネット	本誌解説の中には、インターネットに接続されていないと実習できない機能が一部含まれています。模擬テストプログラムの実行にインターネット接続は不要ですが、ダウンロード版の入手および模擬テストプログラムの更新プログラムの適用にはインターネット接続が必要です。
ハードディスク	1.4GB 以上の空き容量が必要です。
画面解像度	本誌解説は画面解像度が 1366 × 768 ピクセルの環境での画面ショットを掲載しています。環境によりリボンやボタンの表示が誌面とは異なる場合があります。模擬テストプログラムの実行には、横 1366 ピクセル以上を推奨します。
DVD-ROM ドライブ	付属ディスクからの実習用データおよび模擬テストのインストールに必要です。

※模擬テストプログラムは、Microsoft 365 または Office 2021 以外のバージョンや Microsoft 以外の互換 Office では動作いたしません。また、複数の Office が混在した環境では、本プログラムの動作を保証しておりません。

※ Office は、本プログラムのインストールより先にインストールしてください。本プログラムのインストール後に Office のインストールや再インストールを行う場合は、いったん本プログラムをアンインストールしてください。

■ インストール方法

本書付属 DVD-ROM およびダウンロード版セットアップファイルでは次の 2 つをインストールできます。

・模擬テストプログラム
・実習用データと模擬練習問題

これらは別々にインストールできます。

※**本書の電子版には付属 DVD-ROM はありません。次ページの「●ダウンロード版の入手**
　とインストール」をお読みください。

●インストール方法

DVD-ROM をドライブに挿入すると、自動再生機能によりインストールが始まります。始まらない場合は、DVD-ROM の中にある MosPowerPoint2021_Setup.exe をダブルクリックしてください（ファイルを間違えないようご注意ください）。

インストールウィザードで右の画面が表示されたら、インストールするモジュールの左にあるアイコンをクリックします。インストールする場合は［この機能をローカルのハードディスクドライブにインストールします。］（既定値）、インストールしない場合は［この機能を使用できないようにします。］を選んでください。その他の項目を選択すると正常にインストールされないのでご注意ください。

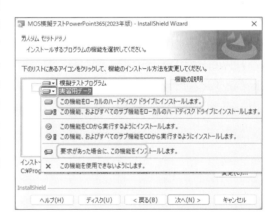

あとから追加でインストールする場合は、［コントロールパネル］の［プログラムと機能］で表示される一覧から［MOS 模擬テスト PowerPoint365（2023 年版）］を選び、［変更］をクリックします。右の画面で［変更］を選んで［次へ]をクリックすると、右上と同じ画面が表示されます。

※「インストールしています」の画面が表示されてからインストールが開始されるまで、かなり長い時間がかかる場合があります。インストールの進行を示すバーが変化しなくても、そのまましばらくお待ちください。

●ダウンロード版の入手とインストール

本書の電子版をご利用の場合や、光学ドライブを装備しないパソコンで利用する場合などのためにダウンロード版も用意しています。本書のウェブページ（https://nkbp.jp/050543）の「お知らせ」欄にある「模擬テスト（ダウンロード版）」のリンクを開いてセットアップファイルをダウンロードします。

※ファイルのダウンロードには、日経 ID および日経 BOOK プラスへの登録が必要になります（いずれも登録は無料）。

●インストール場所

模擬テストプログラム： インストールプログラムが提示します。この場所は変更できます。
実習用データ： 　　　　[ドキュメント] - [PowerPoint365（実習用）] フォルダー。この場所は変更できませんが、インストール後に移動させることはできます。

●アンインストール方法

① Windows に管理者（Administrator）でサインイン / ログオンします。
② コントロールパネルの [プログラムと機能] ウィンドウを開き、[MOS 模擬テスト PowerPoint365（2023 年版）] を選んで [アンインストール] をクリックします。
※アンインストールを行うと、実習用データ（あとで作成したものを除く）も削除されます。

おことわり

本書の内容および模擬テストプログラムは、2023年10月現在の Microsoft 365 で検証しています。
Office の更新状況や機能・サービスの変更により、模擬テストプログラムの正解手順に応じた操作ができなかったり、正しい手順で操作したにもかかわらず正解とは判定されなかったりすることがあります。その場合は、適宜別の方法で操作したり、手順を確認のうえ、ご自分で正解と判断したりして学習を進めてください。

本書の使い方

ここで学習する
機能です。

練習問題
問題文を読んで操作
してください。

その他の操作方法
ショートカット・キーやショー
トカットメニューなど、同じ
機能を他の操作手順で行う方
法を掲載しています。

練習問題ファイル
練習問題で使用
するファイルと、
そのファイルを
収めたフォルダ
ーの名称です。

解答例ファイル
練習問題を解い
た解答例のファ
イルと、そのファ
イルを収めた
フォルダーの名
称です。

重要用語
覚えておくべき単
語を列挙してい
ます。

機能の説明
試験範囲の機能を理解し、練
習問題を解くうえで最も重要
な内容を説明しています。手
順だけでなく背景となる知識
も身に付けてください。

ポイント
機能に関する専門
用語や操作上のキ
ーとなる手順など
について解説して
います。

ヒント
機能の説明を補う内容で
す。

操作手順
練習問題の解答例
として操作手順を
掲載しています。

🖊 **注意** 練習問題によっては、問題用のファイルがない場合もあります。また、問題を解くときに問題用のファイルに加えて他のファイルも使用する場合があります。

🖊 **注意** 練習問題によっては、解答ファイルを収録せず誌面に画面を掲載している場合もあります。また、解答ファイルのファイル名は通常「解答1-1-1」のように付けていますが、「バザー配布用（解答1-5-6）」のように、問題で指示されたファイル名を付けたり、別のファイル形式で保存している場合があります。

🖊 **注意** 同じ結果を得るために複数の操作手順がある場合は、そのうちの一つを記載しています。

■ PowerPoint 365 の画面

[ファイル] タブ

クリックすると開く、保存、印刷などのメニューが表示される。そのほか
PowerPoint の設定やファイルの情報を管理する操作が実行できる。

タブ

ウィンドウ上の［ホーム］［挿入］…と表示された部分。クリックすると、
その下のボタンの内容が変化する。

リボン

ウィンドウ上の［ホーム］［挿入］…と表示された部分とその下のボタンが
並んでいるエリア。リボンは現在の作業に応じて自動的に切り替わる。

詳細なダイアログボックスの表示

クリックすると、より詳細な設定ができるダイアログボックスや作業ウィ
ンドウが表示される。

スライドのサムネイル

スライドのサムネイル（縮小版）が表示される。ステータスバーの［標準］
ボタンをクリックすると、サムネイル表示とアウトライン表示が切り替わ
る。

スライドペイン

各スライドのテキストがどのように表示されるのかを確認することができ
る。スライドごとに、グラフィックス、ビデオ、サウンドなどの追加、ハ
イパーリンクの作成、アニメーションの追加などを行うことができる。

ミニツールバー

文字を選択したとき選択文字の右上に現れるバー。文字を選択したときは
透明な状態で表示され、マウスポインターをミニツールバーの上に移動す
ると不透明になってボタンがクリックできる。ミニツールバーはマウスを
右クリックしても表示される。

コマンドボタン

各グループを構成する個々のボタン。コマンドボタンにマウスポインターを合わせて少し待つと、そのコマンドボタンの機能がポップヒントで表示される。

グループ

ボタンが［フォント］や［段落］などのグループに分類されている。グループには、似た機能を持つボタン（コマンドボタン）が集められている。

コメント

スライドペインの右側に表示されるコメントペインの表示 / 非表示を切り替える。

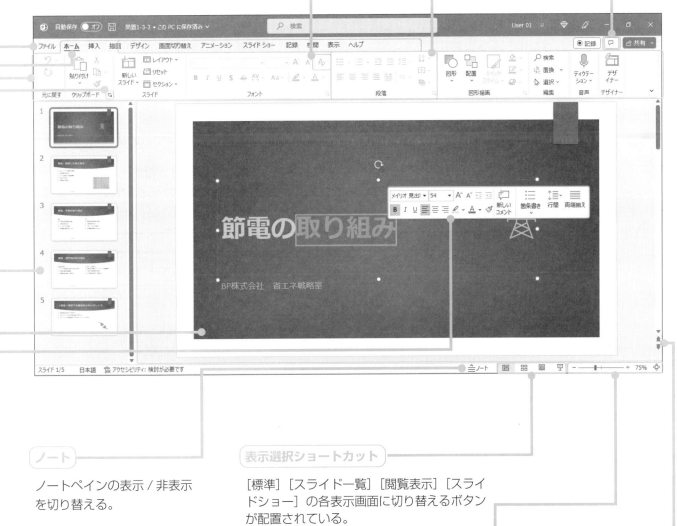

ノート

ノートペインの表示 / 非表示を切り替える。

表示選択ショートカット

［標準］［スライド一覧］［閲覧表示］［スライドショー］の各表示画面に切り替えるボタンが配置されている。

ズームスライダー

ウィンドウ右下にあり、表示倍率を変更する。スライダーをドラッグすると表示倍率を変更できる。また、［＋］［－］のボタンをクリックすると 10％ずつ拡大 / 縮小できる。

スクロールバー

画面に表示されていない部分を表示する場合に使用する。

■ 本書の表記

本書では、Windows 10 および 11 上で PowerPoint 365 を操作した場合の画面表示、名称を基本に解説し、次のように表記しています。

●画面に表示される文字

メニュー、コマンド、ボタン、ダイアログボックスなどの名称で画面に表示される文字は、角かっこ（[ ]）で囲んで表記しています。アクセスキー、コロン（:）、省略記号（...）、チェックマークなどの記号は表記していません。

●ボタン名の表記

ボタンに表記されている名前を、原則的に使用しています。なお、ボタン名の表記がないボタンは、マウスでポイントすると表示されるポップヒントで表記しています。また、右端や下に▼が付いているボタンでは、「[○○] ボタンをクリックする」とある場合はボタンの左側や上部をクリックし、「[○○] ボタンの▼をクリックする」とある場合は、ボタンの右端や下部の▼部分をクリックすることを表します。

■ 実習用データの利用方法

インストール方法は、（7）ページを参照してください。[PowerPoint365（実習用）] フォルダーは [ドキュメント] の中にあり、以下のフォルダーと解答に使用するファイルが収録されています。

フォルダー名	内容
[問題] フォルダー	練習問題用のファイル
[解答] フォルダー	練習問題の解答例ファイル
[模擬練習問題] フォルダー	模擬練習問題に関する、解答に必要なファイル、完成例ファイル、問題と解答例

おことわり

Officeのバージョンやエディション、更新状況に伴う機能・サービスの変更により、誌面の通りに表示されなかったり操作できなかったりすることがあります。その場合は適宜別の方法で操作してください。

■ 学習の進め方

本誌解説は、公開されている MOS 365 の「出題範囲」に基づいて章立てを構成しています。このため、PowerPoint の機能を学習していく順序としては必ずしも適切ではありません。PowerPoint の基本から応用へと段階的に学習する場合のカリキュラム案を以下に示しますが、もちろんこの通りでなくてもかまいません。

本書は練習問題（1-1-1 のような項目ごとに一つの練習問題があります）ごとに実習用の問題ファイルが用意されているので、順序を入れ替えても問題なく練習できるようになっています。

1. スライドの挿入と編集

2-1	スライドを挿入する（2-1-5 を除く）
2-2	スライドを変更する
2-3	スライドを並べ替える、グループ化する

2. テキスト、画像、図形の挿入と編集

3-1	テキストを書式設定する
3-3	図を挿入する、書式設定する
3-4	グラフィック要素を挿入する、書式設定する（3-4-6 を除く）
3-5	スライド上のコンテンツを並べ替える、配置する、グループ化する

3. 表、グラフ、SmartArt、3D モデル、メディアの挿入と書式設定

4-1	表を挿入する、書式設定する
4-2	グラフを挿入する、変更する
4-3	SmartArt を挿入する、書式設定する
4-4	3D モデルを挿入する、変更する
4-5	メディアを挿入する、管理する

MOS 試験について

●試験の内容と受験方法

MOS（マイクロソフトオフィススペシャリスト）試験については、試験を実施しているオデッセイコミュニケーションズの MOS 公式サイトを参照してください。
https://mos.odyssey-com.co.jp/

● PowerPoint 365 の出題範囲

より詳しい出題範囲（PDF ファイル）は MOS 公式サイトからダウンロードできます。その PDF ファイルにも書かれていますが、出題範囲に含まれない操作や機能も出題される可能性があります。

プレゼンテーションの管理

- ・スライド、配布資料、ノートのマスターを変更する
- ・プレゼンテーションのオプションや表示を変更する
- ・プレゼンテーションの印刷設定を行う
- ・スライドショーを設定する、実行する
- ・共同作業と配布のためにプレゼンテーションを準備する

スライドの管理

- ・スライドを挿入する
- ・スライドを変更する
- ・スライドを並べ替える、グループ化する

テキスト、図形、画像の挿入と書式設定

- ・テキストを書式設定する
- ・リンクを挿入する
- ・図を挿入する、書式設定する
- ・グラフィック要素を挿入する、書式設定する
- ・スライド上のコンテンツを並べ替える、配置する、グループ化する

表、グラフ、SmartArt、3D モデル、メディアの挿入

- ・表を挿入する、書式設定する
- ・グラフを挿入する、変更する
- ・SmartArt を挿入する、書式設定する
- ・3D モデルを挿入する、変更する
- ・メディアを挿入する、管理する

画面切り替えやアニメーションの適用

- ・画面切り替えを適用する、設定する
- ・スライドのコンテンツにアニメーションを設定する

試験の操作方法

試験問題の構成や操作方法などは試験開始前に説明画面が表示されますが、なるべく事前に頭に入れておき、問題の解答操作以外のところで時間を取られないよう注意しましょう。

●試験問題の構成

試験は「マルチプロジェクト」と呼ぶ形式で、5 〜 10 個のプロジェクトで構成されています。プロジェクトごとに一つのファイルが開き、そのファイルに対して解答操作を行います。タスク（問題）はプロジェクトごとに 1 〜 7 個、試験全体で 26 〜 35 個あります。

●プロジェクトの操作

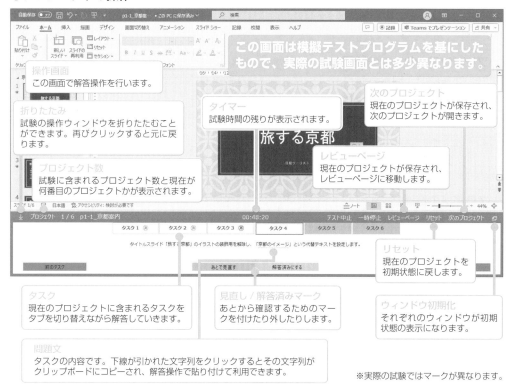

試験が始まると上記のような画面が表示されます。上半分がプロジェクトファイルを開いたPowerPoint のウィンドウです。下半分が試験の操作ウィンドウ（プロジェクト操作ウィンドウ）で、問題文の表示、タスク（問題）の切り替え、次のプロジェクトへの移動、［解答済みにする］と［あとで見直す］のマーク付けなどを行います。［プロジェクトの概要］［タスク 1］［タスク 2］…という部分はタブになっていて、選択されているタスクの問題文やプロジェクトの簡単な説明がその下に表示されます。

一つのタスクについて、解答操作を行ったら［解答済みにする］をクリック、解答操作に自信がない（あとで見直したい）場合や解答をいったんスキップする場合は［あとで見直す］をクリックします。なお、［解答済みにする］マークや［あとで見直す］マークは確認のためのものであり、試験の採点には影響しません。その後、ほかのタスクに切り替えます。タスクは番号にかかわらずどの順序でも解答することができます。解答操作をキャンセルしてファイルを初期状態に戻したいときは［リセット］をクリックします。この場合、そのプロジェクトのすべてのタスクに関する解答操作が失われます。

全部のタスクを解答またはスキップしたら［次のプロジェクト］をクリックします。すると確認メッセージとともにそのプロジェクトが保存され、次のプロジェクトが開きます。試験の操作ウィンドウの上部のバーには試験に含まれるプロジェクト数と現在が何番目のプロジェクトかが「1/7」という形式で表示されており、その横に残り時間が表示されています。最後のプロジェクトで［次のプロジェクト］をクリックすると、確認メッセージに続けてレビューページが表示されます。

●レビューページ

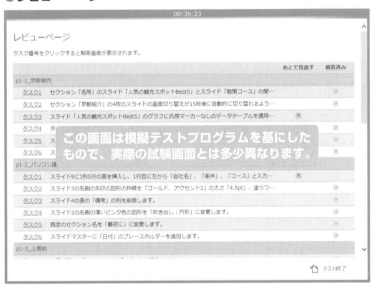

レビューページには、解答操作の際に付けた［解答済みにする］と［あとで見直す］のマークがそれぞれのタスクに表示されます。タスク番号をクリックすると試験の操作画面に戻り、該当するプロジェクトのファイルが開きます。プロジェクトファイルは保存したときの状態で、クリックしたタスクが選択されています。解答の操作、修正、確認などを行ったら［解答済みにする］や［あとで見直す］のマークの状態を更新します。

一度レビューページが表示されたあとは、試験の操作ウィンドウの右上にこの一覧画面に戻るための［レビューページ］が表示され、クリックするとプロジェクトが保存されてレビューページに戻ります。

すべての操作や確認が完了したら［テスト終了］をクリックして試験を終了します。［テスト終了］をクリックしなくても、試験時間の50分が経過したら自動的に終了します。

受験時のアドバイス

▶ ▶ ▷ 試験開始前に配布資料をよく読む・・・・・・・・・・・・・・・・・・・・・・・・・・・・・・・・・

試験開始前には、試験官の注意をよく聞き、配布される資料をきちんと読みましょう。資料には解答時の注意点などが書かれており、それが採点に影響することもありますから、確認漏れのないよう注意します。

▶ ▷ タスクの解答順にはこだわらない・・・・・・・・・・・・・・・・・・・・・・・・・・・・・・・・・・

一つのプロジェクト内では同じファイルに対して操作を行いますが、タスクは基本的に相互の関連がないので、前のタスクを解答しないと次のタスクが解答できない、ということはありません。左の「タスク1」から順に解答する必要はありません。

▶ ▶ ▷ 一つのタスクに固執しない・・・・・・・・・・・・・・・・・・・・・・・・・・・・・・・・・・・・・

できるだけ高い得点をとるためには、やさしい問題を多く解答して正解数を増やすようにします。とくに試験の前半で難しい問題に時間をかけてしまうと、時間が足りなくなる可能性があります。タスクの問題文を読んで、すぐに解答できる問題はその場で解答し、すぐに解答できそうにないと感じたら、早めにスキップして解答を後回しにします。全部のタスクを開いたら、スキップしたタスクがあっても次のプロジェクトに進みます。

▶ ▶ ▷ ［解答済みにする］か［あとで見直す］のチェックは必ず付ける・・・・・・・

一つのタスクについて、解答したときは［解答済みにする］、解答に自信がないかすぐに解答できないときは［あとで見直す］のチェックを必ず付けてから、次のタスクを選択するようにします。これらのチェックは採点結果には影響しませんが、あとでレビューページを表示したときに重要な情報になるので、付け忘れないようにします。

▶ ▶ ▷ レビューページで未了タスクを確認・・・・・・・・・・・・・・・・・・・・・・・・・・・・・

どのタスクの解答を解答済みにしたかは、レビューページで確認します。レビューページはすべてのプロジェクトを保存（［次のプロジェクト］ボタンをクリック）しないと表示されません。レビューページで［解答済みにする］マークも［あとで見直す］マークも付いていないタスクは、タスクの問題文を見逃している可能性があるので、そのタスクがあればまず確認し解答します。

次に、［あとで見直す］マークが付いているタスクに取りかかります。解答できたら［あとで見直す］マークのチェックを外し［解答済みにする］マークをチェックしてから、レビューページに戻ります。

▶ ▶ ▷ 残り時間を意識し、早めにレビューページを表示する・・・・・・・・・・・・・・・

プロジェクト操作画面とレビューページには、試験の残り時間が表示されています。試験終了間際にならないうちに、すべてのプロジェクトをいったん保存してレビューページを表示するように心がけます。

▶▶▶ ［リセット］ボタンは慎重に・・・

［リセット］ボタンをクリックすると、現在問題文が表示されているタスクだけではなく、そのプロジェクトにあるタスクの操作がすべて失われるので注意が必要です。途中で操作の間違いに気づいた場合、なるべく［リセット］ボタンを使わず、［元に戻す］ボタン（または Ctrl+Z キー）で操作を順に戻すようにしましょう。

▶▶▶ 指示外の設定は変更しない・・・

操作項目に書かれていない設定項目は既定のままにしておきます。これを変更すると採点結果に悪影響を与える可能性があります。

▶▶▶ 文字は直接入力せずコピー機能を利用する・・・・・・・・・・・・・・・・・・・・・・・・・・・・

問題文で下線が引かれた文字列をクリックするとその文字がクリップボードにコピーされ、解答操作で Ctrl+V キーなどで貼り付けて利用できます。プレースホルダーや図形への文字入力のほか、セクションやプロパティの設定などあらゆる文字入力の操作で利用できます。入力ミスを防ぎ操作時間を短縮するためにコピー機能を利用しましょう。

▶▶▶ 英数字や記号は基本的に半角文字・・・・・・・・・・・・・・・・・・・・・・・・・・・・・・・・・・

英数字や記号など、半角文字と全角文字の両方がある文字については、具体的な指示がない限り半角文字を入力します。

▶▶▶ プレビューやスライドショーで確認する・・・・・・・・・・・・・・・・・・・・・・・・・・・・・・

画面切り替えやアニメーションを設定したときはプレビューやスライドショーを実行して問題文で指示されているとおり動作するか確認しましょう。

▶▶▶ ファイルの保存は適度に・・・

ファイルをこまめに保存するよう、案内画面には書かれていますが、それほど神経質になる必要はありません。ファイルの保存操作をするかどうかは採点結果には影響しません。何らかの原因で試験システムが停止してしまった場合に、操作を途中から開始できるようにするためのものです。ただし、このようなシステム障害の場合にどういう措置がとられるかは状況次第ですので、会場の試験官の指示に従ってください。

1

プレゼンテーションの管理

本 章 で 学 習 す る 項 目

- ☐ スライド、配布資料、ノートのマスターを変更する
- ☐ プレゼンテーションのオプションや表示を変更する
- ☐ プレゼンテーションの印刷設定を行う
- ☐ スライドショーを設定する、実行する
- ☐ 共同作業と配布のためにプレゼンテーションを準備する

スライド、配布資料、ノートのマスターを変更する

PowerPointではプレゼンテーション全体をマスターで一括管理しています。マスターには、スライドマスター、配布資料マスター、ノートマスターの3種類があります。マスターでレイアウトや書式を設定すると、すべてのスライドに対して反映できるので、統一感のあるプレゼンテーションを作成することができます。

1-1-1 スライドマスターのテーマや背景の要素を変更する

練習問題

問題フォルダー
└問題 1-1-1.pptx

PowerPoint365
（実習用）フォルダー
└Logo.png

解答フォルダー
└解答 1-1-1.pptx

【操作 1】 スライドマスターでテーマを「ウィスプ」、テーマの配色を「黄緑」、テーマのフォントを「Cambria」に変更します。

【操作 2】 スライドマスターで背景を「スタイル 5」に変更します。

【操作 3】 スライドマスターに［PowerPoint365（実習用）］フォルダーに保存されている画像ファイル「Logo」を挿入し、スライドマスターの右上に配置して、スライドマスター表示を閉じます。

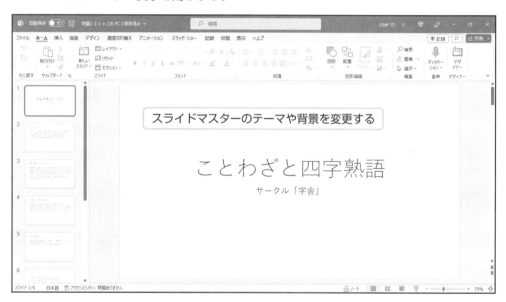

機能の解説

□ スライドマスター
□ ［スライドマスター］ボタン
□ スライドレイアウト
□ テーマ
□ ［テーマ］ボタン
□ 配色（テーマの配色）

スライドマスターは、スライドのデザインや書式を管理しているスライドのことです。スライドマスターには、プレゼンテーション内のスライドのプレースホルダーのサイズや位置、文字書式や段落書式、背景のデザインや配色、効果やアニメーションなどの情報が格納されています。スライドマスターを表示するには、［表示］タブの ［スライドマスター］ボタンをクリックします。

スライドマスターには複数のスライドレイアウトが含まれ、各スライドレイアウトはスライドマスターが管理する要素をもとに構成されています。そのため、スライドマスターでテーマの適用、書式の変更、フッターや画像の挿入などを行うと、対応しているスライドレイアウトに反映されます。

テーマとは、スライドのデザインや配色、フォント、効果といった書式のセットのことで、WordやExcelなどでも使用されています。テーマを適用するとプレゼンテーション全体のデザインをまとめて変更することができます。また、配色、フォント、効果を個別に設

□ フォント（テーマのフォント）

□ 効果（テーマの効果）

□ 背景の変更

□ 画像の挿入

定することや、独自に作成したテーマを保存して利用することも可能です。スライドマスターでテーマを変更するには、［スライドマスター］タブの 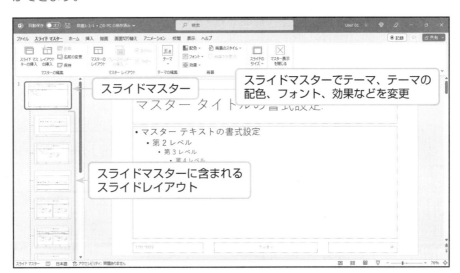 ［テーマ］ボタンをクリックして一覧から選択します。

スライドマスターで背景を変更するには、［スライドマスター］タブの ［背景のスタイル ∨］［背景のスタイル］ボタンをクリックして一覧から選択します。また、スライドマスターにロゴなどの画像や図形を挿入すると、対応するスライドレイアウトに共通に表示させることができます。画像や図形の挿入および配置の変更は通常のスライドと同じ操作で行うことができます。

操作手順

その他の操作方法

スライドマスター表示
Shift キーを押しながらステータスバーの［標準］ボタンをクリックします。

【操作 1】

❶ ［表示］タブの ［スライドマスター］ボタンをクリックします。

❷ ［スライドマスター］タブが表示されたことを確認します。

❸ 左側のサムネイルの一番上にあるスライドマスターをクリックします。

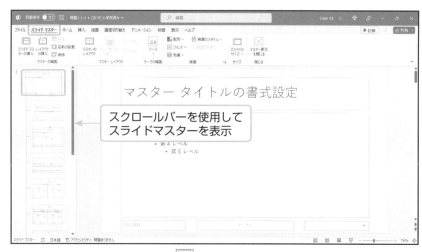

❹ ［スライドマスター］タブの [テーマ] ボタンをクリックし、［ウィスプ］をクリックします。

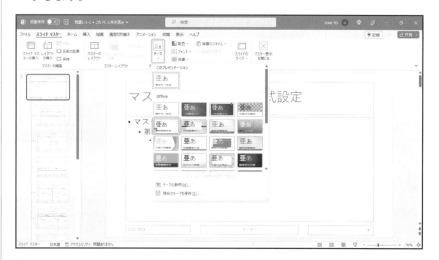

❺ すべてのレイアウトにテーマ「ウィスプ」が適用されます。

★ヒント

テーマの配色

テーマの配色は、テキスト/背景の色（4色）、アクセントの色（6色）、ハイパーリンクの色（2色）の全12色で構成されています。[配色]ボタンの色は、適用されているテーマのテキストおよび背景色を表しています。既存の配色をカスタマイズして独自の配色パターンを作成することも可能です。

★ヒント

テーマのフォント

テーマのフォントは、見出しのフォントと本文のフォントで構成されています。既存のフォントをカスタマイズして独自のフォントパターンを作成することも可能です。

★ヒント

テーマの効果

テーマの効果は、枠線、塗りつぶし、効果（影、反射、光彩、ぼかし、面取り、3-D回転）の組み合わせで構成されています。テーマの効果を変更すると、SmartArtグラフィック、図形、グラフ、表などの外観が変化します。

⑥ ［スライドマスター］タブの 配色▾ ［配色］ボタンをクリックし、［黄緑］をクリックします。

⑦ すべてのレイアウトの配色が変更されます。

⑧ ［スライドマスター］タブの 亜 フォント▾ ［フォント］ボタンをクリックし、［Cambria］をクリックします。

上：見出し（タイトル）のフォント
下：本文（箇条書きなど）のフォント

⑨ すべてのレイアウトのフォントが変更されます。

【操作2】

⑩ ［スライドマスター］タブの 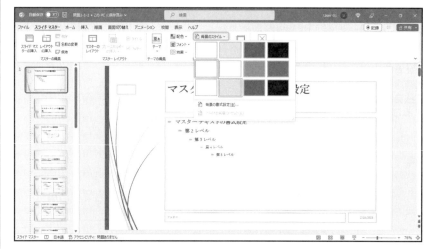 ［背景のスタイル］ボタンをクリックし、［スタイル5］をクリックします。

★ヒント

背景の変更

個々のスライドの背景を変更することもできます（「2-2-2 個々のスライドの背景を変更する」を参照）。

⑪ すべてのレイアウトの背景が変更されます。

★ヒント

スライド全体に画像を挿入

スライド全体に画像を背景として挿入するには、［スライドマスター］タブの［背景のスタイル］ボタンをクリックして［背景の書式設定］をクリックし、［背景の書式設定］作業ウィンドウを使用します。

【操作3】

⑫ ［挿入］タブの  ［画像］ボタンをクリックし、［このデバイス］をクリックします。

⑬［図の挿入］ダイアログボックスが表示されます。

⑭ 左側の一覧から［ドキュメント］をクリックします。

⑮［PowerPoint365（実習用）］フォルダーをダブルクリックします。

⑯ 一覧から「Logo」をクリックし、［挿入］をクリックします。

⑰ 画像が挿入されます。

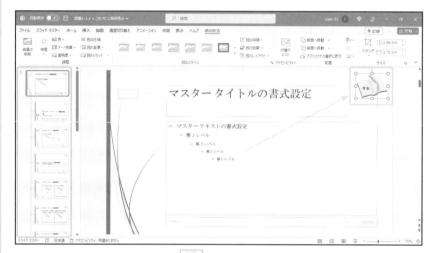

⑳ [スライドマスター]タブの [マスター表示を閉じる]ボタンをクリックします。

㉑ 各スライドが設定したテーマや背景になっていることを確認します。

1-1-2 スライドマスターのコンテンツを変更する

問題フォルダー
└ 問題 1-1-2.pptx

解答フォルダー
└ 解答 1-1-2.pptx

練習問題

【操作 1】 スライドマスターのタイトルのフォントの色を「オレンジ、アクセント 2、白 + 基本色 60%」に変更し、太字を設定します。

【操作 2】 スライドマスターのプレースホルダーの行頭文字を「塗りつぶし四角の行頭文字」に変更します。

【操作 3】 スライドマスターでフッターの文字列を右揃えにし、スライドマスター表示を閉じます。

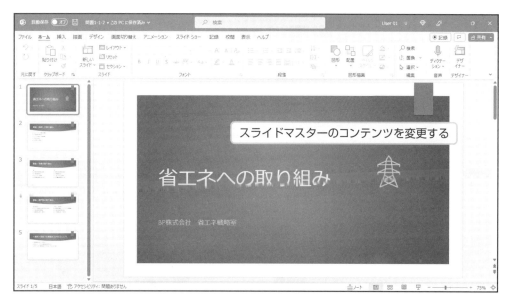

機能の解説

スライドマスターのコンテンツの変更

スライドマスターの書式や行頭文字、プレースホルダーの配置の変更は、通常のスライドと同様の操作で行うことができます（「3 テキスト、図形、画像の挿入と書式設定」を参照）。スライドマスターで変更を行うと、そのスライドマスターに含まれるレイアウトに反映されます（テーマによっては、変更されるレイアウトが異なる場合があります）。
スライドマスターのプレースホルダーの表示 / 非表示は、[スライドマスター] タブでサムネイルの一番上にあるスライドマスターをクリックし、[マスターのレイアウト] ボタンをクリックして表示される [マスターレイアウト] ダイアログボックスの各チェックボックスをオン / オフにします。

【操作 1】

❶［表示］タブの 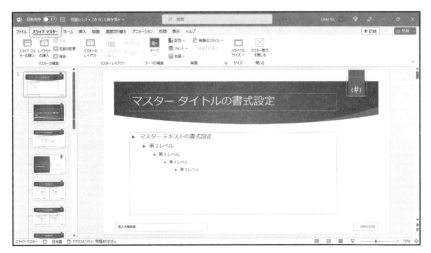［スライドマスター］ボタンをクリックして［スライドマスター］
タブを表示し、サムネイルの一番上にあるスライドマスターをクリックします。

❷「マスタータイトルの書式設定」と表示されているプレースホルダーの枠線上をク
リックします。

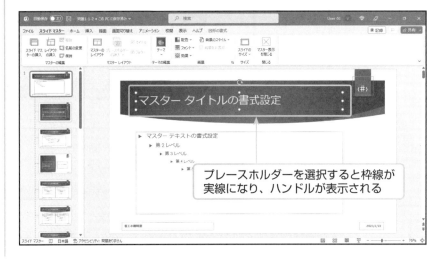

プレースホルダーを選択すると枠線が
実線になり、ハンドルが表示される

③ ［ホーム］タブの ![A▼] ［フォントの色］ボタンの▼をクリックし、［テーマの色］の［オレンジ、アクセント 2、白＋基本色 60％］をクリックします。

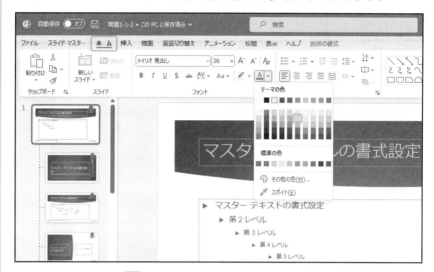

④ ［ホーム］タブの ![B] ［太字］ボタンをクリックします。

⑤ スライドマスターのタイトルの書式が変更され、対応するスライドレイアウトにも反映されます。

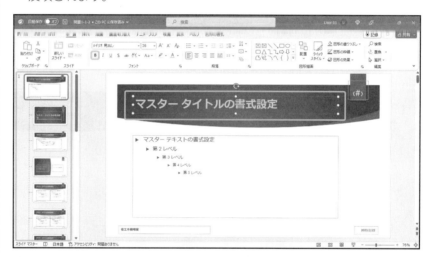

【操作 2】

⑥ 「マスターテキストの書式設定」と表示されているプレースホルダーの枠線上をクリックします。

⑦ ［ホーム］タブの ![≡▼] ［箇条書き］ボタンの▼をクリックし、［塗りつぶし四角の行頭文字］をクリックします。

■ ポイント

特定のレベルのみ変更

簡条書きの特定のレベルだけ
行頭文字を変更するには、変
更するレベルにカーソルを移
動または選択して操作します。

⑧ 行頭文字が変更されます。

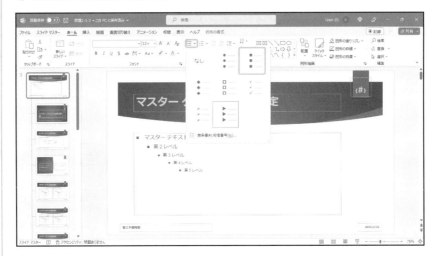

【操作3】

⑨ 「省エネ戦略室」と表示されているフッタープレースホルダーの枠線上をクリックします。

⑩ [ホーム] タブの [右揃え] ボタンをクリックします。

⑪ 「フッター」の文字列が右揃えになります。

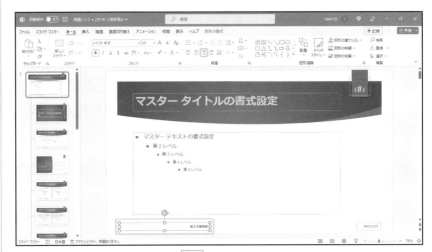

⑫ [スライドマスター] タブの [マスター表示を閉じる] ボタンをクリックします。

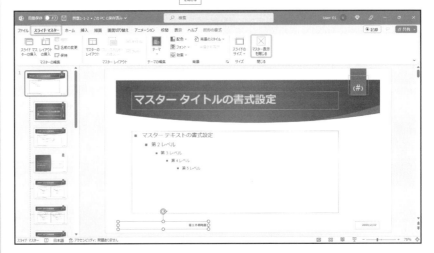

⓭ すべてのスライドに設定した内容が適用されたことを確認します。

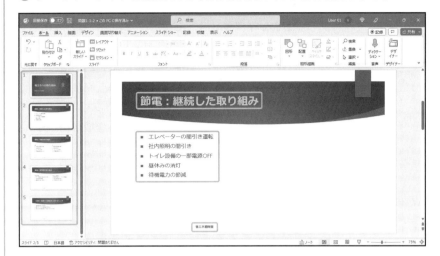

1-1-3 スライドのレイアウトを作成する

練習問題

【操作 1】 タイトルスライドレイアウトの下に、以下の設定で「オリジナル」という名前で新しいレイアウトを作成します。

・タイトルプレースホルダーの左下に縦 10cm ×横 20cm の横書きテキストプレースホルダーを作成し、左側をタイトルプレースホルダーの左の位置に合わせる

・タイトルプレースホルダーの右下に縦 6cm ×横 8cm の図のプレースホルダーを作成する（正確な位置は問いません）

【操作 2】 スライド 3 から 5 のレイアウトを「オリジナル」に変更します。

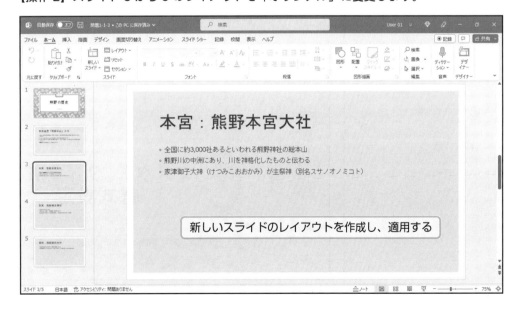

- □ スライドのレイアウトの作成
- □ [レイアウトの挿入] ボタン
- □ [プレースホルダーの挿入] ボタン
- □ レイアウト名の変更
- □ スライドレイアウトのコピー

スライドのレイアウトは、ユーザーが独自に作成することもできます。新しいレイアウトを作成するには、[スライドマスター] タブの [レイアウトの挿入] ボタンをクリックして新しいレイアウトを追加し、[プレースホルダーの挿入] ボタンの▼をクリックして目的のプレースホルダーを選択してレイアウトに配置します。作成したレイアウトの名前を変更する場合は、レイアウトをクリックして [スライドマスター] タブの [名前の変更] ボタンをクリックします。作成したレイアウトは、[ホーム] タブの [新しいスライド] ボタンや [レイアウト] ボタンに表示されます。

また、既存のスライドレイアウトをコピーや複製して編集し、新しいレイアウトとして名前を変更して活用することもできます。

【操作 1】

❶ [表示] タブの [スライドマスター] ボタンをクリックして [スライドマスター] タブを表示します。

❷ サムネイルの一覧から [タイトルスライドレイアウト] をクリックします。

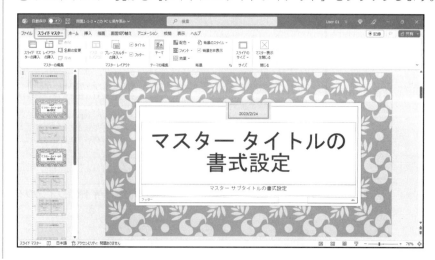

❸ ［スライドマスター］タブの ［レイアウトの挿入］ボタンをクリックします。

❹ ［タイトルスライドレイアウト］の下に新しいレイアウトが挿入されます。

その他の操作方法
レイアウトの挿入
新しくレイアウトを挿入する位置で右クリックし、［レイアウトの挿入］をクリックします。

❺ ［スライドマスター］タブの ［プレースホルダーの挿入］ボタンの▼をクリックし、［テキスト］をクリックします。

❻ マウスポインターの形状が ＋ に変わったことを確認し、「マスタータイトルの書式設定」と表示されているプレースホルダーの左上から右下へドラッグします。

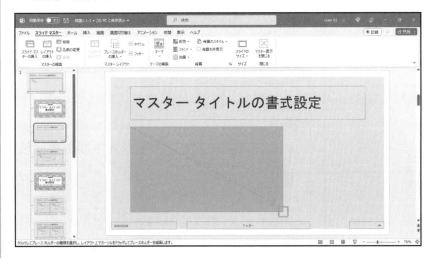

第1章 プレゼンテーションの管理

❼ テキストプレースホルダーが作成されます。

❽ [書式] タブの [図形の高さ] ボックスに「10cm」、[図形の幅] ボックスに「20cm」と指定します。

❾ テキストプレースホルダーの枠線をポイントしてマウスポインターの形状が ✣ に変わったことを確認し、「マスタータイトルの書式設定」と表示されているプレースホルダーの左側に合わせるようにドラッグします。

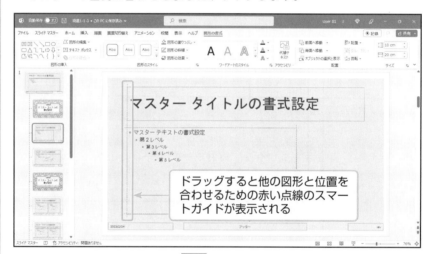

ドラッグすると他の図形と位置を合わせるための赤い点線のスマートガイドが表示される

❿ [スライドマスター] タブの [プレースホルダーの挿入] ボタンの▼をクリックし、[図] をクリックします。

⑪ マウスポインターの形状が ＋ に変わったことを確認し、テキストプレースホルダー
の右側の余白をドラッグします。

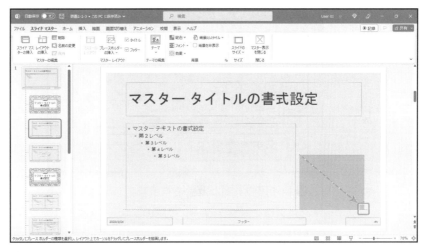

⑫ 図プレースホルダーが作成されます。

⑬ [書式] タブの [図形の高さ] ボックスに「6cm」、[図形の幅] ボックスに「8cm」
と指定します。

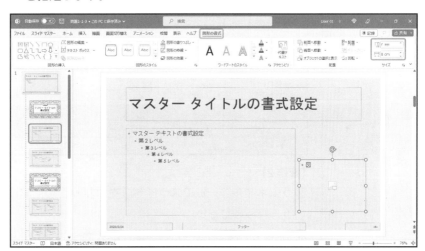

その他の操作方法

レイアウト名の変更
名前を変更するレイアウトで
右クリックし、[レイアウト名
の変更] をクリックします。

⑭ [スライドマスター] タブの [名前の変更] ボタンをクリックします。

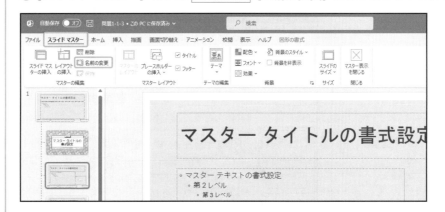

⑮[レイアウト名の変更] ダイアログボックスの [レイアウト名] ボックスに「オリジ
ナル」と入力します。

⑯[名前の変更] をクリックします。

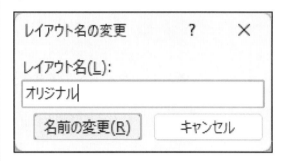

⑰ レイアウト名が変更されます。

⑱[スライドマスター] タブの [マスター表示を閉じる] ボタンをクリックします。

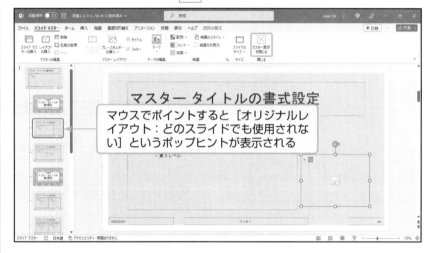

【操作 2】

⑲ サムネイルの一覧でスライド 3 をクリックし、**Shift** キーを押しながらスライド 5
をクリックします。

⑳[ホーム] タブの [レイアウト] ボタンをクリックし、[オリジナル] を
クリックします。

㉑ スライド3から5のレイアウトが変更されます。

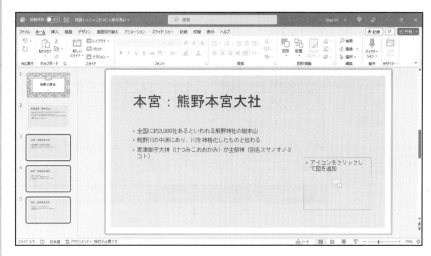

1-1-4　スライドのレイアウトを変更する

練習問題

問題フォルダー
└問題 1-1-4.pptx

解答フォルダー
└解答 1-1-4.pptx

【操作 1】スライドマスターでタイトルとコンテンツのレイアウトの背景を非表示にします。
【操作 2】スライドマスターでタイトルとコンテンツのレイアウトのタイトルに下線を設定します。

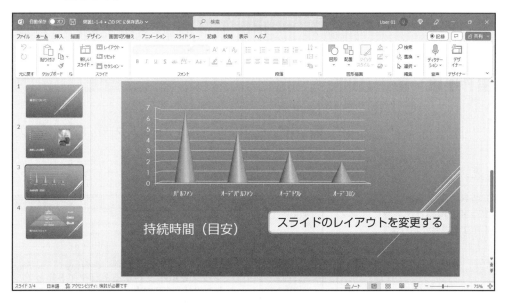

□ スライドレイアウト
□ レイアウト名
□ 特定のレイアウトの背景
　 の非表示
□ [背景を非表示] チェッ
　 クボックス

特定のスライドのレイアウトの書式やプレースホルダーの配置を変更するには、スライド
マスターの下部にあるレイアウトを選択して操作します。レイアウトをポイントすると、
レイアウト名と適用しているスライド番号がポップヒントで表示されます。スライドレイ
アウトの背景に画像などが設定されている場合、背景を非表示にするには、目的のスライ
ドレイアウトを選択して [スライドマスター] タブの [背景を非表示] チェックボックス
をオンにします。
特定のレイアウトのプレースホルダーの書式を変更するには、目的のスライドレイアウト
を選択してプレースホルダーを選択して操作します。

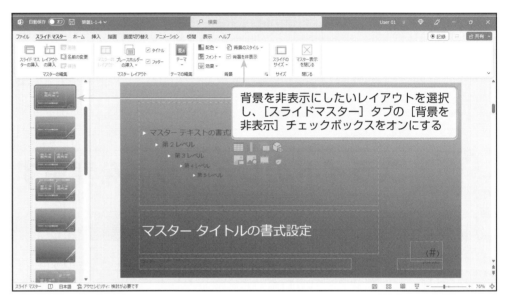

標準表示に切り替えると、対応するレイアウトを適用しているスライドに反映されている
ことが確認できます。変更したレイアウトは、[ホーム] タブの [新しいスライド] ボ
タンや [レイアウト] [レイアウト] ボタンに表示されるレイアウトにも反映されます。

【操作 1】
❶ [表示] タブの [スライドマスター] ボタンをクリックして [スライドマスター]
　 タブを表示します。
❷ サムネイルの一覧から [タイトルとコンテンツレイアウト] をクリックします。

レイアウトの種類
レイアウトの種類はテーマに
よって異なる場合があります。

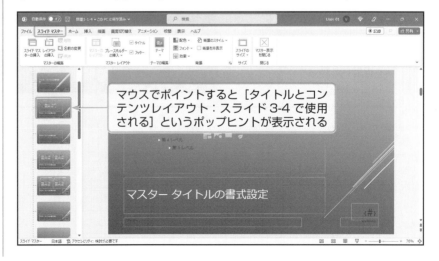

❸ ［スライドマスター］タブの［背景を非表示］チェックボックスをオンにします。

❹ 選択したレイアウトの背景が非表示になります。

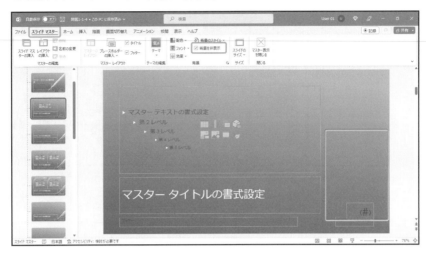

【操作 2】

❺ ［タイトルとコンテンツレイアウト］の「マスタータイトルの書式設定」と表示され
ているプレースホルダーの枠線上をクリックします。

❻ ［ホーム］タブの U ［下線］ボタンをクリックします。

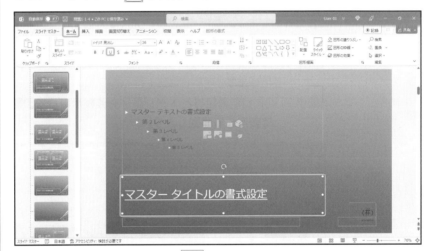

❼ ［スライドマスター］タブの [マスター表示を閉じる］ボタンをクリックします。

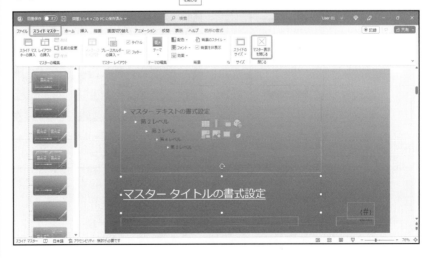

❽ スライド3と4に設定した内容が適用されていることを確認します。

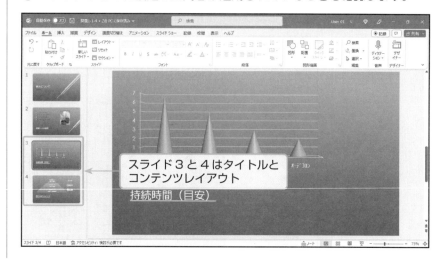

スライド3と4はタイトルと
コンテンツレイアウト

1-1-5 配布資料マスターを変更する

練習問題

問題フォルダー
└ 問題 1-1-5.pptx

解答フォルダー
└ 解答 1-1-5.pptx

【操作1】配布資料マスターを使用して配布資料のヘッダーに「社員用」と表示するようにします。

【操作2】配布資料の日付とページ番号を非表示にして印刷プレビュー画面で「2スライド」で表示して確認します。

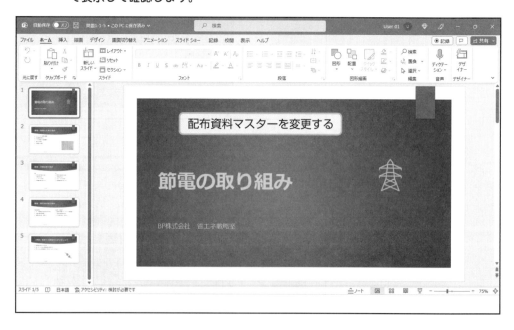

重要用語

- ☐ 配布資料
- ☐ 配布資料マスター
- ☐ ［配布資料マスター］ボ
  タン

プレゼンテーションのスライドを印刷して配布するために、スライドを用紙にレイアウトしたものを配布資料といいます。配布資料の書式や配置を設定するには、配布資料マスターを使用します。配布資料マスターを表示するには、［表示］タブの [配布資料マスター］ボタンをクリックします。

配布資料マスターでは、配布資料のヘッダーやフッターの入力や日付、ページ番号の位置やサイズ、表示 / 非表示などを変更することができます。配布資料マスターで変更した結果は印刷プレビューで確認できます（「1-3-3　配布資料を印刷する」を参照）。プリンターの環境などにより、ページ番号などが印刷されない場合、配置を変更するときに使用すると便利です。

ポイント

[ヘッダーとフッター] ダイ
アログボックス

配布資料のヘッダーやフッター、日付、ページ番号は、［挿入］タブの［ヘッダーとフッター］ボタンをクリックして表示される［ヘッダーとフッター］ダイアログボックスの［ノートと配布資料］タブでも指定できます。［ヘッダーとフッター］ダイアログボックスを使用した入力内容は、配布資料とノートの両方に適用されます。

[ヘッダーとフッター] ボタン

ヒント

配布資料の初期設定

配布資料の初期設定では右上に印刷時の日付、右下にページ番号が表示されます。

ヒント

配布資料マスターの変更内容

配布資料マスターで変更した内容は、アウトラインの印刷結果や発行対象を配布資料にした PDF/XPS 形式のファイルにも反映されます。

配布資料マスター画面

印刷プレビュー画面

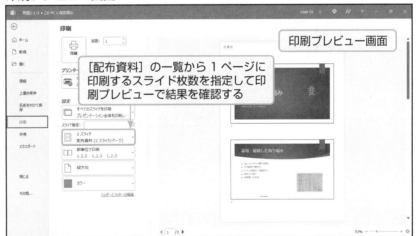

【操作 1】

❶［表示］タブの［配布資料マスター］ボタンをクリックします。

❷ 配布資料マスターが表示されます。

❸「ヘッダー」と表示されているプレースホルダー内をクリックします。

❹「社員用」と入力します。

【操作2】

❺ ［配布資料マスター］タブの［日付］チェックボックスと［ページ番号］チェックボックスをオフにします。

❻ ［配布資料マスター］タブの 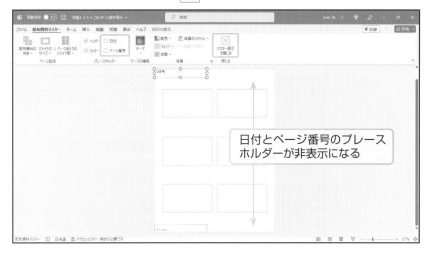［マスター表示を閉じる］ボタンをクリックします。

❼ ［ファイル］タブの［印刷］をクリックします。

❽ ［フルページサイズのスライド］をクリックし、［配布資料］の［2 スライド］をクリックします。

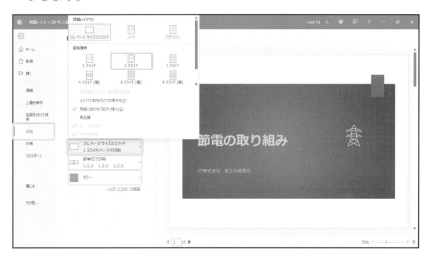

❾ ヘッダーが表示されていることを確認します。

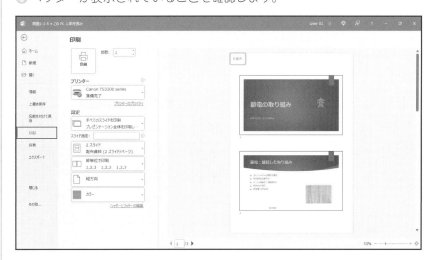

1-1-6 ノートマスターを変更する

問題フォルダー
└問題 1-1-6.pptx

解答フォルダー
└解答 1-1-6.pptx

ノートマスターのテキストプレースホルダーの枠線を「緑、アクセント 6」に設定し、「ノート表示」に切り替えて確認します。

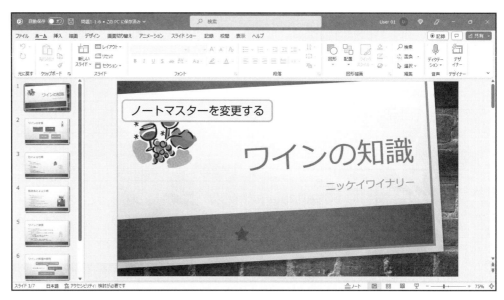

機能の解説

重要用語

☐ ノート
☐ ノート表示
☐ ノートマスター
☐ [ノートマスター] ボタン

プレゼンテーションを発表するときに必要となる資料の作成は、ノートを使用すると便利です。[表示] タブの [プレゼンテーションの表示] の ▣[ノート] ボタンをクリックするとノート表示に切り替わります (「1.2.2　プレゼンテーションの表示を変更する」を参照)。

ノート表示は、既定で上部にスライド、下部にテキストを入力できるテキストプレースホルダーが表示されます。

ノート表示

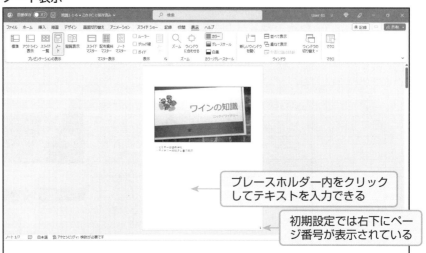

ノート表示のスライドやプレースホルダーのサイズ、書式、配置などをまとめて変更するには、ノートマスターを使用します。ノートマスターを表示するには、[表示] タブの [ノートマスター] ボタンをクリックします。

ヒント

ノートマスターの変更内容
ノートマスターで変更した内容は、ノートの印刷結果や発行対象をノートにした PDF/XPS 形式のファイルにも反映されます。

ノートマスター画面

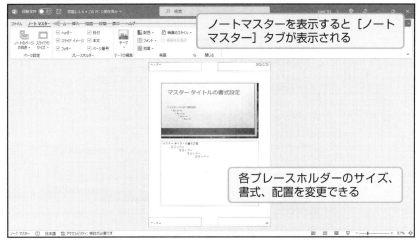

ノートマスターを表示すると [ノートマスター] タブが表示される

各プレースホルダーのサイズ、書式、配置を変更できる

なお、ノートや配布資料のヘッダーやフッター、日付、ページ番号は [挿入] タブの [ヘッダーとフッター] ボタンをクリックして表示される [ヘッダーとフッター] ダイアログボックスの [ノートと配布資料] タブで指定します。

❶［表示］タブの ［ノートマスター］ボタンをクリックします。

❷ ノートマスターが表示されます。

❸「マスターテキストの書式設定」と表示されているプレースホルダーの枠線上をクリックします。

❹［図形の書式］タブの ［図形の枠線］ボタンの▼をクリックし、［テーマの色］の［緑、アクセント 6］をクリックします。

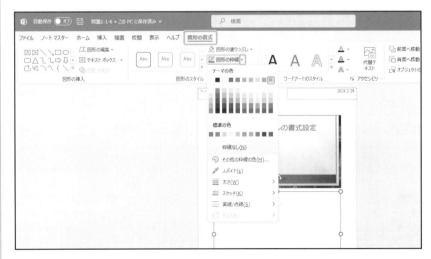

❺ プレースホルダーの選択を解除し、設定を確認します。

❻ [ノートマスター] タブの [マスター表示を閉じる] ボタンをクリックします。

❼ [表示] タブの [プレゼンテーションの表示] の [ノート] ボタンをクリックしてノート表示に切り替えます。

[表示] タブの [表示] の [ノート] ボタン

[表示] タブの [表示] の [ノート] ボタンをクリックすると、標準表示モードのスライドペインの下部にノート領域が表示されます。テキストの入力はできますが書式設定や画像の挿入はできません。

[ノート] ボタン

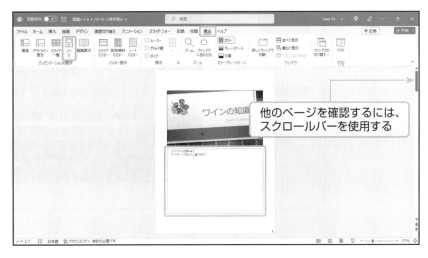

1-2 プレゼンテーションの オプションや表示を変更する

スライドのサイズは、モニターや印刷する用紙に合わせて指定することができます。また、表示モードやカラー/グレースケールを作業に合わせて使い分けることができます。ファイルにプロパティを設定すると、ファイルの整理や検索を効率的に行えるようになります。

1-2-1 スライドのサイズを変更する

練習問題

問題フォルダー
└問題 1-2-1.pptx

解答フォルダー
└解答 1-2-1.pptx

スライドのサイズを「16：10」に変更し、サイズに合わせて調整します。

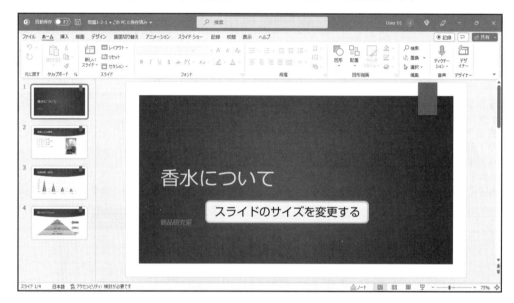

機能の解説

重要用語

□ スライドのサイズ
□ [スライドのサイズ] ボタン
□ [スライドのサイズ] ダイアログボックス
□ 最大化
□ サイズに合わせて調整

スライドのサイズは、プレゼンテーションを実施するモニター（画面）のサイズやスライドを印刷する用紙サイズに合わせて変更することができます。スライドのサイズの初期値は、ワイド画面の比率である「16：9」が設定されています。スライドのサイズを変更するには、[デザイン] タブの [スライドのサイズ] ボタンの [ユーザー設定のスライドのサイズ] をクリックして表示される [スライドのサイズ] ダイアログボックスを使用します。

[スライドのサイズ] ダイアログボックス

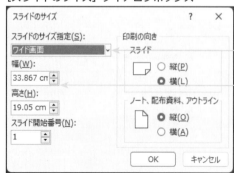

[スライドのサイズ指定] ボックスの▼をクリックして表示される一覧からサイズを指定

[幅] ボックスと [高さ] ボックスに数値でサイズを指定

30 第 1 章　プレゼンテーションの管理

また、コンテンツを自動的に拡大縮小できないサイズを指定した場合は、2種類のオプションを選択する画面が表示されます。

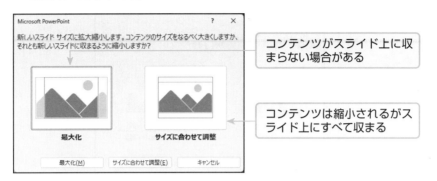

コンテンツがスライド上に収まらない場合がある

コンテンツは縮小されるがスライド上にすべて収まる

なお、作成済みのプレゼンテーションのサイズを変更すると、プレースホルダーやスライドに挿入した画像などのサイズや配置の変更や背景がリセットされる場合があります。スライドのサイズを変更した場合は、それらを必要に応じて調整します。

操作手順

❶ [デザイン] タブの [スライドのサイズ] ボタンをクリックし、[ユーザー設定のスライドのサイズ] をクリックします。

❷ [スライドのサイズ] ダイアログボックスが表示されます。

❸ [スライドのサイズ指定] ボックスの▼をクリックし、[画面に合わせる（16：10）] をクリックします。

❹ [OK] をクリックします。

ポイント

スライドのサイズを数値で指定

スライドのサイズを数値で指定するには、[スライドのサイズ] ダイアログボックスの [幅] ボックスと [高さ] ボックスの数値を変更します。数値を変更すると [スライドのサイズ指定] ボックスが [ユーザー設定] になります。

⑤［Microsoft PowerPoint］ダイアログボックスが表示されます。

⑥［サイズに合わせて調整］をクリックします。

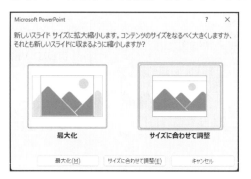

ヒント

スライドマスターでの
サイズの変更

スライドマスターでスライドの
サイズを変更するには、［スラ
イドマスター］タブの［スライ
ドのサイズ］ボタンを使用し
ます。

⑦ スライドのサイズが変更されます。

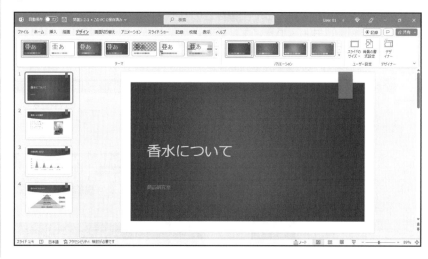

1-2-2 プレゼンテーションの表示を変更する

練習問題

問題フォルダー
└問題 1-2-2.pptx

解答フォルダー
└解答 1-2-2.pptx

※解答ファイルにはグレースケールとスライドの移動の結果は保存されていません。

【操作 1】 グレースケールで表示して、スライド 2 のワインボトルのイラストを「明るいグレースケール」に変更します。

【操作 2】 カラー表示に戻り、スライド一覧表示に切り替えてスライド 7 を選択します。

【操作 3】 ノート表示に切り替えて表示倍率を 80％に変更し、スライドのノートを「試飲コーナーの紹介も追加」に編集します。

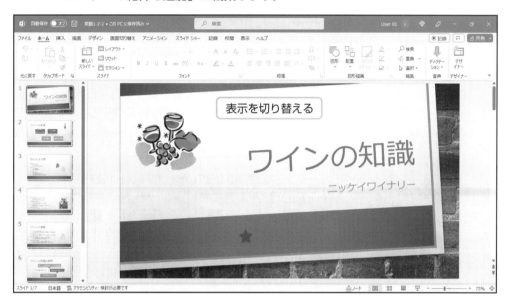

機能の解説

重要用語

- □ 表示モード
- □ 標準表示
- □ スライド一覧表示
- □ サムネイル
- □ ノート表示
- □ ［表示］タブ
- □ ステータスバー
- □ 表示倍率の変更
- □ グレースケール
- □ 白黒

PowerPoint の既定の表示モードは標準表示で、スライドに対して文字の入力や画像の挿入などのさまざまな作業を行うときに使用します。スライド一覧表示は、1 つの画面にすべてのスライドがサムネイル（スライドの縮小版）で表示されます。スライド全体の構成やバランスなどを確認するときに使用します。標準表示やスライド一覧表示では、サムネイルを使用してスライドの選択や移動ができます。ノート表示は、スライドとノートが表示されます。発表時の注意事項や留意点などを入力、編集するときに使用します。表示モードを切り替えるには、［表示］タブの［プレゼンテーションの表示］にあるボタンまたはステータスバーのボタンをクリックします。

また、各表示モードで 10％～ 400％の範囲で作業しやすい表示倍率に変更することができます。表示倍率を変更するには、［表示］タブの［ズーム］ボタンやステータスバーを使用します。変更した表示倍率を既定のウィンドウサイズにするには、ステータスバーの［ウィンドウに合わせる］ボタンをクリックするか［表示］タブの［ウィンドウに合わせる］ボタンをクリックします。

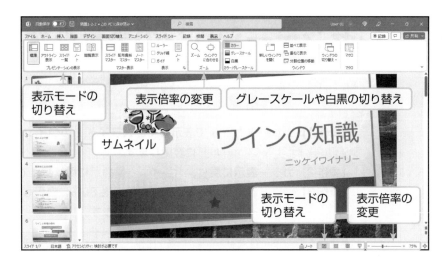

［表示］タブの［カラー / グレースケール］にあるボタンを使うと、プレゼンテーションをグレースケールや白黒で表示することができます。グレースケールに切り替えると［グレースケール］タブ、白黒に切り替えると［白黒］タブが表示されます。

グラフィック要素を選択して［グレースケール］タブや［白黒］タブの［選択したオブジェクトの変更］で設定を変更すると、カラー表示では従来のままで表示を変更したときにだけ表示される色を設定できます。

［グレースケール］タブの［選択したオブジェクトの変更］

ボタンは［白黒］タブも同じ

操作手順

【操作 1】

❶［表示］タブの ▇ グレースケール ［グレースケール］ボタンをクリックします。

❷ 表示がグレースケールに切り替わります。

❸ スライド 2 のワインボトルのイラストをクリックし、[グレースケール] タブの [明
るいグレースケール] をクリックします。

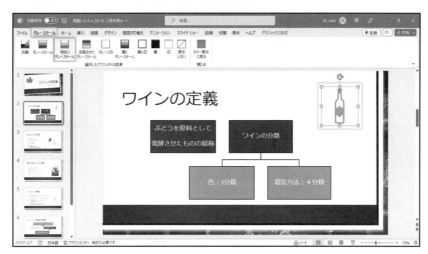

【操作 2】

❹ [グレースケール] タブの [カラー表示に戻る] ボタンをクリックします。

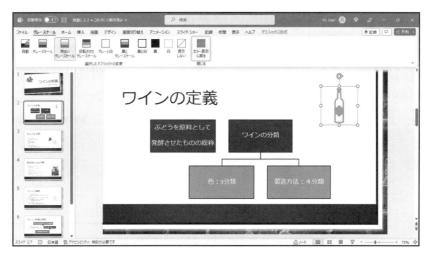

❺ カラー表示に戻ります。

❻ [表示] タブの [スライド一覧] ボタンをクリックします。

その他の操作方法

スライド一覧表示

ステータスバーの [スライ
ド一覧] ボタンをクリックしま
す。

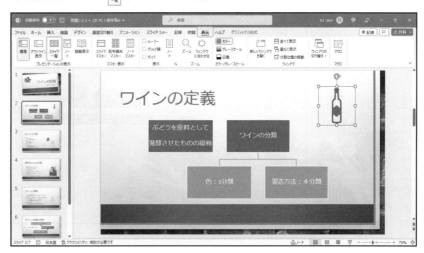

❼ スライド一覧表示に切り替わります。

❽ スライド 7 をクリックします。

⑨ スライド7が赤い枠で囲まれ、選択されます。

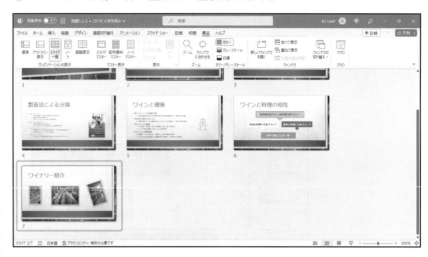

【操作3】

⑩ [表示] タブの [ノート] ボタンをクリックします。

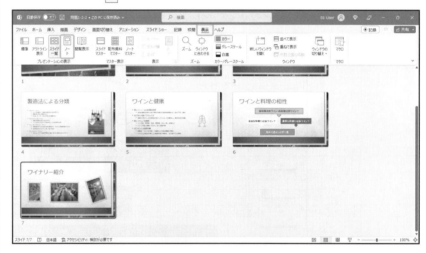

⑪ ノート表示に切り替わります。

⑫ [表示] タブの [ズーム] ボタンをクリックします。

選択したスライドで
グレースケールのま
ま切り替わる

ポイント

ノートペインの表示

ノート表示への切り替えはス
テータスバーのボタンからは
行えませんが、標準表示でノー
トペインを表示することは可
能です。ノートペインの表示
は ス テ ー タ ス バ ー の
[ノート] ボタンか [表示] タブ
の [表示] の [ノート] ボタ
ンをクリックします。

[ノート] ボタン

その他の操作方法

[ズーム] ダイアログボック
スの表示

ステータスバーの右下に表示
されている表示倍率の部分を
クリックします。

⑬ ［ズーム］ダイアログボックスが表示されます。

⑭ ［指定］ボックスに「80」と入力し、［OK］をクリックします。

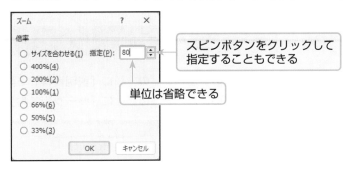

スピンボタンをクリックして指定することもできる

単位は省略できる

⑮ 表示倍率が変更され、ステータスバーに「80％」と表示されます。

⑯ 「テキストを入力」と表示されているプレースホルダー内をクリックし、「試飲コーナーの紹介も追加」に編集します。

通常のプレースホルダーと同様に操作できる

ポイント

ノートマスター

ノート全体の配置や書式などを変更するには、［表示］タブの［ノートマスター］ボタンをクリックしてノートマスターで操作します（「問題 1-2-2.pptx」では「1-1-6　ノートマスターを変更する」でノートマスターを変更したものを使用しています）。

ヒント

標準表示に戻る

PowerPoint は最後に保存したときの表示モードで開きます。スライド一覧表示やノート表示からすばやく標準表示に戻るには、表示したいスライドでダブルクリックします。

1-2-3 プレゼンテーションの組み込みプロパティを変更する

問題フォルダー
└ 問題 1-2-3.pptx

解答フォルダー
└ 解答 1-2-3.pptx

【操作 1】 ファイルのプロパティの分類に「説明資料」を設定します。
【操作 2】 ファイルのプロパティの会社に「サークル学舎」を設定します。

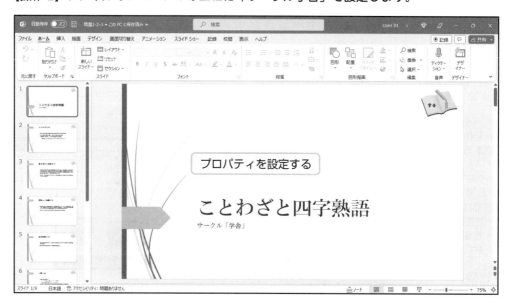

機能の解説

□ プロパティ
□ [情報] 画面
□ [プロパティ] ダイアログボックス

プロパティとは、スライドに保存されているデータとは別にファイルの属性として自動的に設定されたり、ユーザーが独自に設定したりできる各種の情報のことです。プロパティには、サイズ、タイトル、更新日時や作成日時、作成者や最終更新者、会社名などがあり、それぞれの種類に応じた値が設定されます。プロパティは、[ファイル] タブの [情報] 画面で確認できます。初期状態では一部のプロパティの内容のみ表示されており、[プロパティをすべて表示] をクリックするとすべての情報を表示できます。また、[プロパティ] をクリックして [詳細プロパティ] をクリックすると [プロパティ] ダイアログボックスが表示されます。

[ファイル] タブの [情報] 画面

クリックするとすべての
プロパティが表示される

【操作 1】

❶ ［ファイル］タブをクリックします。

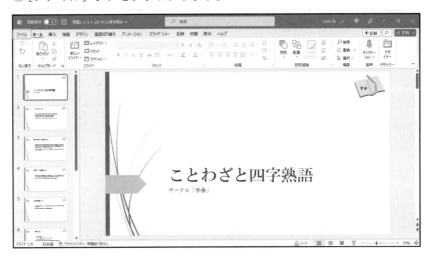

❷ ［情報］をクリックします。

❸ ［プロパティ］の［分類］の「分類の追加」と表示されているボックスをクリックし、「説明資料」と入力します。

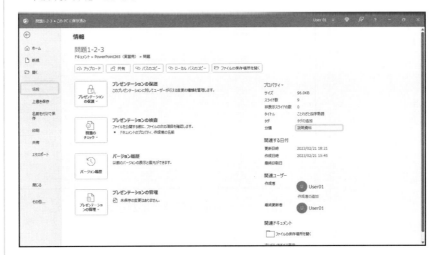

【操作 2】

❹ ［プロパティ］の一番下の［プロパティをすべて表示］をクリックします。

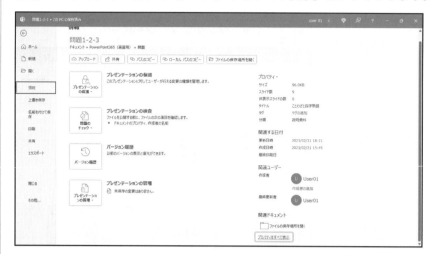

★ヒント

プロパティの確認

エクスプローラーでファイルを
右クリックして［プロパティ］
をクリックすると、ファイルの
［プロパティ］ダイアログボッ
クスが表示され、［全般］タブ
や［詳細］タブでプロパティ
を確認できます。

❺ ［プロパティ］の［会社］の「会社名の指定」と表示されているボックスをクリックし、
「サークル学舎」と入力します。

❻ 「分類」と「会社」プロパティが設定されます。

1-3 プレゼンテーションの印刷設定を行う

プレゼンテーションは、使用目的に合わせて、スライド、配布資料、ノートなどの形式で印刷できます。また、グレースケールで印刷することや、特定のスライドやセクションを指定して印刷することも可能です。

1-3-1 スライドを印刷する

第1章

練習問題

問題フォルダー
└問題 1-3-1.pptx

解答ファイルはサンプルファイルに収録していません。本書に掲載した画面を参照してください。

スライドに枠を付けて高品質の設定でセクション「グラフ」のみ 1 部印刷する準備をします。

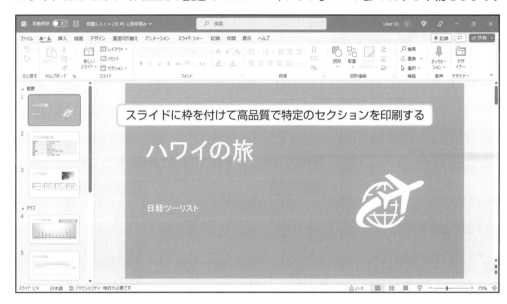

機能の解説

重要用語

□ [印刷] 画面
□ スライドの印刷
□ スライドに枠を付けて印刷
□ 用紙に合わせて拡大 / 縮小
□ 高品質
□ セクション単位で印刷
□ 印刷するスライドを指定

プレゼンテーションの印刷に関する設定は、[ファイル] タブの [印刷] をクリックして表示される [印刷] 画面で行います。印刷のイメージを確認する印刷プレビューも同じ画面で確認できます。[設定] の [フルページサイズのスライド] は 1 ページに 1 枚のスライドを印刷します。[フルページサイズのスライド] をクリックすると、印刷のレイアウトや [スライドに枠を付けて印刷する]、[用紙に合わせて拡大 / 縮小]、[高品質] といったオプションを設定することができます。

[すべてのスライドを印刷] をクリックすると、選択中のスライドや現在のスライドといった印刷の範囲を選択することができます。セクションが設定されている場合はセクション名が表示され、セクション単位で印刷することも可能です。印刷するスライドを指定する場合は、[スライド指定] ボックスにスライド番号の数字をカンマ区切り（「1,3,4」など）またはハイフン（「2-4」など）でつなげて半角で入力します。

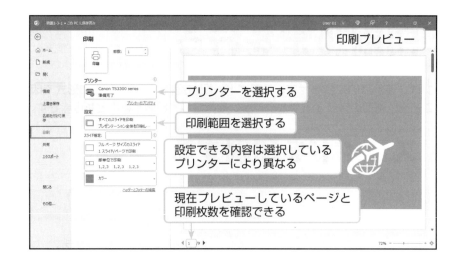

ポイント
印刷のレイアウト

プレゼンテーションはスライドのほかにノート、アウトライン、配布資料のレイアウトで印刷することができます(「1-3-2 ノートを印刷する」、「1-3-3 配布資料を印刷する」を参照)。[アウトライン]はプレゼンテーションのスライド上のテキストのみを印刷します。

操作手順

① [ファイル] タブの [印刷] をクリックします。

② [設定] の [フルページサイズのスライド] をクリックします。

③ [印刷レイアウト] の [フルページサイズのスライド] が選択されていることを確認します。

④ [スライドに枠を付けて印刷する] をクリックします。

ヒント
コメントおよびインク注釈の印刷

プレゼンテーションにコメントやインク注釈が含まれている場合のみ [フルページサイズのスライド] をクリックして [コメントの印刷] や [インクの印刷] を選択できます(コメントについては「1-5-4 コメントを管理する」、インク注釈については「1-4-4 発表者ツールを使用してスライドショーを発表する」を参照)。

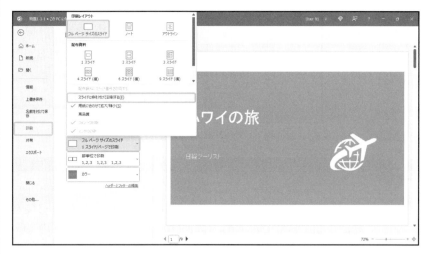

⑤ 印刷プレビューでスライドに枠が付いたことを確認します。

⑥ ［設定］の［フルページサイズのスライド］をクリックします。

⑦ ［高品質］をクリックします。

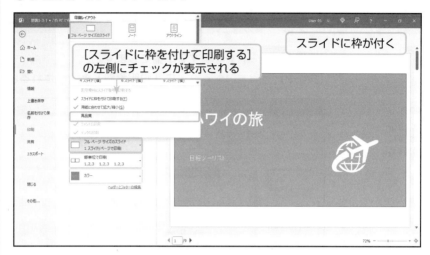

⑧ ［設定］の［すべてのスライドを印刷］をクリックします。

⑨ ［セクション］の［グラフ］をクリックします。

⑩ ［部数］ボックスが「1」であることを確認します。

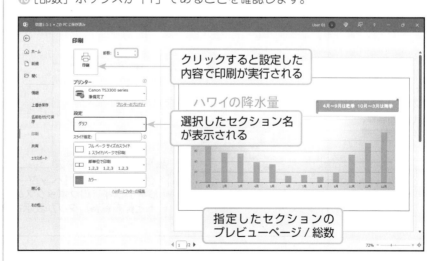

★ ヒント

非表示スライドの印刷

プレゼンテーションに非表示
スライドが含まれている場合
のみ［すべてのスライドを印
刷］をクリックして［非表示ス
ライドを印刷する］を選択で
きます（非表示スライドにつ
いては「2-2-1　スライドを表
示する、非表示にする」を参
照）。

1-3-2 ノートを印刷する

練習問題

問題フォルダー
└問題 1-3-2.pptx

解答フォルダー
└解答 1-3-2.pptx

※ヘッダーを除く印刷
設定については本書に
掲載した画面を参照し
てください。

【操作 1】 ノートを印刷する準備をします。
【操作 2】 ノートのヘッダーに「説明資料」と印刷されるようにします。

機能の解説

重要用語

☐ ノートの印刷

☐ [ヘッダーとフッター]
ダイアログボックスの
[ノートと配布資料] タ
ブ

ポイント

[ヘッダーとフッター] ダイ
アログボックス

[ヘッダーとフッター] ダイア
ログボックスの [ノートと配布
資料] タブで入力した内容は、
配布資料とノートの両方に適
用されます。

ノートを印刷するには、[ファイル] タブの [印刷] をクリックして [フルページサイズ
のスライド] の [印刷レイアウト] で [ノート] をクリックします。[ノート] では、ス
ライドのイメージとノートに入力された情報を同時に印刷することができます。

[印刷] 画面からノートにヘッダー、フッター、日付、ページ番号を追加するには、[設定]
の [ヘッダーとフッターの編集] をクリックして表示される [ヘッダーとフッター] ダイ
アログボックスの [ノートと配布資料] タブを使用します。

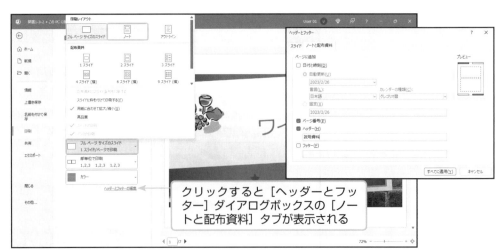

クリックすると [ヘッダーとフッ
ター] ダイアログボックスの [ノー
トと配布資料] タブが表示される

【操作 1】

❶ ［ファイル］タブの［印刷］をクリックします。

❷ ［設定］の［フルページサイズのスライド］をクリックします。

❸ ［印刷レイアウト］の［ノート］をクリックします。

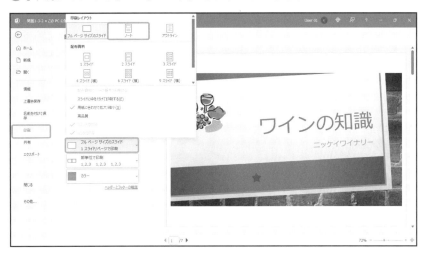

❹ ノートが印刷プレビューに表示されます。

【操作 2】

❺ ［設定］の［ヘッダーとフッターの編集］をクリックします。

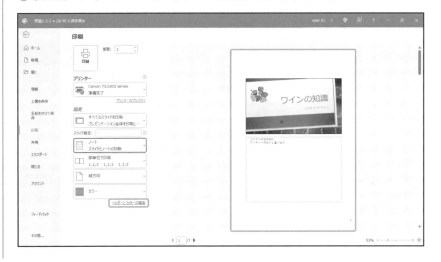

⑥ ［ヘッダーとフッター］ダイアログボックスの［ノートと配布資料］タブが表示されます。

⑦ ［ヘッダー］チェックボックスをオンにします。

⑧ ［ヘッダー］ボックスに「説明資料」と入力します。

⑨ ［すべてに適用］をクリックします。

ヒント

ノートの印刷プレビュー

ノートの印刷プレビューとノート表示は同じ内容です（ノート表示については「1-2-2　プレゼンテーションの表示を変更する」を参照）。

⑩ 印刷プレビューのノートのヘッダーに「説明資料」と表示されます。

配布資料を印刷する

練習問題

問題フォルダー
└問題 1-3-3.pptx

解答ファイルはサンプルファイルに収録していません。本書に掲載した画面を参照してください。

配布資料を、以下の設定で印刷する準備をします。
・1 ページに 3 スライド
・印刷の向きは横
・グレースケール
・印刷する部数は 3 部
・すべての 1 ページ目が印刷されたら 2 ページ目が印刷されるようにする

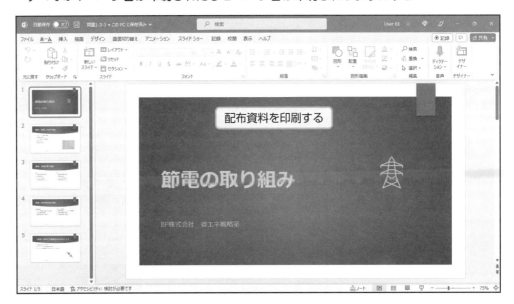

機能の解説

 重要用語

☐ 配布資料の印刷
☐ 印刷の向き
☐ カラー
☐ グレースケール
☐ 単純白黒
☐ 複数の部数の印刷
☐ 部単位で印刷
☐ ページ単位で印刷

プレゼンテーションの参加者に印刷して配布するために、スライドを用紙にレイアウトしたものを配布資料といいます。1 ページあたりのスライドの数は、1 枚、2 枚、3 枚、4 枚、6 枚、9 枚から選択できます。印刷レイアウトを配布資料に変更すると、自動的に [スライドに枠を付けて印刷する] がオンになります。配布資料やノートでは、印刷の向きを縦方向から横方向に変更することも可能です。

また、印刷の色は、[ファイル] タブの [印刷] をクリックして [設定] の [カラー] でカラー、グレースケール、単純白黒から選択できます。既定では現在のプリンターで設定されている色が選択されています。

複数の部数を印刷する場合は、[部数] ボックスに数値を指定します。[部単位で印刷] をクリックして「1,2,3」「1,2,3」「1,2,3」のように部単位で印刷するか「1,1,1」「2,2,2」「3,3,3」のようにページ単位で印刷するかを選択できます。印刷する色や印刷の単位の指定は、スライドやノートの印刷（「1-3-1 スライドを印刷する」、「1-3-2 ノートを印刷する」）でも同様です。

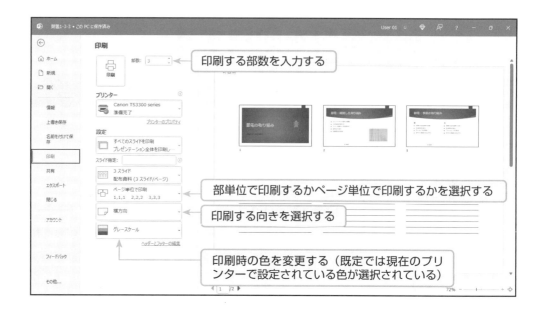

印刷する部数を入力する

部単位で印刷するかページ単位で印刷するかを選択する

印刷する向きを選択する

印刷時の色を変更する（既定では現在のプリンターで設定されている色が選択されている）

操作手順

❶ ［ファイル］タブの［印刷］をクリックします。

❷ ［設定］の［フルページサイズのスライド］をクリックします。

❸ ［配布資料］の［3 スライド］をクリックします。

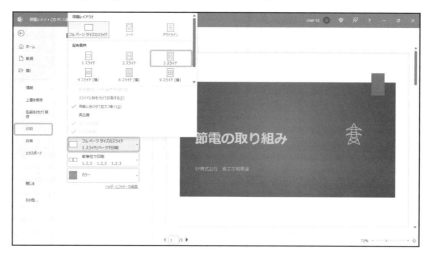

ポイント

配布資料の設定

配布資料のヘッダー、フッター、日付、ページ番号のサイズや位置、書式の変更などは、配布資料マスターのプレースホルダーで作業します（「問題1-3-3.pptx」は「1-1-5 配布資料マスターを変更する」で操作した結果が保存されています）。

❹ 設定したレイアウトが印刷プレビューに表示されます。

❺ ［設定］の［縦方向］をクリックし、［横方向］をクリックします。

⑥ 印刷の向きが横方向になります。

⑦［設定］の［カラー］をクリックします。

⑧［グレースケール］をクリックします。

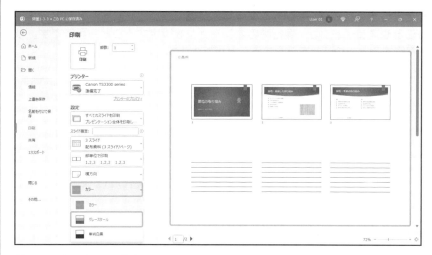

⑨ 印刷プレビューがグレースケールで表示されます。

⑩［部数］ボックスに「3」と入力します。

⑪［設定］の［部単位で印刷］をクリックします。

⑫［ページ単位で印刷］をクリックします。

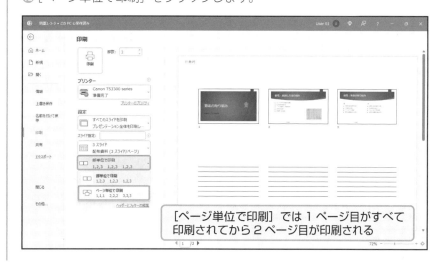

［ページ単位で印刷］では1ページ目がすべて
印刷されてから2ページ目が印刷される

スライドショーを設定する、実行する

スライドショーを実行するとスライドがモニター画面全体に表示されます。1つのファイル内に複数の構成のスライドショーを作成することやスライドショー実行時のオプションを設定することも可能です。リハーサル機能を使用すると、スライドショーを実行するときの時間を確認することができます。

1-4-1 目的別スライドショーを作成する

問題フォルダー
  └問題 1-4-1.pptx

解答フォルダー
  └解答 1-4-1.pptx

スライド1、2、5、6を使用して「ワイン（ショート）」という名前で目的別スライドショーを作成します。その際、タイトルが「ワインの健康」と「ワインと料理の相性」のスライドの順番を入れ替えます。

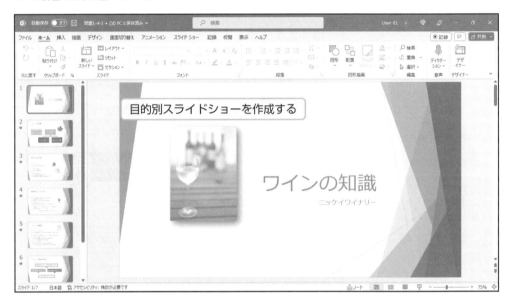

機能の解説

□ 目的別スライドショー
□ [目的別スライドショー]
   ボタン

目的別スライドショーを利用すると、1つのプレゼンテーションファイルを使って、さまざまな構成のスライドショーを準備できます。目的別スライドショーは複数作成することができるので、プレゼンテーションの時間や参加者層といった目的に合わせてスライドの枚数や順序などを調整したい場合に活用すると便利です。目的別スライドショーは、[スライドショー] タブの 目的別スライドショー [目的別スライドショー] ボタンから作成します。

❶ [スライドショー] タブの  [目的別スライドショー] ボタンをクリックし、[目的別スライドショー] をクリックします。

❷ [目的別スライドショー] ダイアログボックスが表示されます。

❸ [新規作成] をクリックします。

❹ [目的別スライドショーの定義] ダイアログボックスが表示されます。

❺ [スライドショーの名前] ボックスに「ワイン（ショート）」と入力します。

❻ [プレゼンテーション中のスライド] の [1. ワインの知識] のチェックボックスをオンにします。

❼ 同様にスライド 2、5、6 のチェックボックスをオンにします。

❽ [追加] をクリックします。

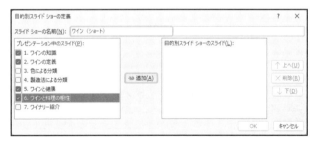

❾ [目的別スライドショーのスライド] に 4 枚のスライドが追加されます。

❿ [目的別スライドショーのスライド] の [4. ワインと料理の相性] をクリックします。

⓫ [↑ 上へ(U)] [上へ] をクリックします。

ポイント

目的別スライドショーの順序

目的別スライドショーの順序を変更するには、[目的別スライドショーのスライド] 内のスライドを選択して [上へ] [下] をクリックして順番を入れ替えます。[削除] をクリックすると [目的別スライドショーのスライド]から削除されます。

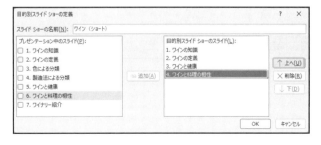

⑫ [4. ワインと料理の相性] が 3 番目に移動したことを確認し、[OK] をクリックします。

<table>
<tr><td>■ヒント</td></tr>
</table>

目的別スライドショーの編集
作成した目的別スライドショーは [目的別スライドショー] ダイアログボックスに一覧表示されます。一覧から目的別スライドショーを選択して [編集]、[削除]、[コピー] をクリックすると、選択した目的別スライドショーの編集、削除、またはコピーを実行できます。

■ヒント

目的別スライドショーの実行
目的別スライドショーを実行するには、[スライドショー] タブの [目的別スライドショー] ボタンをクリックして実行する名前をクリックするか [目的別スライドショー] ダイアログボックスで実行する名前を選択して [開始] をクリックします。

⑬ [目的別スライドショー] ダイアログボックスの [閉じる] をクリックします。

⑭ 目的別スライドショーが作成されます。

1-4-2 スライドショーのオプションを設定する

練習問題

問題フォルダー
└問題 1-4-2.pptx

解答フォルダー
└解答 1-4-2.pptx

スライドショー実行時にタイミングを使用しないようにし、出席者として閲覧する（ウィンドウ表示）およびアニメーションを実行しないように設定します。

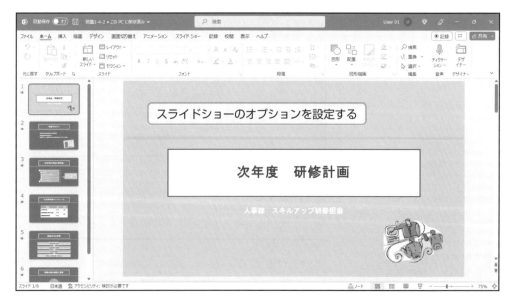

重要用語

- [ ] スライドショーの設定
- [ ] タイミングを使用
- [ ] [スライドショーの設定] ボタン
- [ ] [スライドショーの設定] ダイアログボックス

スライドショーの設定は、[スライドショー] タブの [設定] の各チェックボックスや [スライドショーの設定] ボタンをクリックして表示される [スライドショーの設定] ダイアログボックスを使用します。

項目	説明
[ナレーションの再生] チェックボックス	ナレーションが録音されている場合、再生するかどうかを設定
[タイミングを使用] チェックボックス	リハーサル機能でタイミングが記録されている場合、そのタイミングを使用するかどうかを設定
[メディアコントロールの表示] チェックボックス	スライドショー実行時にメディアコントロールを表示するかどうかを設定（ビデオファイルやオーディオファイル上をポイントすると表示される）
	▶ ◄ ▶ 00:00.00 ◄»

ヒント

レーザーポインター

マウスポインターをレーザーポインターとして利用することができます。ペンや蛍光ペンとは異なり画面上に線を引くのではなく、強調したい箇所を指し示す場合に使用します。

[スライドショーの設定] ダイアログボックス

全画面でスライドショーを実行する（既定）

タイトルバーとステータスバーが表示されたウィンドウ内でスライドショーを実行する。プレゼンテーションファイルを配布して受け取った人がスライドショーを実行する場合に適する

複数のモニターを接続している場合にスライドショーを実行するモニターを選択できる

スライドショー実行時のペンの色やレーザーポインターの色を設定する

全画面のスライドショーを自動実行する。実行するには各スライドの画面切り替えのタイミングを設定しておく

❶ ［スライドショー］タブの ［タイミングを使用］チェックボックスをオフにします。

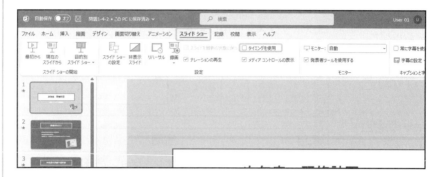

❷ スライドショー実行時に記録されているタイミングが使用されなくなります。

❸ ［スライドショー］タブの ［スライドショーの設定］ボタンをクリックします。

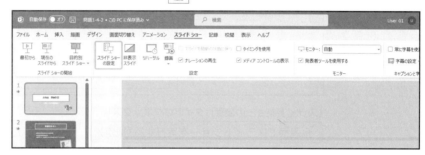

❹ ［スライドショーの設定］ダイアログボックスが表示されます。

❺ ［種類］の ［出席者として閲覧する（ウィンドウ表示）］をクリックします。

❻ ［オプション］の ［アニメーションを表示しない］をオンにします。

❼ ［OK］をクリックします。

ヒント

スライド指定

［スライドの表示］の ［スライ
ド指定］をオンにすると、スラ
イドショーで表示するスライド
を指定できます。

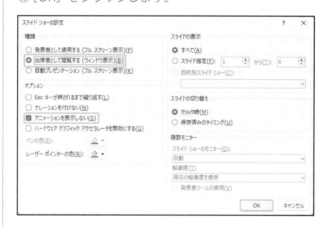

❽ スライドショーの設定が変更されます。

※設定を確認するには、スライドショーを実行します。

1-4-3 スライドショーの リハーサル機能を使用する

練習問題

問題フォルダー
└問題 1-4-3.pptx

解答フォルダー
└解答 1-4-3.pptx

リハーサルを実行してタイミングを記録します。

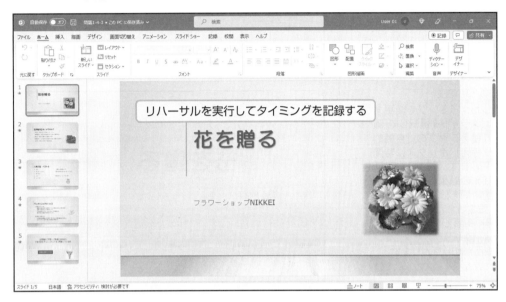

機能の解説

- リハーサル
- [リハーサル] ボタン
- [記録中] ツールバー
- タイミングを保存

リハーサルとは、スライドの切り替えやテキストなどの表示のタイミングを記録する機能です。この機能を利用すると、予定している時間内にプレゼンテーションが実行できるかどうかを確認することができます。リハーサル中には各スライドの所要時間が表示されるので、ナレーションのスピードや内容の調整にも役立ちます。リハーサルを実行するには、[スライドショー] タブの [リハーサル] ボタンをクリックします。

リハーサルが開始されると、画面左上に [記録中] ツールバーが表示されます。

```
                現在表示されているスライドの所要時間

  次のスライド          記録中          ▼ ×        プレゼンテーション
  を表示        →  | |  0:00:12  ↺  0:00:37        の所要時間

         リハーサルを        現在表示されているスライドの
         一時停止           表示時間を計り直す
```

リハーサルを終了すると、「スライドショーの所要時間は○○です。今回のタイミングを保存しますか？」というメッセージが表示されます。[はい] をクリックすると画面切り替えのタイミングが保存されます。各スライドのタイミングは、[画面切り替え] タブの [自動的に切り替え] ボックス、またはスライド一覧表示で各スライドのサムネイルの右下の所要時間で確認できます。タイミングを保存すると、そのタイミングを使用して自動プレゼンテーションを実行できます。

❶ ［スライドショー］タブの [リハーサル] ボタンをクリックします。

❷ リハーサルが開始され、画面左上に ［記録中］ ツールバーが表示されます。

❸ 任意のタイミングでスライドショーを進めます。

❹ 最後のスライドまで進み、メッセージが表示されたら ［はい］ をクリックします。

❺ リハーサルが終了し、タイミングが保存されます。

1-4-4 発表者ツールを使用して スライドショーを発表する

練習問題

【操作 1】 スライドショーを実行して発表者ツールの画面に切り替えます。

【操作 2】 スライド 2 のイラストが表示されたらタイトルの文字列「ワインの定義」をペンで囲み、スライドを一覧表示してスライド 7 に移動します。ペンの色は既定のままとします。

【操作 3】 スライドショー終了時にインク注釈を破棄します。

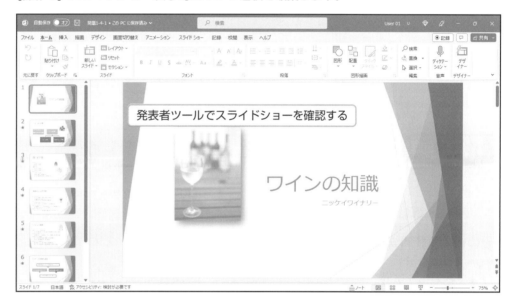

機能の解説

- [発表者ツールを使用する] チェックボックス
- 発表者ツール
- スライドショー
- ショートカットツールバー
- ペン
- 蛍光ペン
- インク注釈の保持／破棄

[スライドショー] タブの [発表者ツールを使用する] チェックボックスをオンにすると、複数のモニターに接続してスライドショーを実行するときに画面が自動的に発表者ツールの画面に切り替わり、別のモニターに参加者向けのスライドショーを表示することができます。発表者ツールは、スライドショーを操作するための画面です。1 台のモニターでもスライドショーのショートカットツールバーの ⋯ をクリックして [発表者ツールを表示] をクリックすると発表者ツールの画面に切り替わり、リハーサルに活用することができます。ショートカットツールバーとは、スライド上でマウスを動かしたときに画面左下に表示されるツールバーのことです。

ショートカットツールバー

> スライドショー実行中にマウスを動かすと画面左下に半透明で表示され、各ボタンをポイントするとはっきり表示される

スライドショーの操作

スライドショーの実行時に
[**F1**] キーを押すと [スライド
ショーのヘルプ] が表示され、
スライドショー実行時の操作
方法を確認することができま
す。

発表者ツールの画面

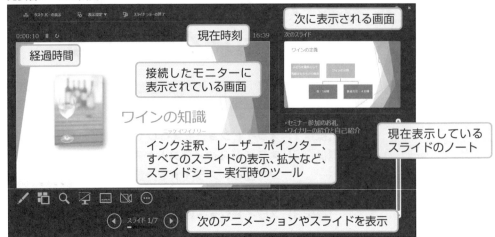

また、スライドショーの画面にペンや蛍光ペンでスライドの重要な部分を囲んだり、線を
引いたりすることができます。ペンや蛍光ペンの書き込みのことをインク注釈といいます。
インク注釈はスライドショー終了時に保持するか破棄するかを選択できます。インク注釈
を保持した場合は、[図形の書式] タブでインク注釈の色や太さを変更することが可能です。

操作手順

【操作1】

① [スライドショー] タブの ⊞[最初から] ボタンをクリックします。

② スライドショーが開始されます。

③ ショートカットツールバーの ⋯ をクリックして、[発表者ツールを表示] をクリッ
クします。

発表者ツールの表示

スライド上で右クリックし、[発
表者ツールを表示] をクリッ
クします。スライドショーを実
行していない状態から発表者
ツールを表示するには、
Alt+**F5** キーを押します。

④ 発表者ツールの画面に切り替わります。

【操作2】

⑤ 発表者ツールの ▶ [次のアニメーションまたはスライドに進む] ボタンをクリックしながらスライド2がすべて表示される（イラストが表示される）まで進みます。

⑥ スライド2のワイングラスの画面が表示されたら、✎ [ペンとレーザーポインターツール] ボタンをクリックして [ペン] をクリックします。

その他の操作方法

発表者ツールの進め方
Enter キー、↓キー、→キーを押します。

ポイント

発表者ツールの操作
発表者ツールでペンや蛍光ペンを使用するとスライドショーの画面に反映されます。

❼ マウスポインターが赤い色に変わったら、「ワインの定義」のまわりをドラッグして囲みます。

❽ 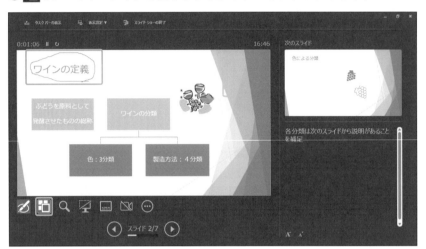[すべてのスライドを表示します] ボタンをクリックします。

❾ 一覧からスライド7をクリックします。

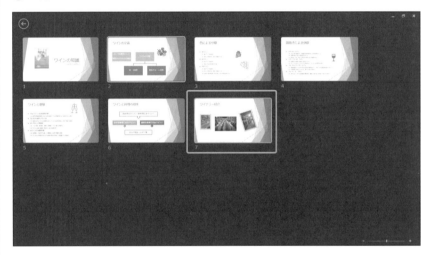

❿ スライド7に移動します。

ヒント

発表者ツールを途中で終了する

をクリックして [スライドショーの終了] をクリックするか Esc キーを押します。ペンや蛍光ペンを使用しているときは Esc キーを1回押すとペンや蛍光ペンの解除となり、再度 Esc キーを押すとスライドショーが終了します。

【操作3】

⑪ 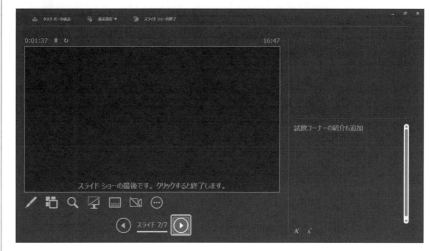 [次のアニメーションまたはスライドに進む] ボタンをクリックしながら最後まで進みます。

⑫ メッセージが表示されたら、[破棄] をクリックします。

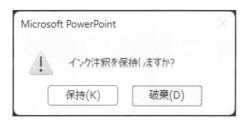

⑬ インク注釈が破棄されて、発表者ツールを使用したスライドショーが終了します。

1-4-5 スライドショーの記録のオプションを設定する

□ [記録] ボタン
□ [記録] タブ
□ [カメオ] ボタン
□ [カメラの形式] タブ

マイクや Web カメラが接続されているパソコンでは、画面右上の ◉記録 [記録] ボタンをクリックするだけで簡単にプレゼンテーションを記録することができます。また、[スライドショー] タブの [録画] ボタンの上半分をクリックすると現在のスライドから記録が開始され、▼をクリックすると開始するスライドを先頭または現在のスライドのいずれかを選択できます。

記録ウィンドウ

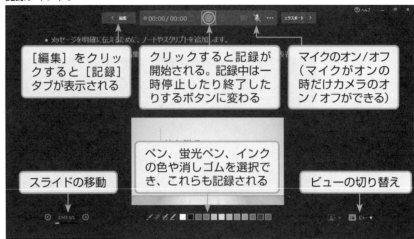

記録を終了すると、記録されたスライドの右下にオーディオアイコン、またはWebカメラの静止画が表示されます。記録されたスライドショーのタイミングは自動的に保存されます。また、[記録] タブの各ボタンを使用して録画に関する詳細設定を行うことができます。

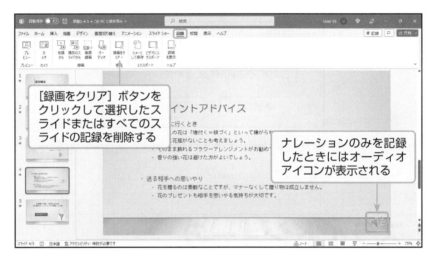

[記録] タブの [カメオ] ボタンをクリックすると [カメラの形式] タブが表示され、スライドショーの録画と同時に記録されるWebカメラのスタイルや配置を設定することが可能です。

記録したスライドショーのプレビューを表示するには、[スライドショー] タブの ▣ [最初から] ボタンまたは ▣ [現在のスライドから] ボタンを使用します。再生中には、アニメーション、インク注釈、オーディオやビデオが再生されます。また、動画ファイルとして保存することも可能です。

1-5 共同作業と配布のためにプレゼンテーションを準備する

プレゼンテーションを最終版として設定することやパスワードで保護することができます。コメントを使ってメモや要望を追加し、他の人がコメントに返信することもできます。プレゼンテーションの配布の際に適切な状態か検査する、メディアファイルを最適化して適切なファイルサイズにする、別の形式で保存することも可能です。

1-5-1 編集を制限する

練習問題

問題フォルダー
└ 問題 1-5-1.pptx

解答フォルダー
└ 解答 1-5-1.pptx

プレゼンテーションを最終版として設定します。

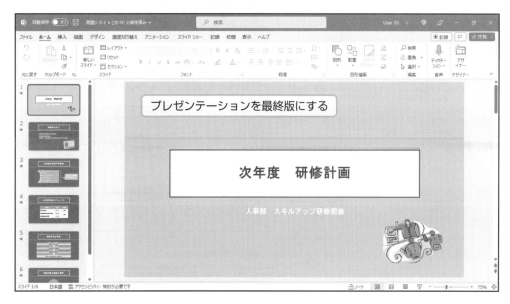

機能の解説

重要用語

☐ [プレゼンテーションの保護]
☐ 最終版
☐ 読み取り専用
☐ メッセージバー
☐ [最終版] アイコン
☐ 常に読み取り専用で開く

[ファイル] タブの [情報] の [プレゼンテーションの保護] を使用すると、さまざまな制限を設定できます。

[最終版にする] をクリックして最終版にすると、プレゼンテーションが読み取り専用に設定され不用意に変更されることを防ぐことができます。最終版にするとタブの下にメッセージバー、ステータスバーに 🗋 [最終版] アイコンが表示され、リボンが最小化されます。タブをクリックしてもリボンのボタンは淡色表示となるので変更作業はできません。編集するには、メッセージバーの [編集する] をクリックします。また、[常に読み取り専用で開く] をクリックして保存すると、そのファイルは常に読み取り専用で開くようになります。

選択後、保存すると常にファイルが読み取り専用で開く。解除するには再度ボタンをクリックする

ファイルが最終版になる

❶ ［ファイル］タブの［情報］の［プレゼンテーションの保護］をクリックします。

❷ ［最終版にする］をクリックします。

❸ メッセージの内容を確認し、［OK］をクリックします。

❹ メッセージの内容を確認し、［OK］をクリックします。

❺ タブの下にメッセージバー、ステータスバーに ［最終版］アイコンが表示され、
　プレゼンテーションが最終版として設定されます。

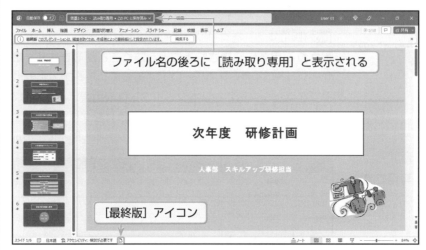

パスワードを使用して
プレゼンテーションを保護する

練習問題

問題フォルダー
└ 問題 1-5-2.pptx

解答フォルダー
└ 解答 1-5-2.pptx

プレゼンテーションにパスワード「pw123」を設定して暗号化します。

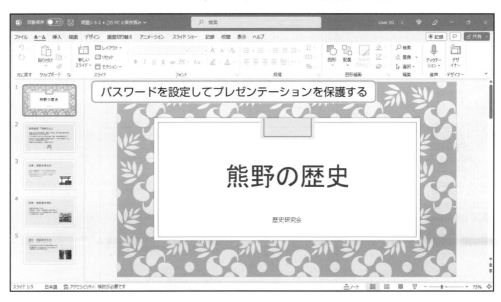

機能の解説

重要用語

□ [パスワードを使用して
　暗号化]
□ パスワードの設定

[ファイル] タブの [情報] の [プレゼンテーションの保護] の [パスワードを使用して暗号化] でパスワードを設定すると、パスワードを知らない第三者はファイルを開くことができなくなります。パスワードには、アルファベットの大文字や小文字、数字、記号を組み合わせた複雑なものを使用することを推奨します。パスワードを忘れると、パスワードを設定したプレゼンテーションを開くことができなくなるので注意が必要です。

操作手順

❶ [ファイル] タブの [情報] の [プレゼンテーションの保護] をクリックします。
❷ [パスワードを使用して暗号化] をクリックします。

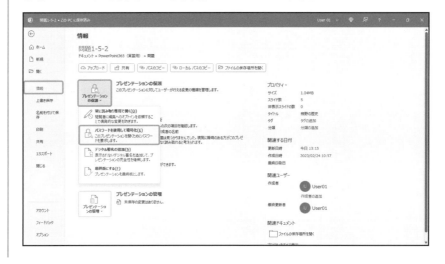

③［ドキュメントの暗号化］ダイアログボックスが表示されます。

④［パスワード］ボックスに「pw123」と入力し、［OK］をクリックします。

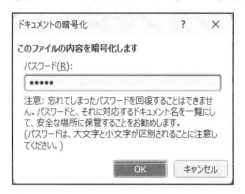

⑤［パスワードの確認］ダイアログボックスが表示されます。

⑥［パスワードの再入力］ボックスに「pw123」と入力し、［OK］をクリックします。

ポイント

パスワードの解除・変更

パスワードを解除するには、［ド
キュメントの暗号化］ダイア
ログボックスの［パスワード］
ボックスの内容を削除して
［OK］をクリックして上書き保
存します。パスワードを変更
するには、変更するパスワー
ドを入力して上書き保存しま
す。

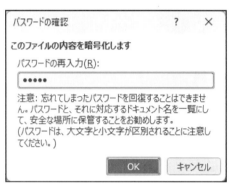

⑦［プレゼンテーションの保護］が黄色で囲まれ、下にアイコンとメッセージが表示されます。

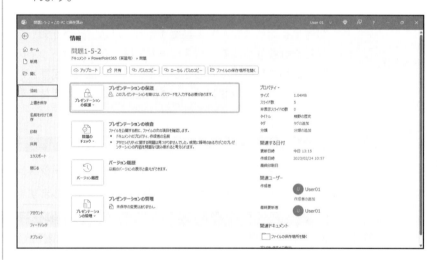

練習問題

問題フォルダー
└問題 1-5-3.pptx

解答フォルダー
└解答 1-5-3.pptx

【操作 1】 ドキュメント検査を実行して「ドキュメントのプロパティと個人情報」を削除します。

【操作 2】 プレゼンテーションのアクセシビリティをチェックし、エラーの図に「茶道」の代替テキストを入力します。

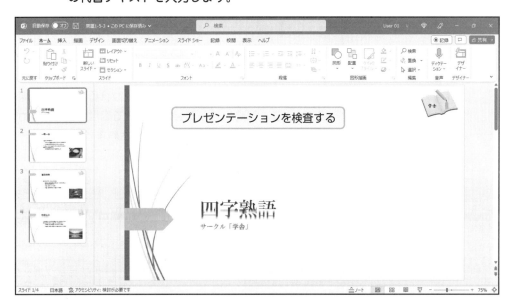

機能の解説

重要用語

□ ドキュメント検査
□ アクセシビリティチェック
□ [アクセシビリティ] タブ
□ [アクセシビリティ] 作業ウィンドウ
□ 互換性チェック

[ファイル] タブの [情報] の [問題のチェック] では、ドキュメント検査、アクセシビリティチェック、互換性チェックを実行することができます。

ドキュメント検査を実行すると、プレゼンテーションに含まれる個人情報やコメント、スライドの外に配置されたオブジェクト、発表者用のノートなどを検索し、必要に応じて削除することができます。

アクセシビリティチェックを実行すると、視覚に障害があるユーザーに読み取りにくい内容が含まれていないかどうかを検査することができます。実行後は [アクセシビリティ] タブが表示され、結果が [アクセシビリティチェック] 作業ウィンドウに一覧表示されます。問題を解決すると表示が消えます。結果には、次の 3 つの分類があります。

分類	内容
エラー	障害のあるユーザーにとって理解が難しい、または不可能なコンテンツに対して表示
警告	障害のあるユーザーにとって理解しにくい可能性が高いコンテンツに対して表示
ヒント	障害のあるユーザーにとって理解は可能だが分りやすくするために構成や表示を改善することが望ましいコンテンツに対して表示

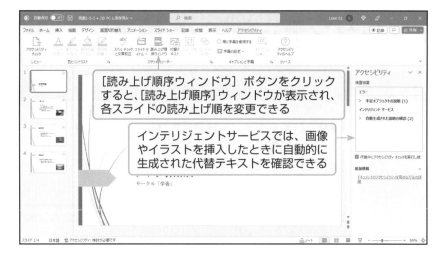
互換性チェックを実行すると、PowerPoint 365 で作成したプレゼンテーションを以前
のバージョンの形式で保存したときに失われる可能性がある機能と内容を事前に調べるこ
とができます。以前のバージョンの形式で変換される機能がない場合は「互換性に関する
問題は見つかりませんでした。」と表示されます。

互換性チェックを実行した結果の例

操作手順

【操作 1】

❶ [ファイル] タブの [情報] の [問題のチェック] をクリックします。

❷ [ドキュメント検査] をクリックします。

③ ［ドキュメントの検査］ダイアログボックスが表示されます。

④ ［ドキュメントのプロパティと個人情報］チェックボックスがオンであることを確認します。

⑤ ［検査］をクリックします。

★ ヒント

［ドキュメントの検査］ダイアログボックス

検査する必要がない項目がある場合は、チェックボックスをオフにします。

⑥ ドキュメント検査の結果を確認します。

⑦ ［ドキュメントのプロパティと個人情報］の［すべて削除］をクリックします。

ポイント

削除した情報

［ドキュメント検査］ダイアログボックスの［すべて削除］をクリックして削除した情報は、［元に戻す］ボタンをクリックしても復元できない場合があります。

該当する情報が見つかるとこのように表示される

⑧ ［ドキュメントのプロパティと個人情報］が削除されたことを確認します。

❾［閉じる］をクリックします。

❿ ドキュメント検査が終了します。

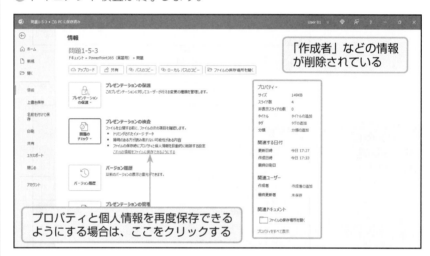

【操作 2】

⓫［プレゼンテーションの検査］の［問題のチェック］をクリックします。

⓬［アクセシビリティチェック］をクリックします。

⓭［アクセシビリティチェック］作業ウィンドウが表示されます。

⑭ ［アクセシビリティ］作業ウィンドウの［検査結果］の［エラー］にある［不足オブ
ジェクトの説明］をクリックします。

⑮ ［図プレースホルダー 10］をクリックします。

⑯ スライド 2 に切り替わり、図が選択されます。

⑰ ［おすすめアクション］の［説明を追加］をクリックします。

⑱ ［代替テキスト］作業ウィンドウが表示されます。

⑲ ボックス内をクリックし、「茶道」と入力します。

⑳ ［代替テキスト］作業ウィンドウの ✕ ［閉じる］ボタンをクリックします。

ポイント

代替テキスト

代替テキストはスクリーンリー
ダーなどで読み上げられる情
報として使用されます（代替
テキストについては「3-4-6
アクセシビリティ向上のため、
グラフィック要素に代替テキ
ストを追加する」を参照）。

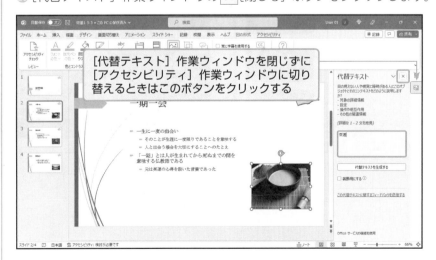

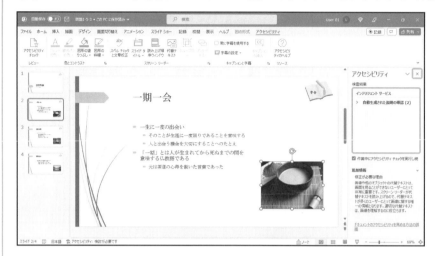

ⓧ［アクセシビリティ］作業ウィンドウが表示されます。

㉒ エラーが消えたことを確認します。

㉓［アクセシビリティ］作業ウィンドウの［閉じる］ボタンをクリックして閉じます。

★ヒント

ステータスバーの表示

アクセシビリティの状態は、ステータスバーでも確認できます。ステータスバーのアクセシビリティを非表示にするには、ステータスバーで右クリックして［アクセシビリティチェック］をクリックしてオフにします。

1-5-4 コメントを管理する

練習問題

問題フォルダー
└問題 1-5-4.pptx

解答フォルダー
└解答 1-5-4.pptx

【操作 1】スライド 1 に「デザイン変更済み」とコメントを追加します。

【操作 2】スライド 4 の 1 つ目のコメントに「変更しました」と返信します。

【操作 3】スライド 5 のコメントを削除し、［コメント］ウィンドウを閉じます。

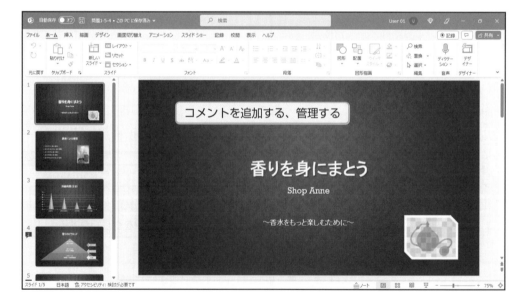

機能の解説

コメントとは、スライドまたはスライド上の文字列やオブジェクトに付加できるメモのことで、プレゼンテーションの校閲やフィードバックを行うときに使用します。プレゼンテーションには複数のコメントを追加できます。コメントが追加されているスライドは、サムネイルのスライド番号の下にコメントマークとコメント数が表示され、既定ではそのスライドを選択すると [コメント] ウィンドウが表示されます。スライド上のコメントアイコンは、[コメント] ウィンドウで該当するコメントをポイントまたはクリックすると表示されます。

コメントの操作は、[校閲] タブのボタンや [コメント] ウィンドウを使用します。

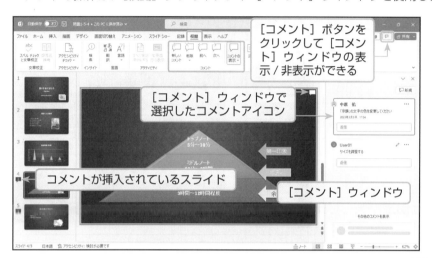

スライドにコメントを追加するには、スライドを選択して [校閲] タブの [新しいコメント] ボタンをクリックし、[コメント] ウィンドウのボックスにコメントを入力して [コメントを投稿する] ボタンをクリック、または Ctrl+Enter キーを押します。文字列やオブジェクトにコメントを挿入する場合は、対象を選択して操作します。ボックスの上には自動的にユーザー名と入力日（時間）が挿入されます。

自分が入力したコメントを編集するには、[コメント] ウィンドウで対象となるコメントを選択して [コメントを編集] ボタンをクリックします。自分以外のコメントには [コメントを編集] ボタンが表示されません。コメントに返信するには、返信するコメントを選択して返信ボックスに入力して [返信を投稿する] ボタンをクリック、または Ctrl+Enter キーを押します。コメントを削除するには、削除するコメントを選択して [その他のスレッド操作] ボタンをクリックし、[スレッドの削除] をクリックします。コメントを削除せずに解決した状態にするには、対象のコメントを選択して [その他のスレッド操作] をクリックし、[スレッドを解決する] をクリックします。

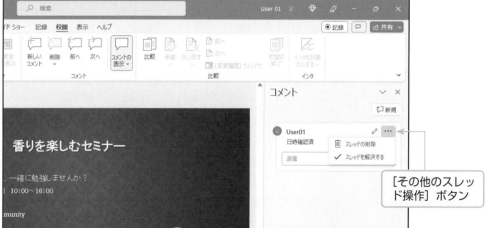

追加されたコメントは、[校閲] タブの [前へ] ボタンや [次へ] ボタンで移動しながらレビューすることができます。[コメント] ウィンドウ下部の [その他のコメントを表示] や [最初のコメントに戻る] をクリックして移動することも可能です。

操作手順

【操作 1】

❶ スライド 1 が選択されていることを確認します。

❷ [校閲] タブの [新しいコメント] ボタンをクリックします。

❸ [コメント] ウィンドウが表示され、ボックスにカーソルが表示されます。

▶▶ その他の操作方法

コメントの追加

[挿入] タブの [コメント] ボタンをクリックします。または、[コメント] ウィンドウを表示して [新規] をクリックします。

[コメント] ボタン

⭐▶ ヒント

ユーザー名

ユーザー名は、[ファイル] タブの [オプション] をクリックして [PowerPoint のオプション] ダイアログボックスの [全般] の [Microsoft Office のユーザー設定] の [ユーザー名] ボックスに入力されている情報が表示されます。Microsoft アカウントでサインインしている場合は Microsoft アカウントに登録している名前が表示されます。

❹「デザン変更済み」と入力し、[コメントを投稿する] ボタンをクリックします。

❺ スライド1にコメントが追加されます。

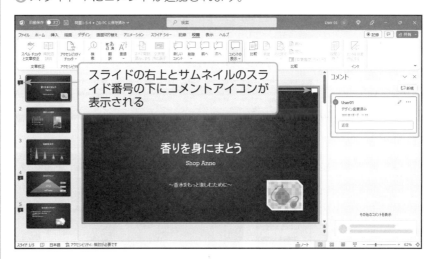

> スライドの右上とサムネイルのスライド番号の下にコメントアイコンが表示される

【操作2】

❻ サムネイルのスライド4をクリックし、[コメント] ウィンドウの1つ目のコメント
「「余韻」の文字の色を変更してください」の下にある返信ボックスをクリックします。

❼「変更しました」と入力し、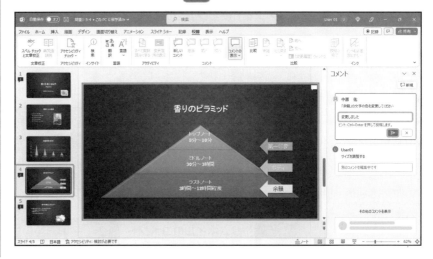[返信を投稿する] ボタンをクリックします。

⑧ 選択したコメントに返信されます。

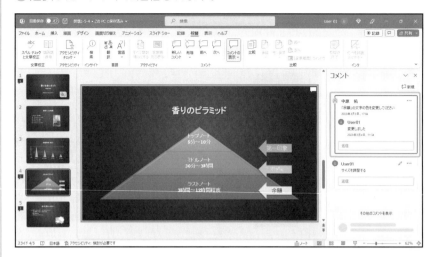

【操作3】

⑨ サムネイルのスライド5をクリックします。

⑩ ［コメント］ウィンドウの削除するコメントの［その他のスレッド操作］をクリック
し、［スレッドの削除］をクリックします。

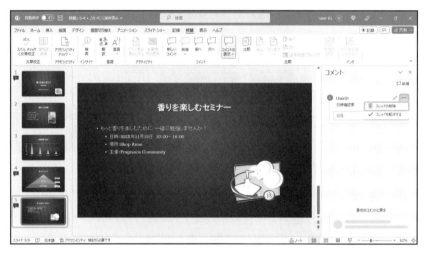

⑪ 選択したコメントが削除されます。

⑫ ［コメント］ウィンドウの ✕ ［閉じる］ボタンをクリックしてウィンドウを閉じます。

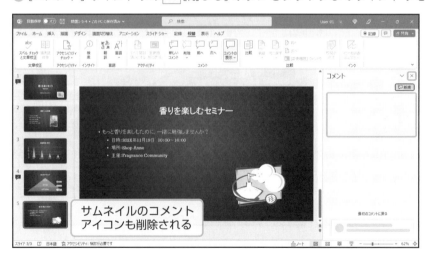

サムネイルのコメント
アイコンも削除される

💠 その他の操作方法

コメントの削除

［校閲］タブの［コメントの削除］
ボタンの上部をクリックしま
す。

⭐ ヒント

コメントの印刷

印刷時にコメントを含めるか
どうかは、［ファイル］タブの［印
刷］をクリックし、［設定］の［フ
ルページサイズのスライド］
をクリックして［コメントの印
刷］をクリックしてオンにしま
す。印刷イメージは印刷プレ
ビューで確認できます。

1-5-5 プレゼンテーションの内容を保持する

問題フォルダー
└問題 1-5-5.pptx

解答フォルダー
└解答 1-5-5.pptx

プレゼンテーションのメディアのサイズを HD（720p）に変更します。

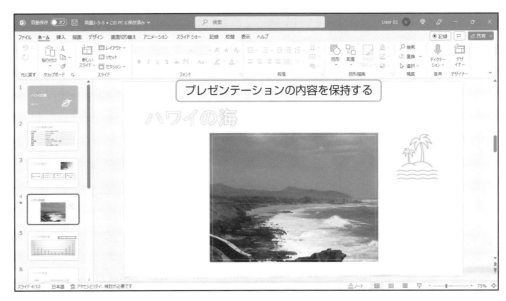

機能の解説

□ ［メディアの圧縮］

□ メディアサイズ

□ ［互換性の最適化］

□ ［PowerPoint のオプ
ション］ダイアログボッ
クスの［保存］

□ ファイルにフォントを埋
め込む

ビデオやオーディオコンテンツが埋め込まれたプレゼンテーションで、ファイルサイズが大きい、再生に時間がかかる、コマ落ちするなどの現象が発生する場合は、［ファイル］タブの［情報］の［メディアの圧縮］を使用すると、メディアサイズを小さくして再生パフォーマンスを向上させることができます。メディアサイズに反映される品質は、目的に応じて［フル HD（1080p）］（全体的な品質を保ちながら領域を節約）、［HD（720p）］（ストリーミングメディアと同等の品質）、［標準（480p）］（電子メールで送信するなど容量が限られている場合に使用）の 3 つから選択します。また、［ファイル］タブの［情報］の［互換性の最適化］を実行すると、他のパソコンでも正しく再生するように最適化できます。［互換性の最適化］は、最適化の必要なメディアファイルがある場合に表示されます。［PowerPoint のオプション］ダイアログボックスの［保存］の［ファイルにフォントを埋め込む］チェックボックスをオンにしてファイルを保存すると、使用しているフォントがファイルに保存されます。他のパソコンでそのフォントがインストールされていない場合でも、そのままのフォントを表示することができます。

[PowerPoint のオプション] ダイアログボックスの [保存]

操作手順

★ ヒント

メディアの圧縮

[メディアの圧縮] や [メディアの互換性の最適化] は、メディアファイルによってはサポート外の場合があります。

① [ファイル] タブの [情報] の [メディアの圧縮] をクリックします。

② [HD (720p)] をクリックします。

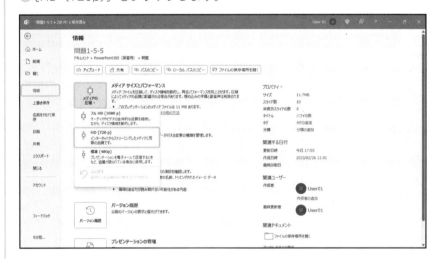

❸ ［メディアの圧縮］ダイアログボックスが表示され、圧縮の進行状態が表示されます。

❹ 圧縮が完了したら［メディアの圧縮］ダイアログボックスの［閉じる］をクリック
します。

❺ ［メディアサイズとパフォーマンス］に結果が表示されます。

プレゼンテーションを別の形式にエクスポートする

問題フォルダー
　└問題 1-5-6.pptx

解答フォルダー
　└節電のお願い（解答
　　1-5-6）.pdf

プレゼンテーションを以下の内容で PDF 形式としてエクスポートします。
・保存先［PowerPoint365（実習用）］フォルダー、ファイル名は「節電のお願い」とする
・発行後に PDF ファイルを開かないようにする
・1 ページあたりのスライド数を「2」とし、スライドに枠を付ける

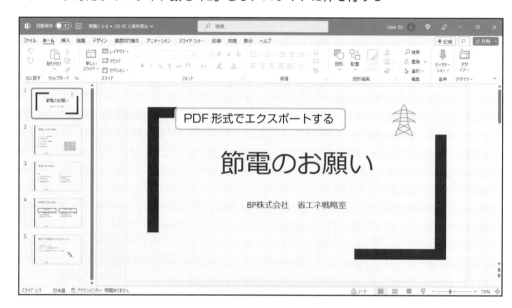

□ 別のファイル形式にエク
　スポート

□ ［ファイル］タブの［エ
　クスポート］

□ PDF 形式

□ XPS 形式

□ ビデオの作成

□ アニメーション GIF

□ プレゼンテーションパッ
　ク

□ 配布資料の作成

□ PowerPoint 97-2003
　プレゼンテーション形式

作成したプレゼンテーションを PowerPoint 365 がインストールされていない環境でも
閲覧できるように、別のファイル形式にエクスポートすることができます。プレゼンテー
ションをエクスポートするには、［ファイル］タブの［エクスポート］をクリックして表示
される一覧から形式を選択します。［ファイル］タブの［名前を付けて保存］画面や［名前
を付けて保存］ダイアログボックスでファイルの種類を変更して保存することも可能です。
また、PDF/XPS 形式では［PDF または XPS 形式で発行］ダイアログボックスの［オ
プション］をクリックして表示される［オプション］ダイアログボックスで詳細設定を行
うことができます。

エクスポートで選択できる主なファイル形式

ファイル形式	説明
PDF（Portable Document Format）	文字情報や画像情報、レイアウトの情報を持ったファイル形式。アドビシステム社から提供されている「Adobe Reader」などの無料配布されているソフトウェアで閲覧や印刷することができる。
XPS（XML Paper Specification）	文字情報や画像情報、レイアウトの情報を持ったファイル形式。マイクロソフト社が無料で提供している XPS ビューアーを使用して閲覧や印刷することができる。
ビデオ	Windows Media ビデオまたは MPG-4 ビデオを作成して配布できる。アニメーションや動画を含むマルチメディアプレゼンテーションを再生できる。
アニメーション GIF	アニメーション GIF に変換する。アニメーションや画面切り替え、インクを保存できるが、タイミングは保存できない。
プレゼンテーションパック	プレゼンテーションとリンクされているすべてのファイルをパッケージ化し、CD やフォルダーに保存できる。PowerPoint がインストールされていない環境でプレゼンテーションを実施またはユーザーに配布する場合に使用する。
配布資料の作成	プレゼンテーションを Word に送信して配布資料を作成する。[Microsoft Word に送る] ダイアログボックスでレイアウトやスライドの追加方法を選択できる。
その他の主なファイル形式	PowerPoint 2003 以前のバージョンで開ける PowerPoint 97-2003 プレゼンテーション形式や JPEG や PNG などの画像ファイル形式などを選択できる。

ヒント

互換性チェック

PowerPoint 97-2003 プレゼンテーション形式で保存するときに失われる可能性がある機能と内容は互換性チェックで確認できます（「1-5-3　プレゼンテーションを検査して問題を修正する」を参照）。

操作手順

❶ [ファイル] タブの [エクスポート] をクリックします。

❷ [PDF/XPS ドキュメントの作成] が選択されていることを確認し、[PDF/XPS の作成] をクリックします。

その他の操作方法

[PDF 形式] で保存

[ファイル] タブの [名前を付けて保存] をクリックして保存先を選択して表示される [名前を付けて保存] ダイアログボックスの [ファイルの種類] ボックスの▼をクリックして [PDF] をクリックします。

ヒント

アクセシビリティの確認

エクスポートするファイルにアクセシビリティの確認が必要な場合は、[PDF/XPS の作成] の右側に [アクセシビリティを調べる] ボタンが表示されます。

❸［PDF または XPS 形式で発行］ダイアログボックスが表示されます。

❹［ドキュメント］をクリックします。

❺一覧から［PowerPoint365（実習用）］をダブルクリックします。

❻［ファイル名］ボックスに「節電のお願い」と入力します。

❼［ファイルの種類］ボックスをクリックして「PDF」をクリックします。

❽［発行後にファイルを開く］チェックボックスをオフにします。

❾［オプション］をクリックします。

⭐ヒント

発行後にファイルを開く

ファイルを保存した後、選択した形式でそのファイルを開く場合は［発行後にファイルを開く］チェックボックスをオンにします。

⭐ヒント

最適化

ドキュメントの印刷品質を高くする場合は［標準（オンライン発行および印刷）］をオンにし、印刷品質よりもファイルサイズを優先する場合は［最小サイズ（オンライン発行）］をオンにします。

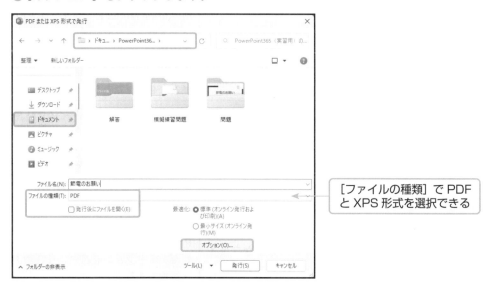

［ファイルの種類］で PDF と XPS 形式を選択できる

❿［オプション］ダイアログボックスが表示されます。

⓫［発行オプション］の［発行対象］の▼をクリックし、［配布資料］をクリックします。

⓬［スライドに枠を付ける］チェックボックスをオンにします。

⓭［1 ページあたりのスライド数］の▼をクリックし、［2］をクリックします。

⓮［OK］をクリックします。

⭐ヒント

配布資料

配布資料については「1-3-3 配布資料を印刷する」を参照してください。

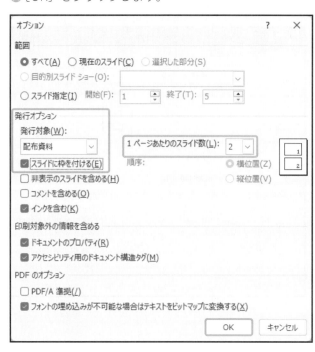

⑮ ［PDF または XPS 形式で発行］ダイアログボックスに戻るので、［発行］をクリックします。

⑯ PDF ファイルが作成され、［PowerPoint365（実習用）］フォルダーにエクスポートされます。

Chapter **2**

スライドの管理

本章で学習する項目

- ☐ スライドを挿入する
- ☐ スライドを変更する
- ☐ スライドを並べ替える、グループ化する

2-1 スライドを挿入する

プレゼンテーションを作成するとき、他のアプリケーションで作成したデータや既存のスライドを活用して作業を効率化することができます。また、新しいスライドを挿入してレイアウトを変更し、目的に合ったプレゼンテーションに編集することもできます。

2-1-1 Word のアウトラインをインポートする

練習問題

問題フォルダー
  └ 問題 2-1-1.pptx

PowerPoint365
（実習用）フォルダー
  └ 熊野三山 .docx

解答フォルダー
  └ 解答 2-1-1.pptx

スライド 2 の後に［PowerPoint365（実習用）］フォルダーに保存されているアウトラインを設定した Word 文書「熊野三山 .docx」を挿入して確認します。

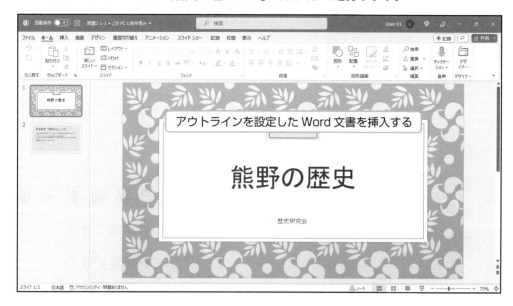

機能の解説

□ アウトラインを設定した
  Word 文書
□ アウトラインの挿入
□［アウトラインの挿入］
  ダイアログボックス

プレゼンテーションにアウトラインを設定した Word 文書の内容を挿入することができます。Word 文書は選択したスライドの次からアウトラインレベルに応じて挿入されます。プレゼンテーションの構成が Word 文書として既に存在する場合に活用できます。

Word 文書の「見出し 1」はスライドのタイトル、「見出し 2」以降は箇条書きテキストになります。箇条書きテキストもアウトラインで管理され、Word 文書の「見出し 2」は箇条書きテキストの第 1 レベル、「見出し 3」は第 2 レベル、「見出し 4」は第 3 レベルに設定されます。スライドのレイアウトは「タイトルとテキスト」になります。

アウトラインを設定した Word 文書を挿入するには、［ホーム］タブの ［新しいスライド］ボタンの▼をクリックし、［アウトラインからスライド］をクリックして表示される［アウトラインの挿入］ダイアログボックスを使用します。

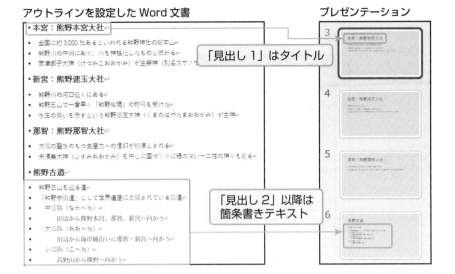

「見出し 1」はタイトル

「見出し 2」以降は
箇条書きテキスト

ポイント

テキストファイルの内容の挿入

インデントによりアウトラインレベルを設定したテキストファイルの内容を挿入することもできます。操作は Word 文書を挿入する場合と同じです。

操作手順

❶ サムネイルのスライド 2 をクリックし、［ホーム］タブの ▢ ［新しいスライド］ボタンの▼をクリックして［アウトラインからスライド］をクリックします。

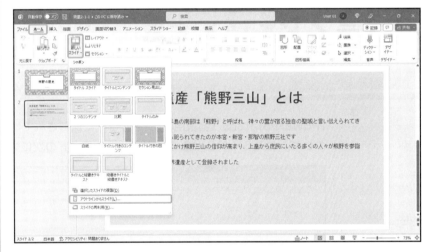

❷ ［アウトラインの挿入］ダイアログボックスが表示されます。

❸ 左側の一覧から［ドキュメント］をクリックします。

❹ 一覧から［PowerPoint365（実習用）］をダブルクリックします。

❺ Word 文書「熊野三山」をクリックして［挿入］をクリックします。

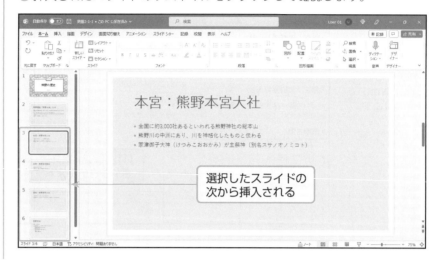

❻ Word 文書「熊野三山」を基にしたスライドが作成されます。

❼ 挿入されたスライドのサムネイルをクリックして確認します。

2-1-2 ほかのプレゼンテーションからスライドを挿入する

練習問題

［PowerPoint365（実習用）］フォルダーに保存されているプレゼンテーション「香水について」のスライド 2 から 4 をタイトルスライドの次に挿入します。

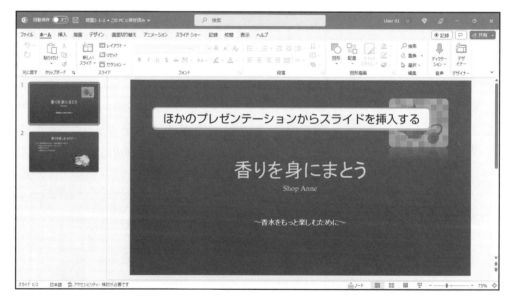

機能の解説

重要用語

- □ スライドの再利用
- □ [スライドの再利用] ウィンドウ
- □ 異なるプレゼンテーション間のスライドのコピー

ポイント

並べて表示

並べて表示したいプレゼンテーションを開いて、[表示] タブの [並べて表示] [並べて表示] ボタンをクリックします。

ヒント

ウィンドウの切り替え

開いている複数のプレゼンテーションを切り替えるには、[表示] タブの [ウィンドウの切り替え] ボタンをクリックし、表示されるプレゼンテーション名をクリックします。

[ウィンドウの切り替え] ボタン

作成済みのプレゼンテーションからスライドを挿入して再利用することができます。必要なスライドが他のプレゼンテーションにある場合や、複数のプレゼンテーションをまとめるときに活用すると便利です。既存のスライドを挿入するには、[ホーム] タブの [新しいスライド] ボタンの▼をクリックし、[スライドの再利用] をクリックして表示される [スライドの再利用] ウィンドウを使用します。

また、異なるプレゼンテーション間でスライドをコピーすることもできます。コピー元とコピー先のプレゼンテーションを開き、コピーするスライドを選択して [ホーム] タブの [コピー] ボタンをクリックし、貼り付ける直前のスライド（またはスライド間）を選択して [貼り付け] ボタンをクリックします。コピーするスライドをコピー先までドラッグしてコピーすることも可能です。異なるテーマの場合は、[(Ctrl)] [貼り付けのオプション] でテーマをどちらに合わせるかを選択できます。

2 つのプレゼンテーションを並べて表示してコピー

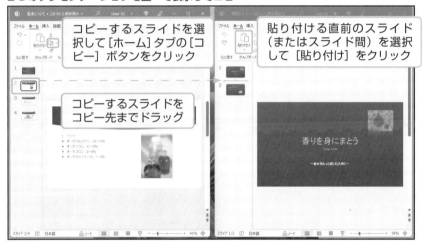

操作手順

❶ スライド 1 が選択されていることを確認します。

❷ [ホーム] タブの [新しいスライド] ボタンの▼をクリックし、[スライドの再利用] をクリックします。

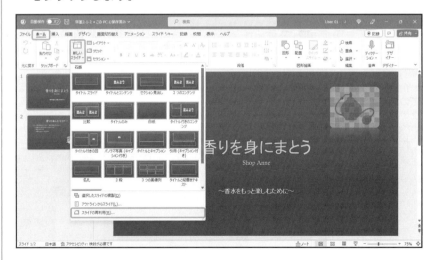

❹［参照］をクリックします。

❺［参照］（または［コンテンツの選択］）ダイアログボックスが表示されます。

❻［ドキュメント］が選択されていることを確認し、［PowerPoint365（実習用）］を
ダブルクリックします。

❼一覧から［香水について］をクリックし、［開く］をクリックします。

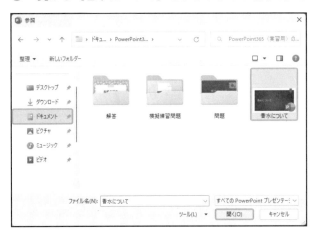

❽［スライドの再利用］ウィンドウに指定したプレゼンテーションのスライドの一覧が
表示されます。

❾［スライドの再利用］ウィンドウの2枚目のスライドをクリックします。

❿スライド2にスライドが挿入されます。

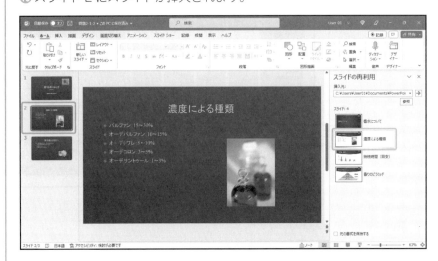

その他の操作方法

参照先の指定

［スライドの再利用］ウィンド
ウの［PowerPoint ファイルを
開く］をクリックします。

ヒント

すべてのスライドを挿入

［スライドの再利用］ウィン
ドウの任意のスライドを右ク
リックして［すべてのスライド
を挿入］をクリックすると、表
示されているすべてのスライ
ドを一括して挿入することが
できます。

ポイント

元の書式を保持する
［スライドの再利用］ウィンドウの下部にある［元の書式を保持する］チェックボックスをオンにしてスライドを挿入すると、元のテーマや書式のままスライドを挿入することができます。

ヒント

挿入元のテーマを適用する
［スライドの再利用］ウィンドウのスライドを右クリックして［すべてのスライドにテーマを適用］をクリックすると、表示されているテーマを現在開いているプレゼンテーション全体に適用することができます。［選択したスライドにテーマを適用］をクリックすると、現在選択されているスライドのみにテーマが適用されます。

⑪ 同様に、［スライドの再利用］ウィンドウの 3 枚目と 4 枚目のスライドをクリックします。

⑫ スライド 3 とスライド 4 にスライドが挿入されます。

⑬［スライドの再利用］ウィンドウの「閉じる」ボタンをクリックします。

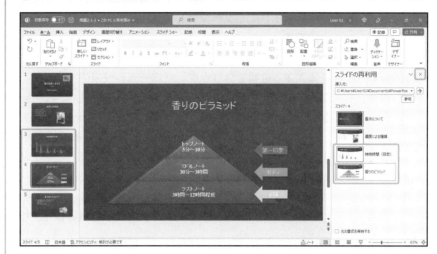

2-1-3 スライドを挿入し、スライドのレイアウトを選択する

練習問題

問題フォルダー
└ 問題 2-1-3.pptx

解答フォルダー
└ 解答 2-1-3.pptx

【操作 1】 最後のスライドの後ろに［タイトルのみ］のレイアウトのスライドを挿入し、タイトルに「ハワイの気温」と入力します。

【操作 2】 スライド 4（「ハワイの島々」のタイトル）のスライドのレイアウトに［2 つのコンテンツ］を適用します。

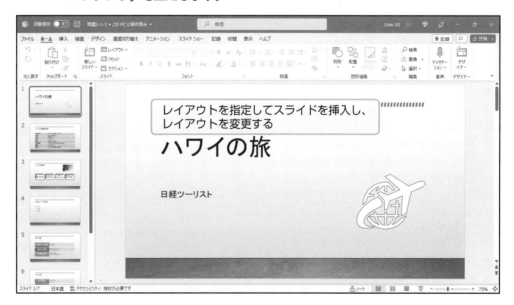

- □ スライドのレイアウト
- □ コンテンツ
- □ プレースホルダー
- □ 新しいスライドの挿入
- □ [新しいスライド] ボタン
- □ スライドに別のレイアウトを適用
- □ [レイアウト] ボタン

スライドのレイアウトとは、スライド上にタイトルなどのテキストや図や表などのコンテンツを簡単に配置することができるスライドの構成のことです。スライドのレイアウトには、スライドに配置されるプレースホルダー、コンテンツの書式、位置が設定されています。スライドにコンテンツを体裁よく配置するには、適切なレイアウトを選択することが大切です。

レイアウトを指定して新しいスライドを挿入するには、サムネイルの表示領域でスライドを挿入する位置をクリックし、[ホーム] タブの [新しいスライド] ボタンの▼をクリックして一覧から目的のレイアウトをクリックします。[新しいスライド] ボタンの上部をクリックすると前のスライドと同じレイアウト(タイトルスライドを選択している場合は[タイトルとコンテンツ] レイアウト)のスライドが挿入されます。

また、スライドのレイアウトは後から変更することもできます。スライドに別のレイアウトを適用するには、変更したいスライドを選択し、[ホーム] タブの [レイアウト] ボタンをクリックして一覧から目的のレイアウトをクリックします。[レイアウト] ボタンと [新しいスライド] ボタンに表示されるレイアウトは同じです。

レイアウトを指定してスライドを挿入

適用されているテーマの
レイアウトが表示される

既存のスライドのレイアウトを変更

選択しているスライドの現在の
レイアウトが選択されている

【操作 1】

❶ サムネイル表示領域のスライド 7 の下、またはスライド 7 をクリックします。

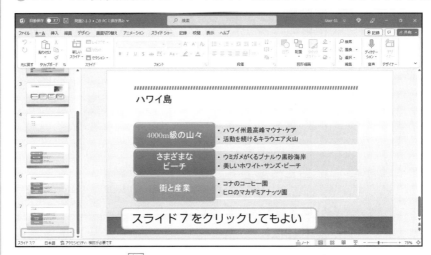

❷ ［ホーム］タブの □[新しいスライド] ボタンの▼をクリックし、［タイトルのみ］
をクリックします。

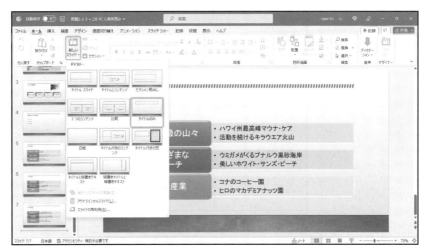

❸ スライド 8 にレイアウトが［タイトルのみ］の新しいスライドが挿入されます。

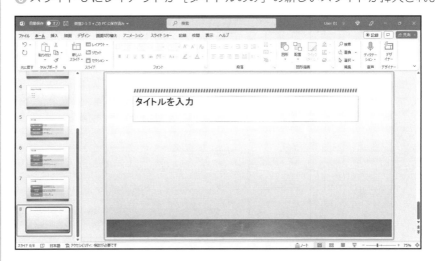

④「タイトルを入力」と表示されているプレースホルダー内をクリックし、「ハワイの気温」と入力します。

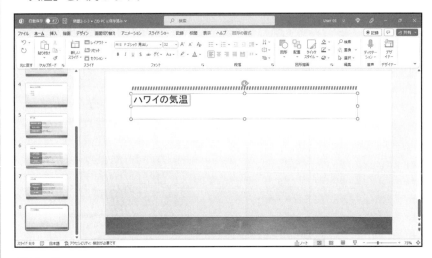

【操作2】

⑤ サムネイルのスライド4をクリックします。

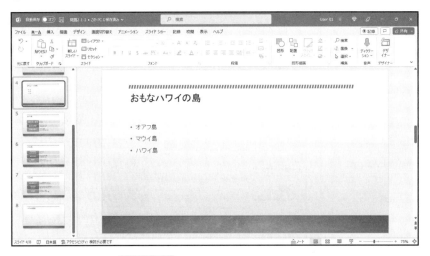

>> その他の操作方法

レイアウトの変更

変更するスライド（またはサムネイル）で右クリックし、[レイアウト] をポイントして一覧から目的のレイアウトをクリックします。

⑥ [ホーム] タブの [レイアウト] ボタンをクリックし、[2つのコンテンツ] をクリックします。

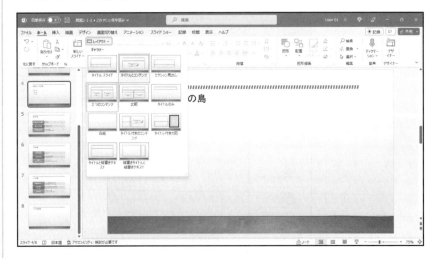

❼ スライド 4 のレイアウトが変更されます。

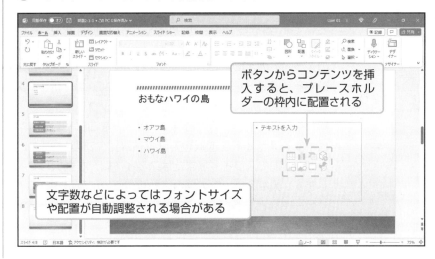

2-1-4 スライドを複製する

練習問題

スライド 3 を複製します。

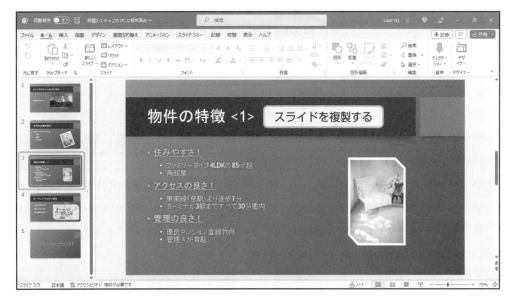

☐ スライドの複製
☐ スライドのコピー / 貼り
　付け

スライドを複製すると、1 つのスライドの内容をもとに複数のスライドを作成することができます。スライドの複製とコピーは似ていますが、複製は貼り付け操作をせずに複製元のスライドの次に自動的に挿入されます。スライドを複製するには、サムネイル領域で複製するスライドを選択し、[ホーム] タブの 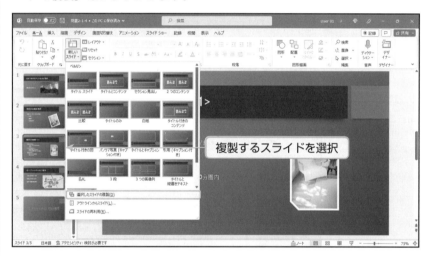 [新しいスライド] ボタンの▼をクリックして [選択したスライドの複製] をクリックします。

離れた位置に複製する場合は、スライドをコピーします。スライドをコピーするには、コピーするスライドを選択して [ホーム] タブの [コピー] ボタンをクリックし、貼り付ける直前のスライド（またはスライド間）を選択して [貼り付け] ボタンをクリックします。異なるテーマの場合は貼り付け後に表示される [(Ctrl)▼] [貼り付けのオプション] でテーマをどちらに合わせるか選択できます。また、**Ctrl** キーを押しながらドラッグしてもスライドをコピーできます。

❶ サムネイルのスライド 3 をクリックします。

❷ [ホーム] タブの [新しいスライド] ボタンの▼をクリックし、[選択したスライドの複製] をクリックします。

その他の操作方法

スライドの複製

[ホーム] タブの [コピー] ボタンの▼をクリックして [複製] をクリックします。または、**Ctrl** + **D** キーを押すか、複製するスライドのサムネイル上で右クリックして [スライドの複製] をクリックします。

複製するスライドを選択

❸ スライド 3 の次にスライドが複製されます。

ヒント

複数スライドの複製

複製したいスライドが複数ある場合は、それらのスライドを選択して同じ操作を行うと、最後に選択したスライドの次にスライドが複製されます。

ポイント

スライドの削除

スライドを削除するには、サムネイル領域で削除したいスライドを選択して **Delete** キーを押すか、右クリックして [スライドの削除] をクリックします。スライドをまとめて削除するには、複数のスライドを選択して操作します。

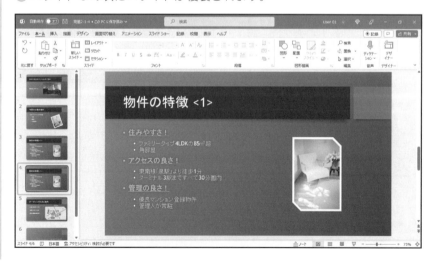

練習問題

問題フォルダー
└問題 2-1-5.pptx

解答フォルダー
└解答 2-1-5.pptx

タイトルスライドの次に「ことわざとは」、「四字熟語とは」へのリンクを含むサマリーズームのスライドを挿入します。

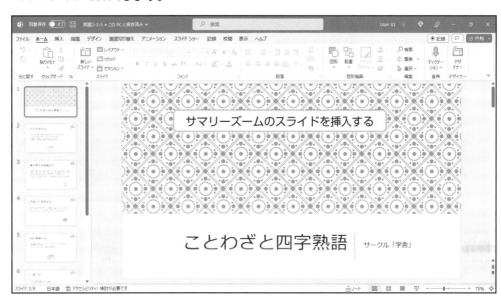

機能の解説

重要用語

- □ サマリーズーム
- □ [ズーム] ボタン
- □ [ズーム] タブ

ポイント

セクションが設定されている場合

セクションが作成されているプレゼンテーションでは、[サマリーズームの挿入] ダイアログボックスで各セクションの先頭のスライドが選択されています。

ポイント

その他のズーム機能

ズーム機能にはサマリーズームのほかに、セクションズーム、スライドズームがあります（「3-2-2 セクションズームのリンクを挿入する」、「3-2-3 スライドズームのリンクを挿入する」を参照）。

サマリーズーム機能を使用すると、選択したスライドのサムネイルを一覧に表示した目次のようなスライドを自動的に作成することができます。サマリーズームのスライドを挿入するには、[挿入] タブの [ズーム] ボタンをクリックし、[サマリーズーム] をクリックして表示される [サマリーズームの挿入] ダイアログボックスで目的のスライドのチェックボックスをオンにして [挿入] をクリックします。

サマリーズームのスライドは、[サマリーズームの挿入] ダイアログボックスで選択したスライドの直前に挿入され、自動的にセクションが作成されます（セクションについては「2-3-1 セクションを作成する、セクション名を変更する」を参照）。

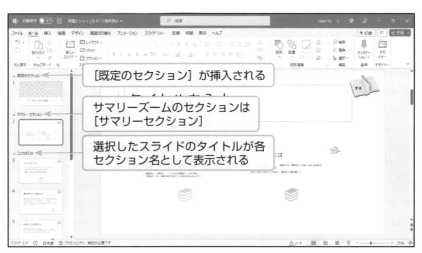

スライドショー実行時にサマリーズームのスライドのサムネイルをクリックすると、ズーム（拡大）しながら選択したスライドに移動し、そのセクションの最後のスライドを表示後、サマリーズームのスライドに戻ります。また、サマリーズームのズームの領域をクリックすると［ズーム］タブが表示され、サマリーズームのオプションや書式などのさまざまな設定を行うことができます。

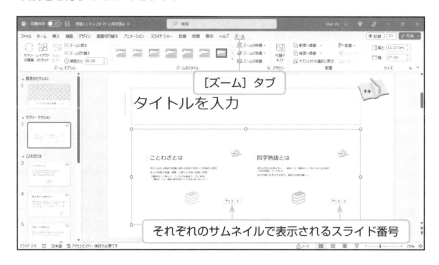

操作手順

❶ ［挿入］タブの [ズーム]ボタンをクリックし、［サマリーズーム］をクリックします。

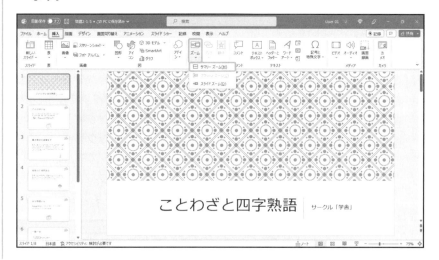

❷ ［サマリーズームの挿入］ダイアログボックスが表示されます。

❸ 「2. ことわざとは」、「5. 四字熟語とは」のチェックボックスをオンにして［挿入］
をクリックします。

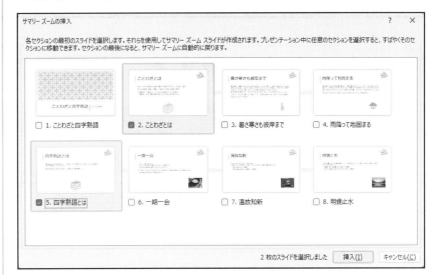

❹ スライド 2 の位置に選択したスライドへのリンクが設定されたサムネイルが配置さ
れたサマリーズームのスライドが挿入されます。

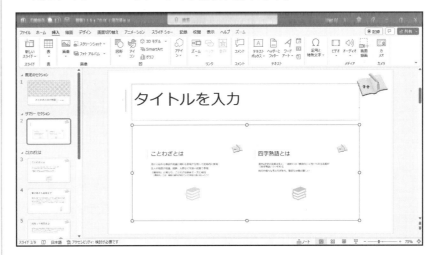

※サマリーズームの動作を確認する場合は、スライドショーを実行します。

2-2 スライドを変更する

スライドを非表示にして、スライドショー実行時に表示しないようにすることができます。また、スライド単位で背景を設定することや、スライドにページ番号やフッターを挿入することも可能です。

2-2-1 スライドを表示する、非表示にする

練習問題

問題フォルダー
└問題 2-2-1.pptx

解答フォルダー
└解答 2-2-1.pptx

スライド 2 を非表示スライドに設定します。

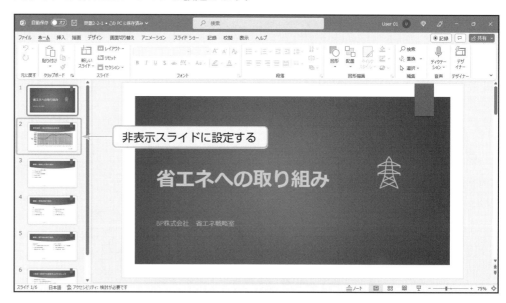

機能の解説

□ 非表示スライドに設定
□ [非表示スライド] ボタン
□ [スライドの表示] ボタン

スライドショー実行時に表示したくないスライドがある場合、そのスライドを非表示に設定することができます。

非表示スライドに設定するには、サムネイル領域で非表示にするスライドを選択し、[スライドショー] タブの ![非表示スライド] ボタンをクリックします。非表示スライドを再び表示するには、表示したいスライドを選択して [スライドの表示] ボタンをクリックするか、サムネイル上で右クリックして [スライドの表示] をクリックします。

その他の操作方法

非表示スライドに設定

スライドのサムネイルまたはスライド一覧表示で対象のスライド上で右クリックし、[非表示スライド]をクリックします。

❶ サムネイルのスライド 2 をクリックします。

❷ [スライドショー]タブの[非表示スライド]ボタンをクリックします。

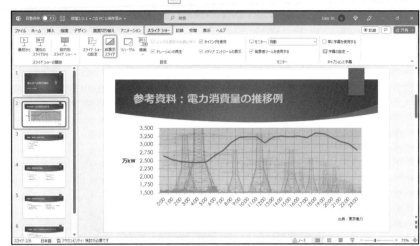

ヒント

非表示スライドの印刷

非表示に設定したスライドは印刷することができます(「1-3-1　スライドを印刷する」のヒントを参照)。

❸ サムネイルのスライド 2 が薄い表示になり、スライド番号に非表示であることを示す「\」が付加されます。

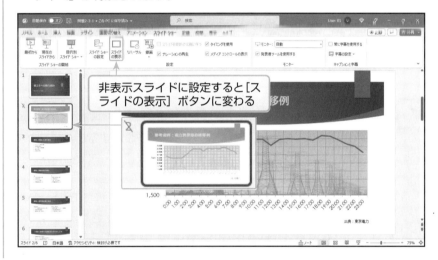

非表示スライドに設定すると[スライドの表示]ボタンに変わる

2-2-2 個々のスライドの背景を変更する

問題フォルダー
└ 問題 2-2-2.pptx

解答フォルダー
└ 解答 2-2-2.pptx

【操作 1】 すべてのスライドの背景に背景のスタイル 11 を適用します。
【操作 2】 スライド 6 の背景のみ「ライム、アクセント 1」に変更します。

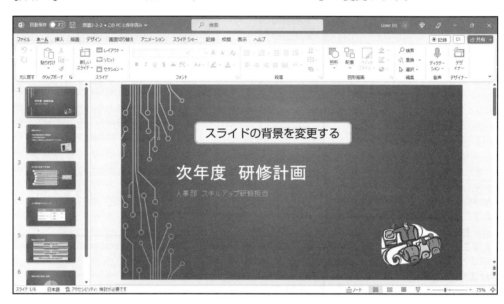

機能の解説

[重要用語]

□ スライドの背景
□ 背景のスタイル
□ すべてのスライドに適用
□ 選択したスライドに適用
□ [背景の書式設定] 作業
　 ウィンドウ

スライドの背景にさまざまな書式を設定することができます。各テーマには 12 種類の背景のスタイルが用意されており、同じテーマでも背景のスタイルを変更してプレゼンテーションのイメージを変化させることができます。

背景のスタイルは、[デザイン] タブの [バリエーション] の ▽ [その他]（または [バリエーション]）ボタンをクリックして表示される [背景のスタイル] で設定します。背景のスタイルはすべてのスライドに適用されます。選択したスライドのみに適用したい場合は、設定するスタイルを右クリックして [選択したスライドに適用] をクリックします。

また、[背景の書式設定] 作業ウィンドウを使用して、背景の塗りつぶし、グラデーション、テクスチャ、図、パターンを詳細に設定することができます。[背景の書式設定] 作業ウィンドウの設定は選択しているスライドのみに適用されます。すべてのスライドに適用したい場合は [すべてに適用] をクリックします。

★ヒント

背景のリセット

[背景の書式設定] 作業ウィンドウで行った設定を適用しないで閉じる場合や、設定されている背景を削除したい場合は、[背景のリセット] をクリックするか、[デザイン] タブの [バリエーション] の [背景のスタイル] をポイントして [スライドの背景のリセット] をクリックします。

ポイントするとプレビュー表示され、クリックするとすべてのスライドに適用される

クリックすると [背景の書式設定] 作業ウィンドウが表示される

[背景の書式設定] 作業ウィンドウ

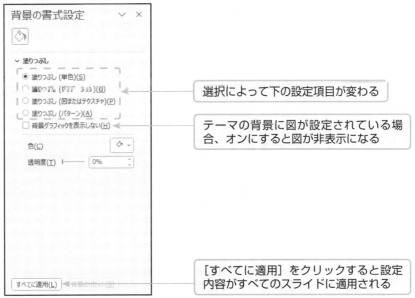

選択によって下の設定項目が変わる

テーマの背景に図が設定されている場合、オンにすると図が非表示になる

[すべてに適用] をクリックすると設定内容がすべてのスライドに適用される

【操作 1】

❶ ［デザイン］タブの［バリエーション］の ▽ ［その他］（または［バリエーション］）
ボタンをクリックします。

❷ ［背景のスタイル］をポイントし、「スタイル 11」をクリックします。

❸ すべてのスライドの背景に「スタイル 11」が適用されます。

【操作 2】

❹ サムネイルのスライド 6 をクリックします。

❺ ［デザイン］タブの ［背景の書式設定］ボタンをクリックします。

⑥ ［背景の書式設定］作業ウィンドウが表示されます。

⑦ ［塗りつぶし］の［塗りつぶし（単色）］をクリックします。

⑧ ［色］の ⚬▼ をクリックし、［ライム、アクセント 1］をクリックします。

⑨ スライド 6 の背景の色が変更されます。

⑩ ［背景の書式設定］作業ウィンドウの × をクリックします。

★ ヒント

背景に画像を適用
［背景の書式設定］作業ウィンドウの［塗りつぶし］の［塗りつぶし（図またはテクスチャ）］の［画像ソース］の［挿入する］をクリックすると［図の挿入］ダイアログボックスが表示され、画像やアイコンをスライドの背景に表示することができます。

2-2-3 スライドのヘッダー、フッター、ページ番号を挿入する

練習問題

問題フォルダー
└ 問題 2-2-3.pptx

解答フォルダー
└ 解答 2-2-3.pptx

タイトルスライド以外のフッターに「ワイン通信」の文字列とスライド番号を挿入します。

機能の解説

重要用語

- フッター
- スライド番号
- [ヘッダーとフッター] ボタン
- [スライド番号の挿入] ボタン
- [ヘッダーとフッター] ダイアログボックス
- タイトルスライドに表示しない

ヒント

スライド上の表示位置

スライド番号、フッター、日付の表示位置はテーマによって異なるため、テーマを変更すると表示位置が変わることがあります。

スライドにフッターやスライド番号などを挿入することができます。フッターとは、スライドに共通して表示される情報のことです。スライド番号やフッターを挿入するには、[挿入] タブの [ヘッダーとフッター] ボタン、または [スライド番号の挿入] ボタンをクリックして表示される [ヘッダーとフッター] ダイアログボックスの [スライド] タブを使用します。特定のスライドにのみ表示する場合は [適用]、すべてのスライドに表示する場合は、[すべてに適用]をクリックします。[タイトルスライドに表示しない]チェックボックスをオンにするとタイトルスライドに表示しないように設定できます。

なお、すべてのスライドのスライド番号やフッターの配置や書式を変更するときはスライドマスターを表示して操作します(「1-1-2　スライドマスターのコンテンツを変更する」を参照)。

[ヘッダーとフッター] ダイアログボックスの [スライド] タブ

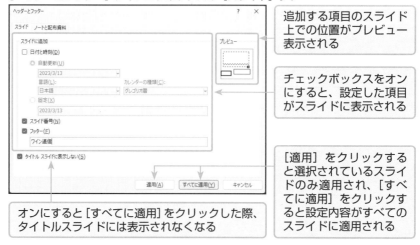

追加する項目のスライド上での位置がプレビュー表示される

チェックボックスをオンにすると、設定した項目がスライドに表示される

[適用] をクリックすると選択されているスライドのみ適用され、[すべてに適用] をクリックすると設定内容がすべてのスライドに適用される

オンにすると [すべてに適用] をクリックした際、タイトルスライドには表示されなくなる

操作手順

その他の操作方法

[ヘッダーとフッター] ダイアログボックスの表示

[挿入] タブの[スライド番号の挿入] ボタン、または[日付と時刻] ボタンをクリックします。

❶ [挿入] タブの [ヘッダーとフッター] ボタンをクリックします。

❷ [ヘッダーとフッター] ダイアログボックスの [スライド] タブが表示されます。

❸ [スライド番号]、[フッター]、[タイトルスライドに表示しない] のチェックボックスをオンにします。

❹ [フッター] ボックスに「ワイン通信」と入力します。

❺ [すべてに適用] をクリックします。

ポイント

日付と時刻

日付と時刻を挿入する場合、自動で更新するには [自動更新] を選択し、下のボックスで表示形式を指定します。言語やカレンダーの種類も指定できます。常に同じ日付を表示する場合は [固定] を選択して表示する日付を入力します。

ヒント

[ノートと配布資料] タブ

[ノートと配布資料] タブではノートと配布資料のヘッダーやフッターの設定を行うことができます。

ヒント

スライド 2 の番号を「1」から開始

スライド 2 の番号を「1」から開始するには、[デザイン] タブの [スライドのサイズ] ボタンをクリックし、[ユーザー設定のスライドのサイズ] をクリックして表示される [スライドのサイズ] ダイアログボックスで [スライド開始番号] を「0」に変更します。

❻ タイトルスライド以外のスライドにスライド番号とフッターが表示されます。

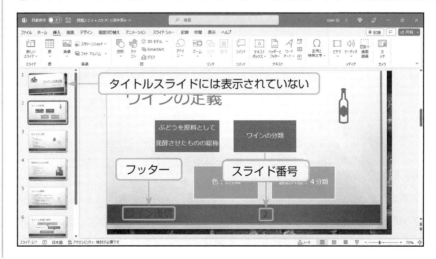

2-3 スライドを並べ替える、グループ化する

プレゼンテーションの作成後にスライドの順番を入れ替えることや、枚数が多いプレゼンテーションのスライドをセクションに分けてグループ化し、まとめて編集することができます。

2-3-1 セクションを作成する、セクション名を変更する

練習問題

問題フォルダー
└問題 2-3-1.pptx

解答フォルダー
└解答 2-3-1.pptx

【操作 1】 スライド 1 〜 3、スライド 4 〜 7、スライド 8 〜 9 が同じセクションになるように、セクションを作成し、スライド 4 〜 7 のセクション名を「島」、スライド 8 〜 9 のセクション名を「グラフ」に変更します。

【操作 2】 既定のセクションのセクション名を「概要」に変更します。

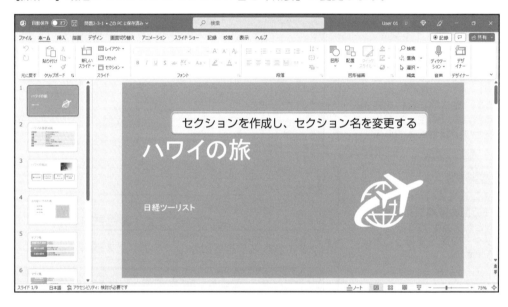

機能の解説

重要用語

☐ セクション
☐ セクションの挿入
☐ ［セクション］ボタン
☐ セクション名の変更

セクションとは、複数の連続したスライドをまとめる単位のことです。スライドの枚数が多いプレゼンテーションをセクションに分けて管理すると、セクション単位の移動やテーマの変更など、作業を効率的に行うことができます。セクションを挿入するには、標準表示のサムネイル表示領域またはスライド一覧表示でセクションを区切りたいスライド間（または下側のスライド）をクリックし、［ホーム］タブの 🔲 セクション▾ ［セクション］ボタンをクリックして［セクションの追加］をクリックします。［セクション名の変更］ダイアログボックスが表示されるので、セクション名を入力します。挿入済みのセクション名を変更するには、変更するセクションバーをクリックして、［ホーム］タブの 🔲 セクション▾ ［セクション］ボタンをクリックして［セクション名の変更］をクリックします。セクションは、プレゼンテーションのトピックのアウトラインとして使用することもできます。

上2つのセクションを折りたたみ、3つ目の「グラフ」セクションを選択した状態

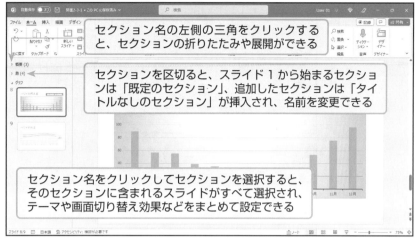

セクション名の左側の三角をクリックすると、セクションの折りたたみや展開ができる

セクションを区切ると、スライド1から始まるセクションは「既定のセクション」、追加したセクションは「タイトルなしのセクション」が挿入され、名前を変更できる

セクション名をクリックしてセクションを選択すると、そのセクションに含まれるスライドがすべて選択され、テーマや画面切り替え効果などをまとめて設定できる

操作手順

その他の操作方法

セクションの追加

セクションを区切るスライド間またはスライドを右クリックし、[セクションの追加]をクリックします。

【操作1】

❶ サムネイルのスライド3と4の間（またはスライド4）をクリックします。

❷ [ホーム]タブの [セクション▾] [セクション]ボタンをクリックし、[セクションの追加]をクリックします。

❸ [既定のセクション]と[タイトルなしのセクション]が追加され、[セクション名の変更]ダイアログボックスが表示されます。

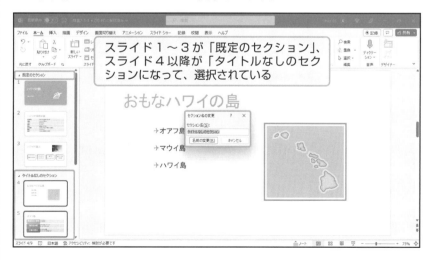

スライド1～3が「既定のセクション」、スライド4以降が「タイトルなしのセクションになって、選択されている

④ [セクション名] ボックスに「島」と入力し、[名前の変更] ボタンをクリックします。

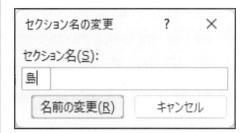

⑤ セクション名が変更されます。

⑥ スライド7と8の間（またはスライド8）をクリックします。

⑦ [ホーム] タブの　セクション▼　[セクション] ボタンをクリックし、[セクションの追加] をクリックします。

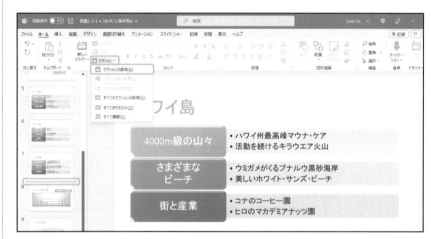

❽ ［タイトルなしのセクション］が追加され、［セクション名の変更］ダイアログボックスが表示されます。

❾ ［セクション名］ボックスに「グラフ」と入力し、［名前の変更］ボタンをクリックします。

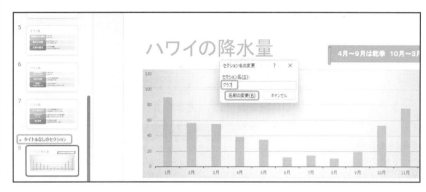

❿ セクション名が変更されます。

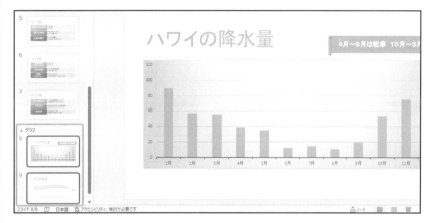

【操作 2】

⓫ ［既定のセクション］をクリックします。

⓬ ［ホーム］タブの 🖳 セクション ～ ［セクション］ボタンをクリックし、［セクション名の変更］をクリックします。

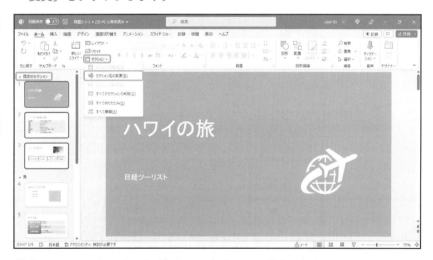

⓭ ［セクション名の変更］ダイアログボックスが表示されます。

⑭ [セクション名] ボックスに「概要」と入力し、[名前の変更] ボタンをクリックします。

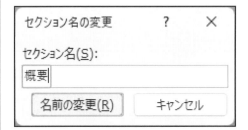

★ヒント

セクションの削除

1つのセクションを削除する場合は、セクション名を選択して [ホーム] タブの [セクション] ボタンをクリックし、[セクションの削除] をクリックします。セクション名を右クリックし、[セクションの削除] をクリックして削除することもできます。すべてのセクションを削除するには、[ホーム] タブの [セクション] ボタンをクリックして [すべてのセクションの削除] をクリックします。

⑮ セクション名が変更されます。

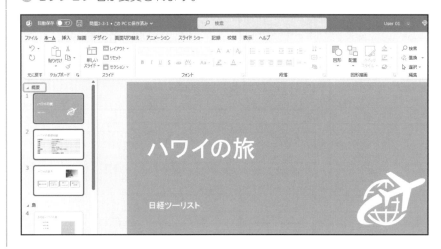

2-3-2　スライドやセクションの順番を変更する

練習問題

問題フォルダー
└問題 2-3-2.pptx

解答フォルダー
└解答 2-3-2.pptx

【操作 1】スライド 2 とスライド 3 の順番を入れ替えます。
【操作 2】セクション「島」とセクション「グラフ」の順番を入れ替えます。

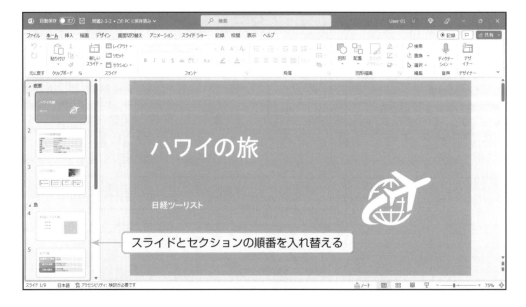

スライドとセクションの順番を入れ替える

機能の解説

 重要用語

☐ スライドの移動
☐ セクションの移動

スライドを移動してスライドの順番を入れ替えるときには、サムネイル表示領域でスライドをドラッグして移動します。セクションを移動するには、セクション名を右クリックして［セクションを上へ移動］または［セクションを下へ移動］をクリックします。セクション名を移動する位置にドラッグしても移動できます。ドラッグ中はすべてのセクションが折りたたまれます。セクションを移動すると、そのセクションに含まれるスライドをまとめて移動することができます。枚数が多い場合やプレゼンテーション全体を確認しながら移動するときは、スライド一覧表示で移動すると便利です。

操作手順

★ヒント

スライドの切り取り / 貼り付けによる移動

離れた位置にスライドを移動する場合は、切り取り / 貼り付けを使用すると便利です。移動するスライドをクリックし、［ホーム］タブの ✕ ［切り取り］ボタンをクリックします。次に、貼り付ける位置をクリックして［ホーム］タブの［貼り付け］ボタンをクリックします。

［貼り付け］ボタン

【操作 1】

❶ サムネイルのスライド 2 をスライド 3 の下にドラッグします。

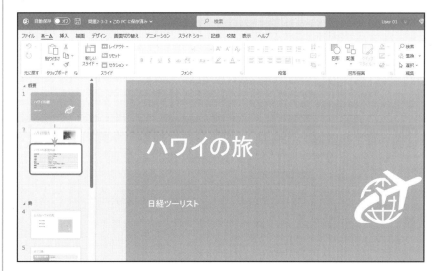

❷ スライド 2 とスライド 3 の順番が入れ替わります。

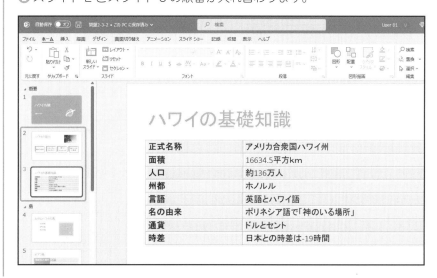

セクション名を移動する位置
にドラッグします。ドラッグ中
はすべてのセクションが折り
たたまれます。

【操作2】

③ セクション名「島」を右クリックします。

④ ［セクションを下へ移動］をクリックします。

⑤ セクションの順番が入れ替わります。

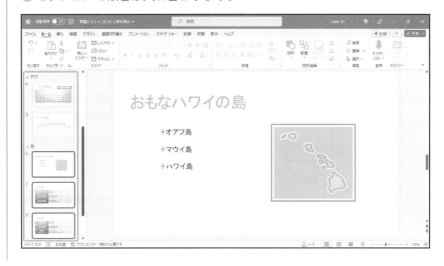

3

テキスト、図形、画像の挿入と書式設定

本章で学習する項目

- ☐ テキストを書式設定する
- ☐ リンクを挿入する
- ☐ 図を挿入する、書式設定する
- ☐ グラフィック要素を挿入する、書式設定する
- ☐ スライド上のコンテンツを並べ替える、配置する、グループ化する

3-1 テキストを書式設定する

スライドのプレースホルダーに設定されているテキストの書式を変更し、重要な箇所を強調して的確に内容を伝えることができます。また、段組みを設定したり箇条書きの行頭文字を変更したりして、読みやすくすることができます。

3-1-1 テキストに書式設定やスタイルを適用する

練習問題

問題フォルダー
└問題 3-1-1.pptx

解答フォルダー
└解答 3-1-1.pptx

【操作 1】 スライド 1 のタイトル「花を贈る」のフォントサイズを「80pt」に変更し、文字の間隔を「10pt」広くします。

【操作 2】 スライド 4 の「お見舞いに行くとき」と「相手への思いやり」をフォントの色「濃い緑、アクセント 4」に変更し、「太字」と「下線」のスタイルを設定します。

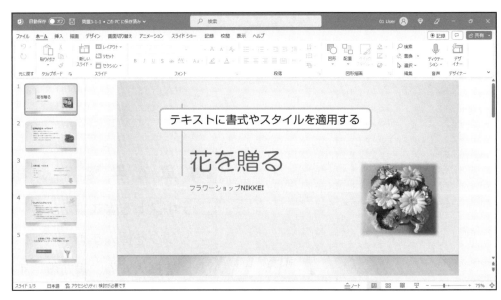

機能の解説

□ 文字書式
□ スタイル
□ [フォント] ダイアログ
　ボックス

プレースホルダーに入力したテキストにプレゼンテーションの内容に合わせてフォントサイズ、色、文字間隔などの文字書式を設定して重要な部分を強調したり、主旨を的確に伝えたりすることができます。[ホーム] タブの [フォント] グループには、太字、斜体、文字の影などのスタイルを設定するためのボタンや、フォントサイズなどを変更するボックスが用意されています。プレースホルダー内の文字列全体に書式を設定するときは、プレースホルダーを選択します。プレースホルダー内でクリックして表示される「点線」の枠線上をポイントしてマウスポインターが ⊹ の形状でクリックすると、枠線が「実線」に変わってプレースホルダー全体が選択されます。

複数の文字書式をまとめて設定したりボタンにない書式を設定したりするには、[ホーム] タブの [フォント] グループ右下の [フォント] ボタンをクリックして表示される [フォント] ダイアログボックスを使用します。

ヒント

ミニツールバー

文字列を範囲選択するとミニツールバーが表示され、マウスをリボンまで動かさずに効率的に書式設定できます。

[ホーム] タブの [フォント] グループ

[フォント] ダイアログボックス

操作手順

ポイント

プレースホルダーの選択

プレースホルダー内でクリックして表示される「点線」の枠線上をポイントしてマウスポインターが ✛ の形状でクリックすると、枠線が「実線」に変わってプレースホルダー全体が選択されます。

その他の操作方法

数値で指定

[フォントサイズ] ボックスに直接数値を入力することもできます。

ヒント

フォントサイズの拡大／縮小

[ホーム] タブの A゙ [フォントサイズの拡大] ボタンまたは A゙ [フォントサイズの縮小] ボタンをクリックすると、フォントサイズを1段階（[フォントサイズ] ボックスの数値）ずつ変更することができます。フォントサイズの単位はポイント（pt）で、1ポイントは約0.35mm です。

【操作 1】

① スライド 1 の「花を贈る」と入力されているプレースホルダーを選択します。

② [ホーム] タブの 66 [フォントサイズ] ボックスの▼をクリックし、「80」をクリックします。

③ フォントサイズが「80pt」に変更されます。

④ [ホーム] タブの 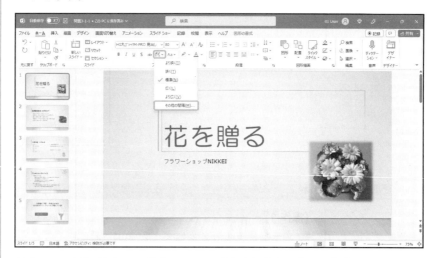 [文字の間隔] ボタンをクリックし、[その他の間隔] をクリックします。

⑤ [フォント] ダイアログボックスの [文字幅と間隔] タブが表示されます。

⑥ [間隔] の▼をクリックし、[文字間隔を広げる] をクリックします。

⑦ [幅] ボックスに「10」と入力します。

⑧ [OK] をクリックします。

⑨ 文字の間隔が広くなります。

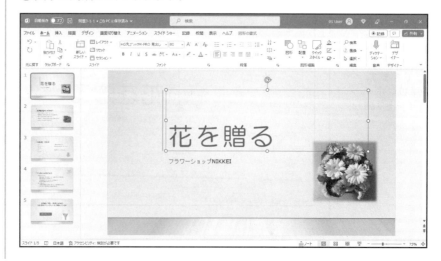

ポイント

離れた文字列の範囲選択

離れた位置にある文字列を範囲選択するには、**Ctrl** キーを押しながら2つ目以降をドラッグします。

【操作2】

⑩ スライド4の「お見舞いに行くとき」を範囲選択し、**Ctrl** キーを押しながら「相手への思いやり」を範囲選択します。

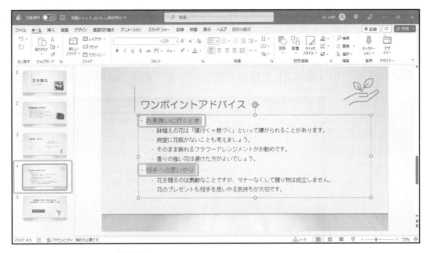

⑪ [ホーム] タブの **A▾** [フォントの色] ボタンの▼をクリックし、[テーマの色] の [濃い緑、アクセント4] をクリックします。

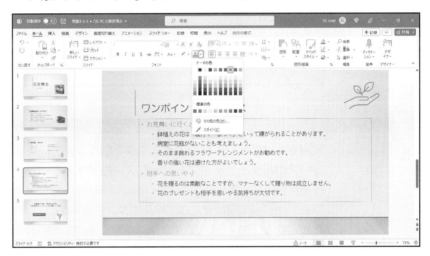

⑫ [ホーム] タブの **B** [太字] ボタンをクリックします。

⑬ **U** [下線] ボタンをクリックします。

⑭ 書式が設定されます。

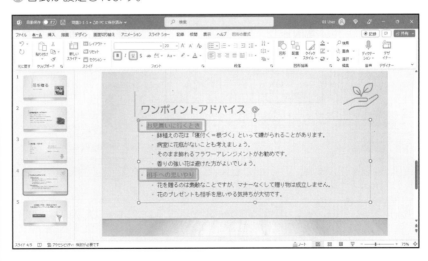

ヒント

書式のコピー / 貼り付け

文字列に設定された書式を別の文字列に貼り付けることができます。書式のコピー元範囲を選択して、[ホーム] タブの [書式のコピー / 貼り付け] ボタンをクリックし、貼り付け先の文字列をドラッグします。複数の箇所に連続して書式を貼り付ける場合は、[書式のコピー / 貼り付け] ボタンをダブルクリックします。解除するには [書式のコピー / 貼り付け] ボタンを再度クリックするか **Esc** キーを押します。

3-1-2 テキストに段組みを設定する

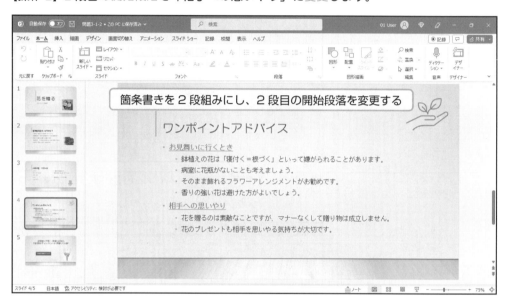

問題フォルダー
└ 問題 3-1-2.pptx

解答フォルダー
└ 解答 3-1-2.pptx

【操作 1】 スライド 4 の箇条書きを 2 段組みにします。
【操作 2】 2 段目の開始段落を「相手への思いやり」に変更します。

機能の解説

重要用語

□ 段組み
□ [段の追加または削除]
　ボタン
□ 段と段の間隔
□ [段組み] ダイアログボックス
□ 開始段落の変更

段組みとは新聞や雑誌のように文章をいくつかの段に区切ったレイアウトのことで、プレースホルダーやテキストボックスに設定することができます。段組みを設定すると 1 行あたりの文字数が少なくなり、長い文章が読みやすくなります。段組みは [ホーム] タブの [段の追加または削除] ボタンで設定します。4 段以上の段組みや段と段の間隔を設定するには、[段の追加または削除] ボタンの [段組みの詳細設定] をクリックして表示される [段組み] ダイアログボックスを使用します。2 段目以降の開始段落を変更するには、**Enter** キーで段落を増やすか、プレースホルダーのサイズを変更します。

[段組み] ダイアログボックス

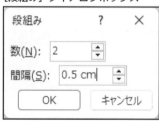

[数] ボックスや [間隔] ボックスに指定する数値は直接入力するか右端の ⬦ をクリックして変更する。
直接入力する場合は「cm」を省略できる。

【操作1】

❶ スライド4の箇条書きプレースホルダーを選択します。

❷ [ホーム] タブの ☰▾ [段の追加または削除] ボタンをクリックし、[2段組み] を
　 クリックします。

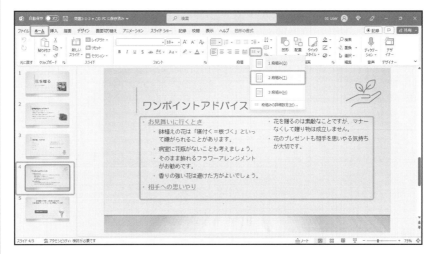

❸ 段組みが設定されます。

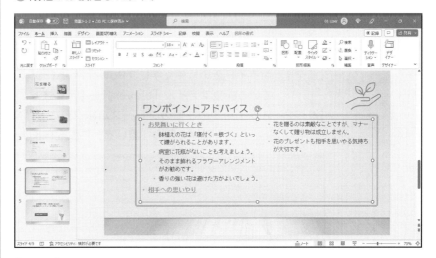

【操作2】

❹ 「相手への思いやり」の行頭をクリックします。

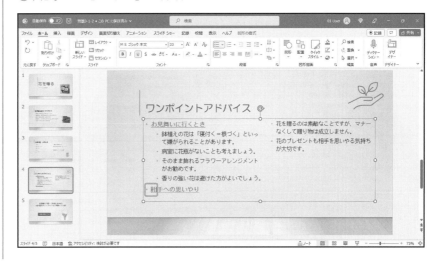

⑤ **Enter** キーを押し、「相手への思いやり」が2段目になるようにします。

⑥ 2段目の開始段落が変更されます。

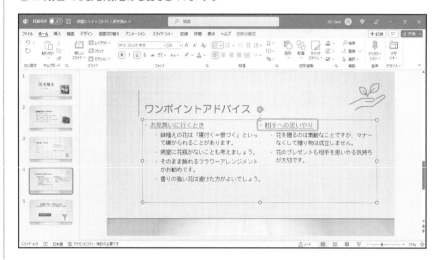

★ヒント

段組みの解除

段組みを解除するには［段の追加または削除］ボタンの［1段組み］をクリックします。

3-1-3 箇条書きや段落番号を作成する

練習問題

問題フォルダー
└問題 3-1-3.pptx

PowerPoint365
（実習用）フォルダー
└clover.png

解答フォルダー
└解答 3-1-3.pptx

【操作1】 スライド2の行頭文字に「PowerPoint365（実習用）」フォルダーに保存されている画像ファイル「clover」を適用します。

【操作2】 スライド3の左側のプレースホルダーの行頭文字を段落番号「1.2.3.…」に変更し、色を標準の色の「濃い赤」に設定します。

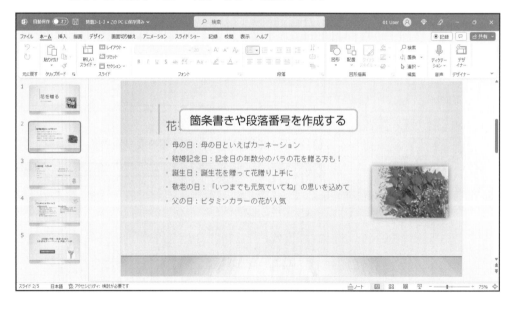

☐ 段落
☐ 行頭文字
☐ 段落番号
☐ [箇条書き] ボタン
☐ [段落番号] ボタン
☐ [箇条書きと段落番号]
　ダイアログボックス

段落とは、**Enter** キーを押してから次に **Enter** キーを押すまでのひとまとまりの文字列のことです。プレースホルダー内の文字列は、段落単位で配置、行間、インデントなどの書式を変更してバランスの良いレイアウトにすることができます。[ホーム] タブの [段落] グループには、段落の書式を設定するためのボタンが用意されています。

[ホーム] タブの [段落] グループ

行頭文字とは、箇条書きの各行頭につく記号や文字のことです。テーマに合わせて設定されている行頭文字は、他の記号や画像、図、段落番号に変更することができます。行頭文字は、プレースホルダーまたは段落を選択し、[ホーム] タブの ≣▾ [箇条書き] ボタンで指定します。段落番号の設定や変更は、[ホーム] タブの ≣▾ [段落番号] ボタンを使用します。

[箇条書き] ボタンや [段落番号] ボタンの▼をクリックし、[箇条書きと段落番号] をクリックして表示される [箇条書きと段落番号] ダイアログボックスを使用すると、箇条書きや段落番号の色やサイズを編集することや、画像や記号を行頭文字に設定することができます。また、段落番号の開始番号も設定できます。

[箇条書きと段落番号] ダイアログボックス

行頭文字のサイズや色を変更する

画像やイラストを行頭文字にする

記号を行頭文字にする

【操作1】

❶ スライド2の箇条書きプレースホルダーを選択します。

❷［ホーム］タブの ▤▾［箇条書き］ボタンの▼をクリックし、［箇条書きと段落番号］をクリックします。

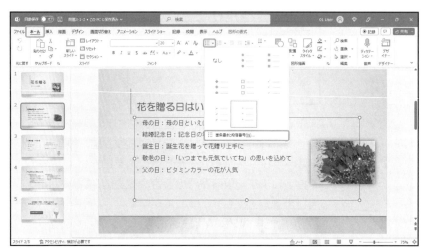

❸［箇条書きと段落番号］ダイアログボックスが表示されます。

❹［箇条書きと段落番号］ダイアログボックスの［図］をクリックします。

⑤ ［図の挿入］ウィンドウの［ファイルから］をクリックします。

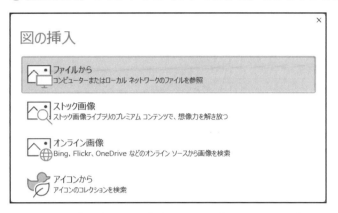

⑥ ［図の挿入］ダイアログボックスで［ドキュメント］をクリックします。

⑦ 一覧から［PowerPoint365（実習用）］フォルダーをダブルクリックします。

⑧ 一覧から「clover」をクリックして［挿入］をクリックします。

⑨ 行頭文字に画像が適用されます。

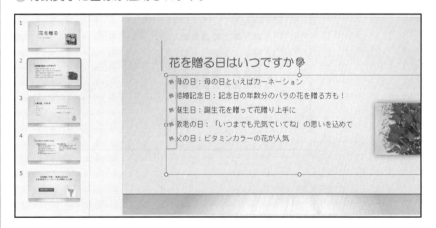

ポイント

行頭文字の削除

行頭文字を削除するには［ホーム］タブの［箇条書き］ボタンの▼をクリックして［なし］をクリックします。

ヒント

箇条書きのレベル

箇条書きの階層をレベルといいます。箇条書きのレベルを変更するには、［ホーム］タブの 重 ［インデントを増やす］ボタン、重 ［インデントを減らす］ボタンを使用するか、行頭にカーソルがある状態で **Tab** キー、**Shift** ＋ **Tab** キーを押します。

【操作 2】

⑩ スライド 3 の左側の箇条書きプレースホルダーを選択します。

⑪ [ホーム] タブの  [段落番号] ボタンの▼をクリックし、[箇条書きと段落番号] をクリックします。

⑫ [箇条書きと段落番号] ダイアログボックスの [段落番号] タブで [1.2.3.] をクリックします。

⑬ [色] ボックスの▼をクリックして [標準の色] の [濃い赤] をクリックします。

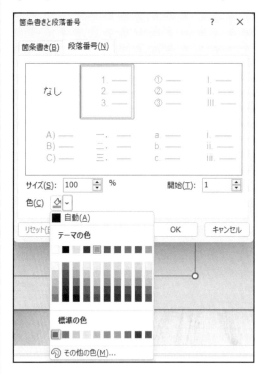

⓮ ［箇条書きと段落番号］ダイアログボックスの［段落番号］タブで色が変更されていることを確認し、［OK］をクリックします。

⓯ 行頭文字が「濃い赤」の段落番号「1.2.3.…」に変更されます。

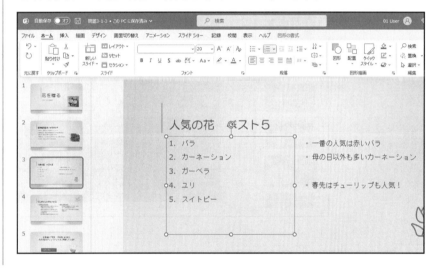

3-2 リンクを挿入する

スライドの文字列や図にハイパーリンクを挿入し、スライドショー実行時にインターネットのサイトおよび Excel や Word などのファイルに簡単に移動することができます。また、セクションズームやスライドズームを挿入してダイナミックなスライドショーを展開することができます。

3-2-1 ハイパーリンクを挿入する

練習問題

問題フォルダー
└ 問題 3-2-1.pptx

解答フォルダー
└ 解答 3-2-1.pptx

スライド 5 の文字列「弊社サイト」に Web ページ「https://example.com/bp」（架空の URL）へのハイパーリンクを挿入します。

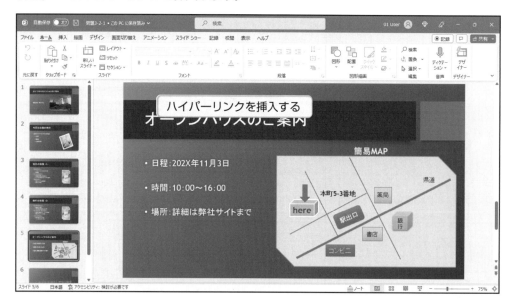

機能の解説

重要用語

□ ハイパーリンク
□ [リンク] ボタン
□ [ハイパーリンクの挿入]
　ダイアログボックス

ハイパーリンクとは Word や Excel などのファイル、Web ページ、別のスライドなどへジャンプして表示を切り替えることができる機能です。ハイパーリンクは、スライド上の文字列、画像や図形などに挿入することができます。ハイパーリンクを挿入するには、文字列や図などを選択し、[挿入] タブの  [リンク] ボタンをクリックして表示される [ハイパーリンクの挿入] ダイアログボックスを使用します。文字列にハイパーリンクを挿入すると、テーマの配色で設定されている色に変わり、下線が付きます。

ヒント

表示文字列
[表示文字列] ボックスではスライド上のリンクの文字列を変更できます。

[ハイパーリンクの挿入] ダイアログボックス

[ヒント設定] ではハイパーリンクをポイントすると表示されるポップアップ文字列を設定する

選択したリンク先に応じてファイルや Web ページ、ドキュメント内の場所などが表示される

リンク先

ファイル、Web ページ	他のプレゼンテーションやファイル、Web ページへのハイパーリンクを挿入
このドキュメント内	現在開いているプレゼンテーション内のスライドへのハイパーリンクを挿入
新規作成	リンク先のプレゼンテーションを新たに作成
電子メールアドレス	指定した電子メールアドレスへのメール作成画面を表示

ハイパーリンクを編集するには、挿入した箇所を右クリックして [リンクの編集] をクリックし、[ハイパーリンクの編集] ダイアログボックスで編集します。ハイパーリンクを削除するには、挿入した箇所を右クリックして [リンクの削除] をクリックします。

スライドのプレースホルダーやテキストボックスに URL や電子メールアドレスを入力して Enter キーを押すと、自動的にハイパーリンクが挿入されます。ハイパーリンクが挿入された直後に表示される [オートコレクトのオプション] をクリックして [ハイパーリンクを元に戻す] をクリックすると、ハイパーリンクが解除されて通常の文字列に戻ります。

操作手順

その他の操作方法

ハイパーリンクの挿入

挿入する文字列や図を右クリックして [リンク] をクリックするか、Ctrl + K キーを押して [ハイパーリンクの挿入] ダイアログボックスを表示します。

① スライド 5 の文字列「弊社サイト」を範囲選択します。

② [挿入] タブの [リンク] ボタンをクリックします。

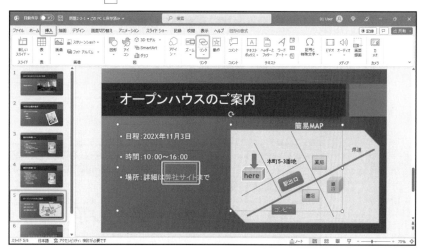

③ [ハイパーリンクの挿入] ダイアログボックスが表示され、[リンク先] で [ファイル、Web ページ] が選択されていることを確認します。

④ [アドレス] ボックスに「https://example.com/bp」と入力し、[OK] をクリックします。

❺ 文字列にハイパーリンクが設定されます。

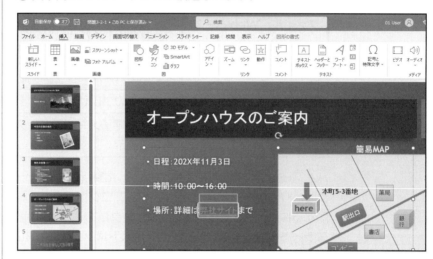

3-2-2 セクションズームのリンクを挿入する

練習問題

【操作 1】 スライド 1 にセクション「2. 基本情報」「3. グラフ」「4. 島」にリンクするセクションズームを挿入します。

【操作 2】 挿入したサムネイルを下部の青い四角形内に左から「2 基本情報」「3 グラフ」「4 島」の順に重ならないように横に並べて配置します（正確な位置は問いません）。

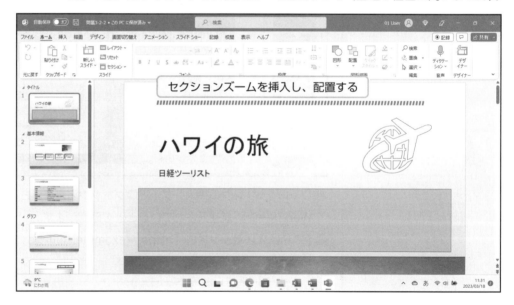

重要用語

- □ セクションズーム
- □ [ズーム]ボタン
- □ [セクションズーム]ダイアログボックス
- □ [ズーム] タブ

事前にセクションが挿入されているプレゼンテーションでは、既存のスライドにセクションズームを挿入すると、スライドショーの実行時に各セクションに移動することができます。サムネイルをクリックするとズーム（拡大）しながらそのセクションの先頭のスライドが表示され、セクションの最後のスライド終了後にセクションズームを挿入したスライドに戻ります。セクションズームのスライドを挿入するには、挿入するスライドを選択して [挿入] タブの [ズーム] ボタンをクリックし、[セクションズーム] をクリックして表示される[セクションズームの挿入]ダイアログボックスで目的のセクションのチェックボックスをオンにして [挿入] をクリックします。

[セクションズームの挿入] ダイアログボックス

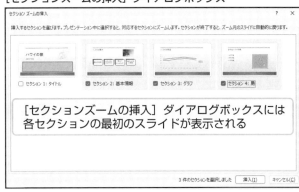

> [セクションズームの挿入] ダイアログボックスには
> 各セクションの最初のスライドが表示される

セクションズームとサマリーズーム（「2-1-5 サマリーズームのスライドを挿入する」参照）の主な違い

セクションズーム	既存の選択したスライドにサムネイルが挿入される	セクションがあらかじめ設定されている必要がある
サマリーズーム	選択したスライドの直前にスライドが新規作成される	選択したスライドを先頭にしたセクションが自動的に作成される

なお、挿入したサムネイルをクリックすると [ズーム] タブが表示され、ズームの設定や書式などのさまざまな設定を行うことができます。

操作手順

【操作 1】

❶ スライド 1 が選択されていることを確認して [挿入] タブの [ズーム] ボタンをクリックし、[セクションズーム] をクリックします。

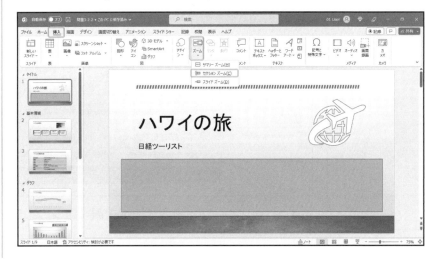

❷［セクションズームの挿入］ダイアログボックスが表示されます。

❸「セクション2：基本情報」、「セクション3：グラフ」、「セクション4：島」のチェックボックスをオンにして［挿入］をクリックします。

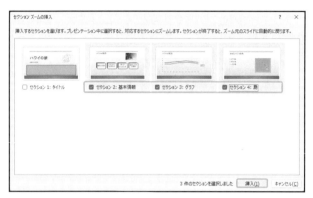

❹ スライド1に選択したセクションの先頭スライドへのリンクが設定されたサムネイルが挿入されます。

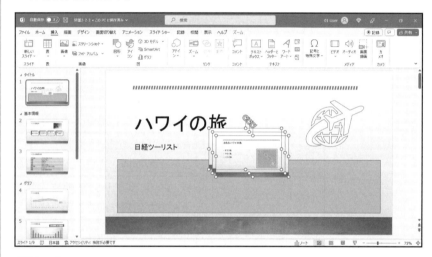

【操作2】

❺ 各サムネイルを1つずつ選択してドラッグしながら下部の青い四角形内に左から「ハワイの基礎知識」「ハワイの降水量」「ハワイの島々」の順に重ならないように横に並べて配置します。

※セクションズームの動作を確認する場合は、スライドショーを実行します。

★ ヒント

サムネイルの配置と整列

挿入したサムネイルは、図と同じように配置や整列をすることができます（「3-5-2　スライド上のコンテンツを配置する」を参照）。

3-2-3 スライドズームのリンクを挿入する

練習問題

問題フォルダー
└問題 3-2-3.pptx

解答フォルダー
└解答 3-2-3.pptx

スライド 2 にスライド 6 にリンクするスライドズームを挿入し、右側に配置します（正確な位置は問いません）。

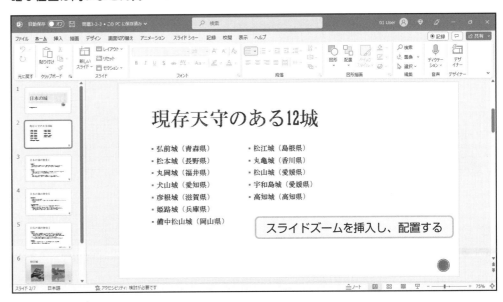

機能の解説

□ スライドズーム
□ [ズーム] ボタン
□ [スライドズームの挿入]
　ダイアログボックス
□ [ズーム] タブ
□ [ズームに戻る] チェッ
　クボックス

スライドズームは既存のスライドに特定のスライドに移動するサムネイルを挿入する機能です。スライドズームを挿入するには、挿入するスライドを選択して[挿入]タブの ［ズーム］ボタンをクリックし、[スライドズーム] をクリックして表示される ［スライドズームの挿入］ ダイアログボックスで目的のスライドのチェックボックスをオンにして [挿入] をクリックします。

[スライドズームの挿入] ダイアログボックス

［スライドズームの挿入］ダイアログボックスにはすべてのスライドが表示される

挿入したサムネイルをクリックすると ［ズーム］タブが表示され、各ズームの設定や書式などの設定を行うことができます。セクションズームやサマリーズームと違い、既定ではスライドズームは移動後にサムネイルを挿入したスライドには戻りません。スライドズームで挿入したスライドに戻るには、［ズーム］タブの ［ズームに戻る］チェックボックスをオンにします。

❶ サムネイルのスライド 2 をクリックします。

❷ [挿入] タブの [ズーム] ボタンをクリックし、[スライドズーム] をクリックします。

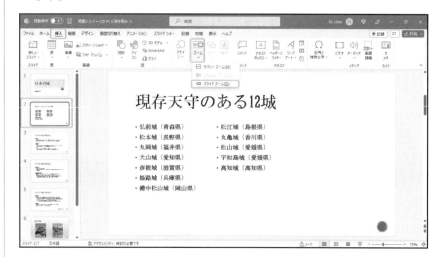

❸ [スライドズームの挿入] ダイアログボックスが表示されます。

❹ 「6：松江城」のチェックボックスをオンにして [挿入] をクリックします。

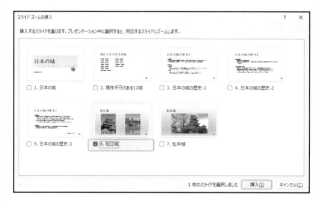

❺ スライド 2 にスライド 6 へのリンクが設定されたサムネイルが挿入されます。

❻ サムネイルをスライドの右側にドラッグして移動します。

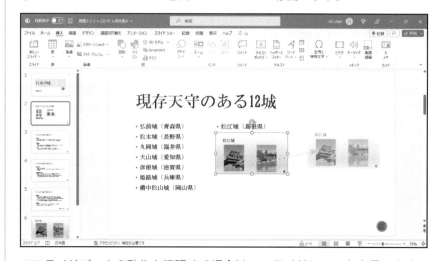

※スライドズームの動作を確認する場合は、スライドショーを実行します。

3-3 図を挿入する、書式設定する

写真やイラストなどの図をスライドに挿入して編集することができます。図を活用することで、文字だけでは表現できない視覚的な効果が得られます。また、開いている特定の画面のショットを活用することも可能です。

3-3-1 図を挿入する、図のサイズを変更する

練習問題

問題フォルダー
└─問題 3-3-1.pptx

PowerPoint365
（実習用）フォルダー
└─舟下り .jpg

解答フォルダー
└─解答 3-3-1.pptx

【操作 1】スライド 7 のプレースホルダーに「PowerPoint365（実習用）」フォルダーに保存されている画像「舟下り」を挿入し、高さ「12cm」に変更します。

【操作 2】スライド 6 の上の画像のサイズを下の画像のサイズに正確に揃えます。

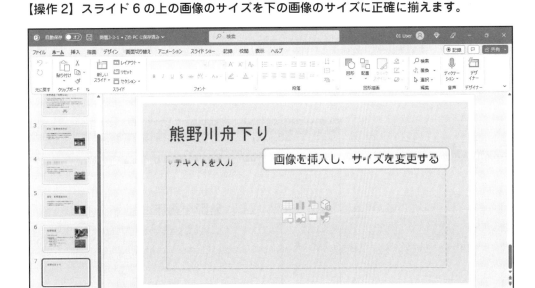

機能の解説

- 図（画像）の挿入
- [図] アイコン
- [画像] ボタン
- 図のサイズ変更
- [図形の高さ] ボックス
- [図形の幅] ボックス
- [図の書式設定] 作業ウィンドウ
- 縦横比を固定する
- サイズ変更ハンドル

スライドにはデジタルカメラで撮影した写真やスキャナで取り込んだ図（画像）を挿入することができます。プレースホルダーに 📷 [図] アイコンがある場合は、アイコンをクリックして図を挿入します。この場合はプレースホルダーに合わせたサイズや配置で挿入されます。任意の位置に挿入するには、[挿入] タブの 🖼 [画像] ボタンを使用します。挿入した図を任意の位置に移動するには、図をポイントしてマウスポインターの形状が ⬉ に変わったらドラッグします。ドラッグ中のマウスポインターの形状は ✛ に変わります。

また、スライドに挿入した図のサイズを変更することができます。サイズを数値で指定する場合は、[図の形式] タブの 🔲12 cm [図形の高さ] ボックスや 🔲18 cm [図形の幅] ボックスまたは [図の書式設定] 作業ウィンドウを使用します。図は既定で縦横の比率が固定されているので、一方のボックスに数値を指定すると他方のボックスの数値が自動的に変わります。縦と横を個別に変更する場合は、[縦横比を固定する] チェックボックスをオフにしてから設定します。任意のサイズに変更するには、図を選択して四隅のサイズ変更ハンドルをマウスでドラッグします。**Shift** キーを押しながら四隅のサイズ変更ハンドルをドラッグすると、高さと幅の比率が固定されたままサイズ変更することができます。また、**Ctrl** キーを押しながらドラッグすると、図の中心を固定した状態で変更できます。

図の回転

図を任意の角度に回転するには、図の上部の  回転ハンドルをマウスでドラッグします。**Shift** キーを押しながらドラッグすると回転角度が 15 度単位に固定されます。[図の形式] タブの [オブジェクトの回転] ボタンを使用することもできます。角度を数値で指定する場合は [図の書式設定] 作業ウィンドウの [サイズとプロパティ] の [サイズ] の [回転] ボックスで数値を指定します。

[図の書式設定] 作業ウィンドウの [サイズとプロパティ] の [サイズ]

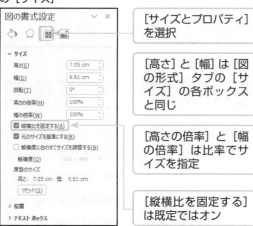

[サイズとプロパティ] を選択

[高さ] と [幅] は [図の形式] タブの [サイズ] の各ボックスと同じ

[高さの倍率] と [幅の倍率] は比率でサイズを指定

[縦横比を固定する] は既定ではオン

図のサイズ変更ハンドル

サイズ変更ハンドルをポイントして変更したい大きさにドラッグ

操作手順

【操作 1】

❶ スライド 7 のプレースホルダー内の [図] アイコンをクリックします。

❷ [図の挿入] ダイアログボックスが表示されます。

❸ 左側の一覧から [ドキュメント] をクリックします。

❹ 一覧から [PowerPoint365（実習用）] をダブルクリックします。

❺ 一覧から「舟下り」をクリックして [挿入] をクリックします。

⑥ プレースホルダーに画像が挿入されます。

⑦ 「舟下り」の画像が選択されていることを確認します。

⑧ [書式] タブの [|↕|12 cm|↕] [図形の高さ] ボックスに「12cm」と指定します。

⑨ 画像のサイズが変更されます。

ポイント

単位の省略

[図形の高さ] ボックスや [図形の幅] ボックス、[図の書式設定] 作業ウィンドウのボックスに直接数値を入力する場合、単位は省略できます。

高さを変更すると幅も変更される

【操作2】

⑩ サムネイルのスライド6をクリックします。

⑪ 下の画像をクリックし、[図の形式] タブの [図形の高さ] ボックスと [図形の幅] ボックスでサイズを確認します。

ポイント

図のロック

図のサイズや配置を変更されたくない場合などは、図を右クリックして [ロック] をクリックします。

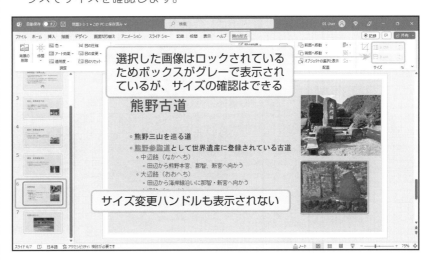

選択した画像はロックされているためボックスがグレーで表示されているが、サイズの確認はできる

サイズ変更ハンドルも表示されない

⑫ 上の画像をクリックします。

⑬ ［図の形式］タブの 🔲 ［配置とサイズ］ボタンをクリックします。

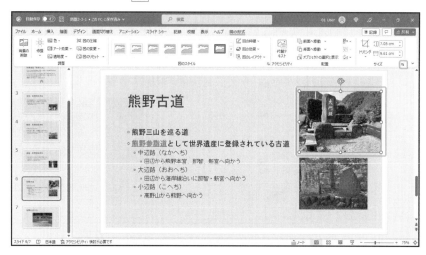

⑭ ［図の書式設定］作業ウィンドウが表示され、［サイズとプロパティ］が選択されていることを確認します。

⑮ ［縦横比を固定する］チェックボックスをクリックしてオフにします。

⑯ ［サイズ］の［図形の高さ］ボックスに「6cm」、［図形の幅］ボックスに「8cm」と指定します。

⑰ 画像のサイズが変更されます。

⑱ ［図の書式設定］作業ウィンドウの ☒ ［閉じる］ボタンをクリックします。

3-3-2 図をトリミングする

問題フォルダー
└ 問題 3-3-2.pptx

解答フォルダー
└ 解答 3-3-2.pptx

スライド 1 の画像の右のはみ出した部分をトリミングしてスライドの右端に揃えます（サイズは変更しないようにします）。

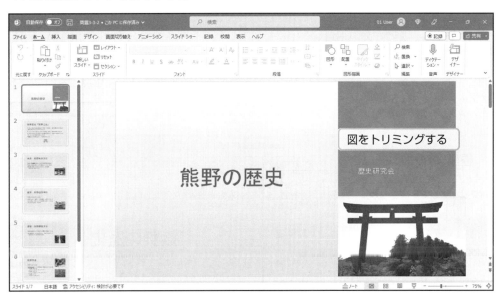

機能の解説

□ トリミング
□ ［トリミング］ボタン
□ トリミングハンドル
□ ［図の書式設定］作業ウィンドウの ［図］の ［トリミング］
□ 図形に合わせてトリミング

図の不要な部分を切り取ることをトリミングといいます。図をトリミングするには、［図の形式］タブの ［トリミング］ボタンをクリックし、図に表示されたトリミングハンドルを内側へ向かってドラッグします。外側へ向かってドラッグすると図の周囲に余白が追加されます。トリミング位置に移動したら、［トリミング］ボタンを再度クリックするか **Esc** キーを押す、または図以外の場所をクリックするとトリミングハンドルを解除できます。数値を指定してトリミングする場合は、［図の書式設定］作業ウィンドウの ［図］の ［トリミング］で数値を指定します。

トリミングハンドル

［図の書式設定］作業ウィンドウの ［図］の ［トリミング］

また、[トリミング] ボタンの▼をクリックし、[図形に合わせてトリミング] をポイントして図形を選択すると、図形に合わせてトリミングすることができます。この場合、図の縦横比を維持して図形の形にトリミングされます。

トリミング部分は表示されないだけで図の一部として残っています。この部分を図の圧縮機能でファイルから削除し、ファイルのサイズを小さくすることができます。図の圧縮は、[図の形式] タブの 図の圧縮 [図の圧縮] ボタンをクリックして表示される [画像の圧縮] ダイアログボックスを使用します。

操作手順

★ヒント

[図の形式] タブの表示
図をダブルクリックすると [図の形式] タブが表示されます。

✎その他の操作方法

トリミングハンドルの表示
図を右クリックしてミニツールバーの [トリミング] ボタンをクリックします。

❶ スライド 1 の画像をダブルクリックします。

❷ [図の形式] タブの [トリミング] ボタンをクリックします。

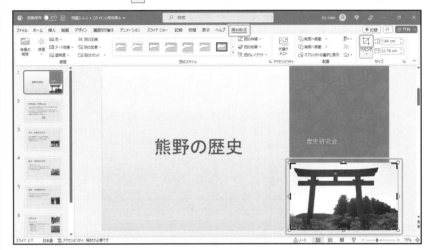

❸ 右辺中央のトリミングハンドルをポイントし、マウスポインターの形状が ⊢ に変わったら左方向にドラッグします。

④ トリミングハンドルの位置を確認し、再度［トリミング］ボタンをクリックします。

⑤ 画像の右部分がトリミングされます。

ポイント

図とサイズのリセット

トリミング後に図の圧縮でトリミング部分を削除していない場合は、［図の形式］タブの［図のリセット］ボタンの▼をクリックして［図とサイズのリセット］をクリックします。サイズをリセットすると挿入時や編集作業時に変更された図のサイズが元に戻ります。

3-3-3 図に組み込みスタイルや効果を適用する

練習問題

問題フォルダー
└ 問題 3-3-3.pptx

解答フォルダー
└ 解答 3-3-3.pptx

【操作 1】 スライド 1 の画像にスタイル「回転、白」を適用します。

【操作 2】 スライド 6 の 2 つの画像に「10 ポイント」のぼかしを適用します。

【操作 3】 スライド 7 の画像にアート効果「テクスチャライザー」を適用します。

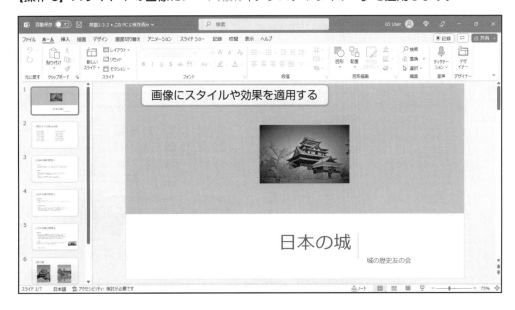

第**3**章 テキスト、図形、画像の挿入と書式設定

- アート効果
- [アート効果] ボタン
- 図の効果
- [図の効果] ボタン
- 図の効果を詳細に設定
- [図の書式設定] 作業ウィンドウ
- 図のスタイル

★ヒント

図の修整

図のシャープネス、明るさやコントラストを修整するには、[図の形式] タブの [修整] ボタン、図の彩度やトーンなどの色を調整するには [色] ボタンを使用します。

[修整] ボタン

図にアート効果を適用すると、スケッチや絵画、図面のような外観にすることができます。アート効果は、[図の形式] タブの ［アート効果］ボタンで設定します。また、ぼかしや面取りなどの図の効果を適用することもできます。図に効果を設定するには、 [図の効果] ボタンを使用します。図の効果を詳細に設定するには、[図のスタイル] の [図の書式設定] ボタンをクリックして表示される [図の書式設定] 作業ウィンドウを使用します。複数の効果や枠線が組み合わされた図のスタイルは、[図のスタイル] の一覧から設定します。

[図の書式設定] 作業ウィンドウの [効果] の [ぼかし]

操作手順

【操作 1】

❶ スライド 1 の画像をダブルクリックします。

❷ [図の形式] タブの [図のスタイル] の ▼ [その他]（または [クイックスタイル]）ボタンをクリックし、[回転、白] をクリックします。

スタイルの設定

図を右クリックしてミニツールバーの [スタイル] ボタンを使用します。

③ 画像にスタイルが適用されます。

【操作 2】

④ スライド 6 の 1 つ目の画像をクリックし、**Shift** キーを押しながらもう 1 つの画像をクリックします。

⑤ ［書式］タブの ［図の効果］ボタンをクリックします。

⑥ ［ぼかし］をポイントし、［ソフトエッジのバリエーション］の［10 ポイント］をクリックします。

⑦ 画像にぼかしが適用されます。

ポイント

図の枠線

図に枠線を設定するには、［図の形式］タブの ［図の枠線］ボタンを使用します。

ポイント

［図の効果］ボタン

［図の効果］ボタンでは、ぼかしのほかに面取り、影、反射、光彩、3-D 回転を設定することができます。［標準スタイル］には各種効果を組み合わせたものが用意されています。効果の詳細を設定するには［図の書式設定］作業ウィンドウを使用します。

ヒント

効果の解除

効果を解除するには、［図の効果］ボタンをクリックして一覧から設定した効果をポイントし、［（効果名）なし］をクリックします。

【操作3】

❽ スライド 7 の画像を選択します。

❾ ［図の形式］タブの [アート効果▾]［アート効果］ボタンをクリックし、［テクスチャライザー］をクリックします。

❿ 画像にアート効果が適用されます。

ポイント

図のリセット

図に対して行った修整をすべて取り消すには［図の形式］タブの [図のリセット ▾]［図のリセット］ボタンをクリックします。

ヒント

図の変更

挿入されている図の配置やスタイルをそのままにして別の図に変更するには、［図の形式］タブの [図の変更 ▾]［図の変更］ボタンを使用します。図のサイズは比率を保った状態で自動調整されて置き換わります。

ヒント

背景の削除

図から背景を削除して特定の部分のみ表示することや不要な部分を取り除くことができます。背景の削除は、［図の形式］タブの［背景の削除］ボタンを使用します。

［背景の削除］ボタン

問題フォルダー
└問題 3-3-4.pptx

PowerPoint365
（実習用）フォルダー
└K_MAP.docx

解答フォルダー
└解答 3-3-4.pptx

「PowerPoint365（実習用）」フォルダーに保存されている Word 文書「K_MAP」を開き、スライド 5 に「K_MAP」の文字列「物件 1」の下にある地図の画面の領域を挿入し、「簡易マップ」の下に移動します。

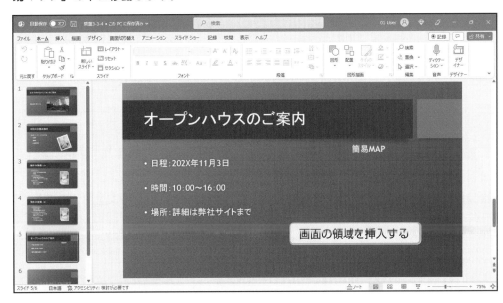

機能の解説

重要用語

☐ スクリーンショット
☐ ［スクリーンショット］
　ボタン
☐ 画面の領域

スクリーンショットを使用すると、現在開いている別のアプリケーションのウィンドウの画面ショットをスライドに挿入することができます。作業中のプログラムを切り替えずに目的のウィンドウの全体または一部を取り込むことが可能です。[挿入]タブの ［スクリーンショット］ボタンをクリックすると、開いているウィンドウがサムネイルで一覧表示され、目的のウィンドウをクリックするとウィンドウ全体が取り込まれます。［画面の領域］をクリックすると、PowerPoint が最小化されてすぐ後ろのウィンドウの画面が淡色で表示され、マウスポインターの形状が ＋ に変わり、その状態でドラッグした領域が取り込まれます。挿入したスクリーンショットは、図と同じように移動することや、ハンドルをドラッグしてサイズ変更することができます。また、［図の形式］タブを使用して加工することも可能です。

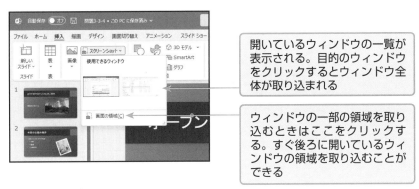

開いているウィンドウの一覧が表示される。目的のウィンドウをクリックするとウィンドウ全体が取り込まれる

ウィンドウの一部の領域を取り込むときはここをクリックする。すぐ後ろに開いているウィンドウの領域を取り込むことができる

❶「PowerPoint365（実習用）」フォルダーの Word 文書「K_MAP」を開きます。

❷ タスクバーで PowerPoint をクリックしてウィンドウを切り替えます。

❸ サムネイルのスライド 5 をクリックします。

❹［挿入］タブの ［スクリーンショット］ボタンをクリックし、［画面の領域］をクリックします。

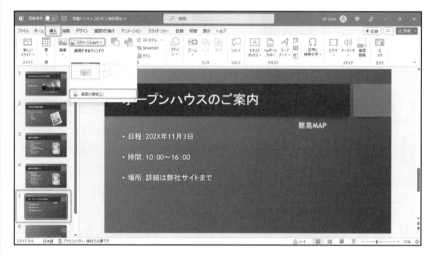

❺ PowerPoint が最小化されて Word の画面が淡色で表示され、マウスポインターの
形状が ＋ に変わります。

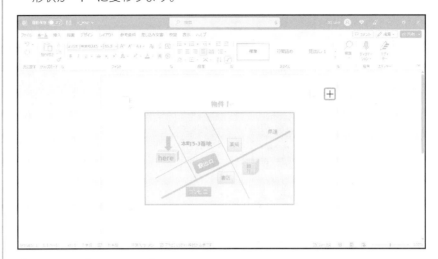

❻ 地図の部分をドラッグします。

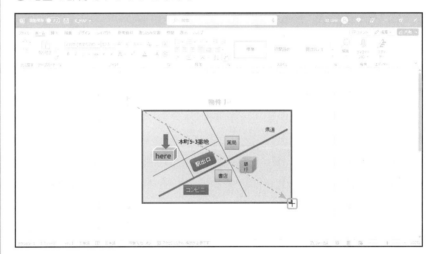

❼ スライドに画面の領域が挿入されます。

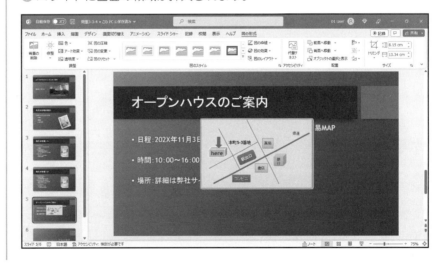

❽挿入した図をスライドの右方向にドラッグして移動します。

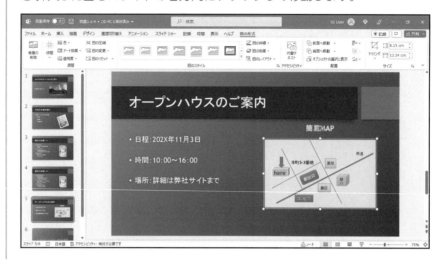

グラフィック要素を挿入する、書式設定する

さまざまな図形やテキストボックスをスライドの任意の位置に挿入することができます。また、挿入後に多彩な編集をして、文字だけでは表現できない視覚的な効果を得ることができます。

3-4-1 グラフィック要素を挿入する、変更する

練習問題

問題フォルダー
└問題 3-4-1.pptx

解答フォルダー
└解答 3-4-1.pptx

【操作 1】 スライド 2 の 3 つの楕円の下に図形「スクロール：横」を挿入します。

【操作 2】 スライド 5 の右上の茶色の四角形を「矢印：上」の図形に置き換えます。

【操作 3】 スライド 3 の文字列「衣料のサイズがわかるように工夫」の下に「衣類」で検索し、洗濯紐にかかっている白い衣類のアイコンを挿入します。

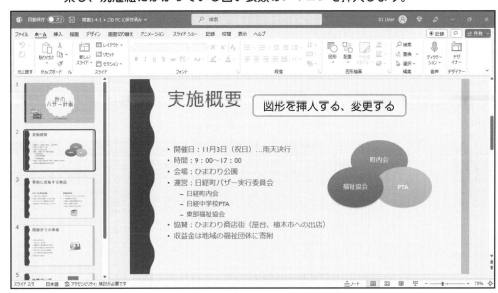

機能の解説

□ 図形の挿入
□ ［図形］ ボタン
□ 図形を変更する
□ ［図形の編集］ ボタン
□ ［アイコン］ ボタン
□ アイコンの挿入

スライドの任意の位置に直線、矢印、四角形、多角形、円、吹き出しなど、さまざまな図形を挿入することができます。挿入する図形には、あらかじめテーマで決められた書式が設定されています。図形は、[挿入] タブまたは [ホーム] タブの [図形] ボタンをクリックして表示される一覧から目的の図形を選択して描画します。

マウスポインターの形状が ＋ の状態で挿入する場所で左上から右下にドラッグして描画する

また、作成した図形を異なる図形に変更することができます。図形を変更しても図形の書式やサイズ、入力した文字を継承することができます。図形を変更するには、図形を選択して [図形の書式] タブの [図形の編集] [図形の編集] ボタンをクリックし、[図形の変更]をポイントして目的の図形をクリックします。

[挿入] タブの [アイコン] ボタンをクリックして表示される [ストック画像] ウィンドウのボックスにキーワードを入力すると、イメージに合ったアイコンを挿入することも可能です。

操作手順

図形の挿入

[ホーム] タブの [図形] ボタ
ンをクリックして挿入する図形
を選択します。

【操作 1】

❶ サムネイルのスライド 2 をクリックします。

❷ [挿入] タブの　　[図形] ボタンをクリックし、[星とリボン] の [スクロール：横]
をクリックします。

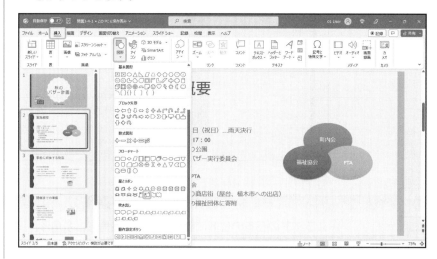

ヒント

正円や正方形の描画

描画するときに **Shift** キーを押しながらドラッグすると、「楕円」の場合は正円、「正方形／長方形」の場合は正方形を挿入することができます。また、スライド上でクリックすると既定の大きさの図形が挿入されます。

❸ マウスポインターの形状が ＋ に変わったことを確認し、3 つの円の図形の左下から右下にドラッグします。

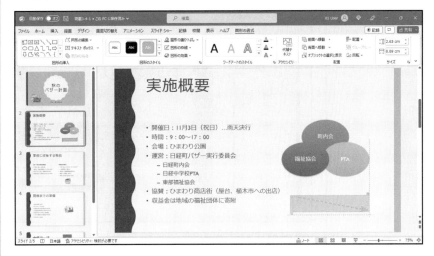

❹ 図形「スクロール：横」が挿入されます。

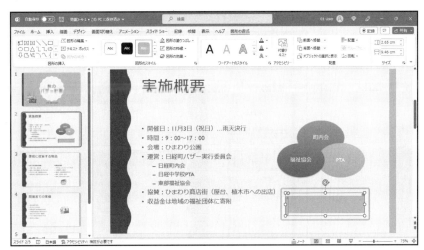

【操作 2】

❺ スライド 5 の右上の茶色の四角形を選択します。

❻ ［書式］タブの ［図形の編集］ボタンをクリックし、［図形の変更］をポイントして ［ブロック矢印］の ［矢印：上］をクリックします。

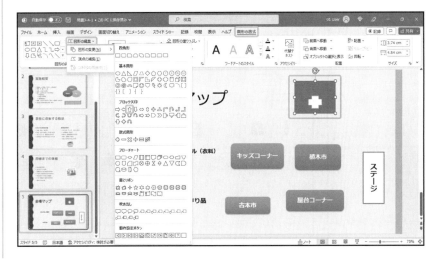

3-4 グラフィック要素を挿入する、書式設定する | 151

❼ 図形が変更されます。

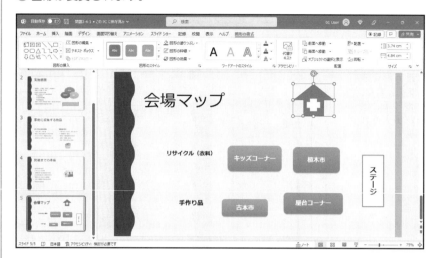

【操作 3】

❽ サムネイルのスライド 3 をクリックします。

❾ ［挿入］タブの 📷[アイコン] ボタンをクリックします。

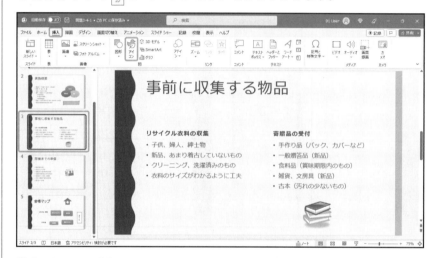

❿ ［ストック画像］ウィンドウの［アイコン］が表示されます。

⓫ ボックスに「衣類」と入力します。

⓬ 絞り込まれたアイコンから目的のアイコンをクリックし、［挿入（1）］をクリックします。

［挿入］の右には選択した
アイコンの数が表示される

⑬ アイコンが挿入されます。

⑭ アイコンをポイントし、マウスポインターの形状が ✣ に変わったら文字列「衣料の
サイズがわかるように工夫」の下にドラッグして移動します。

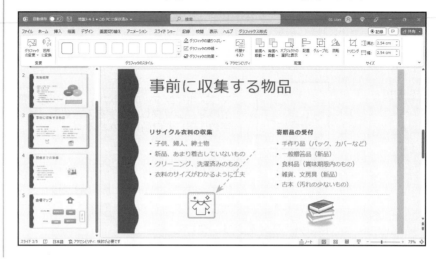

3-4-2　グラフィック要素にテキストを追加する

練習問題

問題フォルダー
└ 問題 3-4-2.pptx

解答フォルダー
└ 解答 3-4-2.pptx

【操作 1】 スライド 5 の右上の「矢印：上」の図形の右側に横書きのテキストボックスを
挿入し、「救護室」と入力します。

【操作 2】 スライド 2 の右下の図形に「ご協力お願いします」と文字列を追加します。

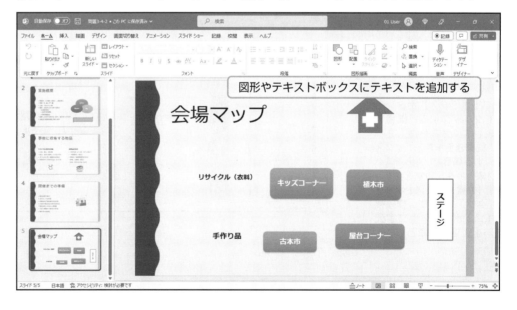

□ テキストボックス

□ [テキストボックス] ボ
　　タン

□ 図形に文字列を追加

テキストボックスを使用すると、スライドの任意の位置に文字を入力して書式設定や段組みなどを設定することができます。テキストボックスには、横書きと縦書きの 2 種類があります。テキストボックスを挿入するには、[挿入] タブの [テキストボックス] ボタンをクリックし、挿入位置でクリックして文字を入力します。文字列の入力後は、テキストボックス以外の部分をクリックして確定します。

> マウスポインターの形状が ↓ の状態で挿入する
> 位置をクリックして文字を入力する。サイズは文
> 字数に応じて自動調整される

また、[線] に分類されている図形を除くほとんどの図形に文字列を追加することができます。図形に文字列を追加するには、図形を選択して文字を入力します。入力した文字列の向きや書式設定はプレースホルダーと同じように操作できます。文字列の入力後は、図形以外の部分をクリックして確定します。

図形やテキストボックスのサイズや書式を変更するには、枠線をクリックして枠線を「実線」にします。枠線部分でドラッグすると移動、**Delete** キーを押すと削除されます（「3-4-3 グラフィック要素のサイズを変更する」を参照）。文字列の編集は、枠線が「点線」（文字列内にカーソルがある状態）で行います。

操作手順

テキストボックスの挿入
[ホーム] タブまたは [挿入] タブの [図形] ボタンをクリックして表示される [基本図形] の一覧からも挿入できます。

[テキストボックス] ボタン
[テキストボックス] ボタンの上部をクリックすると横書きテキストボックスが挿入されます。縦書きテキストボックスを挿入する場合は、[テキストボックス] ボタンの▼をクリックして [縦書きテキストボックス] をクリックします。作成後にテキストボックスの文字列の方向を変更することもできます。

【操作 1】
❶ サムネイルのスライド 5 をクリックします。
❷ [挿入] タブの [テキストボックス] ボタンをクリックします。

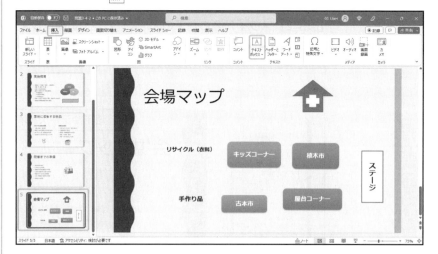

❸ マウスポインターの形状が ↓ に変わったことを確認し、矢印の右側の最初の文字を入力したい位置でクリックします。

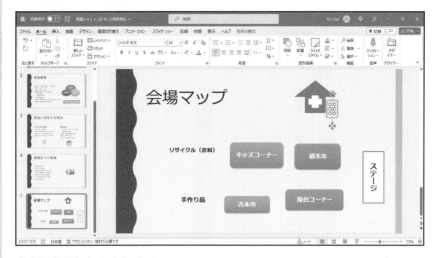

★ヒント

テキストボックス内の改行

テキストボックス内で **Enter** キーを押すと改行され、テキストボックスが広がります。**BackSpace** キーを押すと改行が削除されて元の大きさに戻ります。

❹ 「救護室」 と入力します。

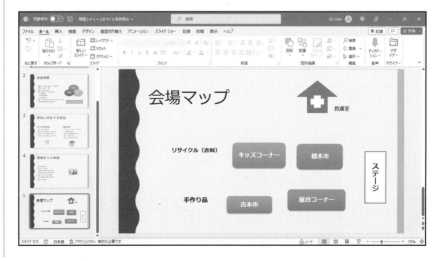

❺ テキストボックス以外の部分をクリックして、選択を解除します。

【操作2】

⑥ スライド2の右下の横巻の図形を選択します。

⑦ 「ご協力お願いします」と入力します。

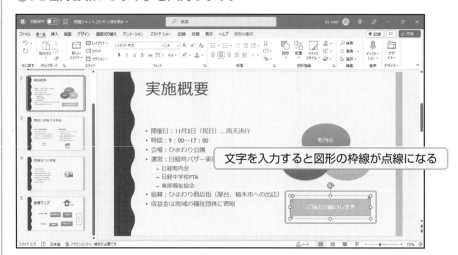

⑧ 図形以外の部分をクリックして、選択を解除します。

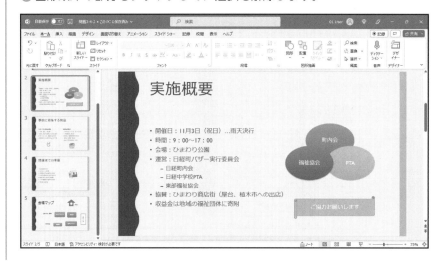

3-4-3 グラフィック要素のサイズを変更する

練習問題

問題フォルダー
└ 問題 3-4-3.pptx

解答フォルダー
└ 解答 3-4-3.pptx

【操作 1】 スライド 2 の「ご協力お願いします」と入力された図形のサイズを高さ「2cm」、幅「8.5cm」に変更します。

【操作 2】 スライド 3 の左下の洋服のアイコンのサイズを本のイラストと同じサイズに正確に変更します。

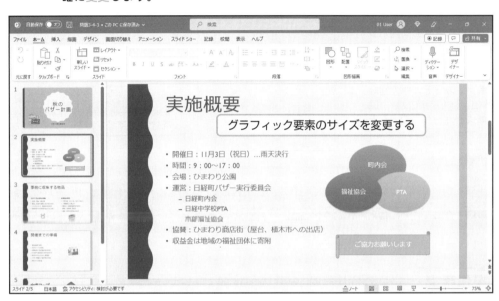

機能の解説

重要用語

- グラフィック要素のサイズ変更
- サイズ変更ハンドル
- スマートガイド
- [図形の高さ] ボックス
- [図形の幅] ボックス
- [図形の書式設定] 作業ウィンドウ
- アイコンのサイズ変更
- [グラフィックス形式] タブ
- [書式設定グラフィック] 作業ウィンドウ

スライドに挿入したグラフィック要素（図形、テキストボックス、アイコン）のサイズを変更することができます。図形のサイズをマウスで変更する場合は、図形を選択して表示されるサイズ変更ハンドルをドラッグします。文字列が入力されている図形やテキストボックスは、プレースホルダーと同じように枠線が実線の状態になるように選択します。**Shift** キーを押しながらドラッグすると高さと幅の比率が固定されたまま変更でき、**Ctrl** キーを押しながらドラッグすると図形の中心を固定した状態で変更できます。マウスでサイズを変更するときは、他の図形との配置やサイズを揃えやすいようにスマートガイドが表示されます（「3-5-2　スライド上のコンテンツを配置する」を参照）。

図形の文字列を編集の状態（枠線が点線） 図形を選択している状態（枠線が実線）

 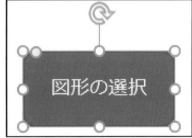

８方向にあるサイズ変更ハンドルをポイントして変更したい大きさにドラッグする

サイズを数値で指定する場合は、［図形の書式］タブの 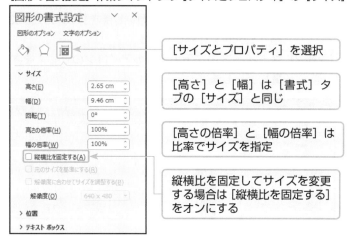 ［図形の高さ］ボックスや ［図形の幅］ボックスに数値を指定するか、［サイズ］の ［配置とサイズ］ボタンをクリックして［図形の書式設定］作業ウィンドウを使用します。［図形の書式設定］作業ウィンドウでは、サイズを比率（パーセント）で指定することもできます。

［図形の書式設定］作業ウィンドウの［サイズとプロパティ］の［サイズ］

[サイズとプロパティ] を選択

[高さ] と [幅] は [書式] タブの [サイズ] と同じ

[高さの倍率] と [幅の倍率] は比率でサイズを指定

縦横比を固定してサイズを変更する場合は [縦横比を固定する] をオンにする

アイコンは図と同様に縦横比が固定されているので、高さと幅を個別にサイズ変更するには、アイコンを選択して［グラフィック形式］タブの ［配置とサイズ］ボタンをクリックして［書式設定グラフィック］作業ウィンドウの［縦横比を固定する］チェックボックスをオフにしてから変更します。

操作手順

【操作 1】

① スライド 2 の「ご協力お願いします」と入力された図形を選択します。

② ［図形の書式］タブの［図形の高さ］ボックスに「2cm」、［図形の幅］ボックスに「8.5cm」と指定します。

③ 図形のサイズが変更されます。

形状変更ハンドル

図形の種類によってはサイズ変更ハンドルや回転ハンドルのほかに黄色やピンク色の形状変更ハンドルが表示されます。このハンドルをドラッグして図形の形状を変更することができます。

回転ハンドル

図形を任意の角度に回転するには、図形の上部の回転ハンドルをマウスでドラッグします。角度を数値で指定する場合は［図形の書式］タブの［回転］ボタンの［その他の回転オプション］をクリックし、［図形の書式設定］作業ウィンドウの［サイズとプロパティ］の［サイズ］の［回転］ボックスで数値を指定します。

単位の省略

［図形の高さ］や［図形の幅］ボックス、［図形の書式設定］作業ウィンドウのボックスに直接数値を入力する場合、単位は省略できます。

④ スライド 3 の本のイラストをダブルクリックします。

⑤ [図の形式] タブの [図形の高さ] ボックスが「3.6cm」、[図形の幅] ボックスが「3.8cm」であることを確認します。

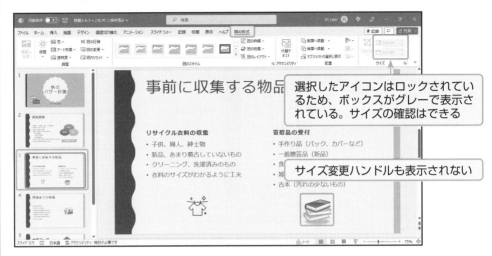

⑥ 左側にある洋服のアイコンをダブルクリックします。

⑦ [グラフィックス形式] タブの [サイズ] の [配置とサイズ] ボタンをクリックします。

⑧ [書式設定グラフィック] 作業ウィンドウが表示されます。

⑨ [サイズとプロパティ] の [サイズ] の [縦横比を固定する] チェックボックスをオフにします。

⑩ ［高さ］ ボックスに「3.6cm」、［幅］ ボックスに「3.8cm」と指定します。

⑪ アイコンのサイズが変更されます。

⑫ ［書式設定グラフィック］ 作業ウィンドウの ［×］ ［閉じる］ ボタンをクリックします。

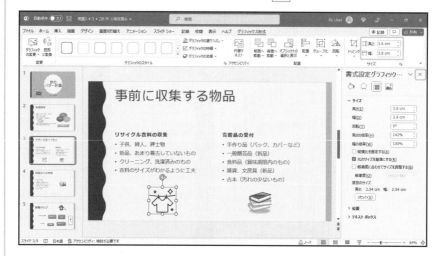

グラフィック要素の書式を設定する

練習問題

問題フォルダー
└ 問題 3-4-4.pptx

解答フォルダー
└ 解答 3-4-4.pptx

【操作 1】スライド 5 の「ステージ」と入力された図形の枠線を太さ「6pt」、二重線に変更します。

【操作 2】スライド 5 の「救護室」と入力されたテキストボックスの塗りつぶしの色に標準の色「薄い緑」、図形の効果「面取り：丸」を設定します。

【操作 3】スライド 3 の「リサイクル衣料の収集」と「寄贈品の受付」の文字列の配置を「上揃え」に変更します。

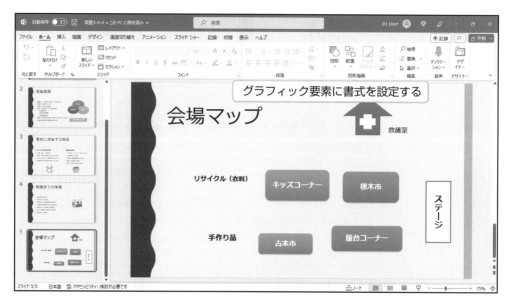

グラフィック要素の塗りつぶしや枠線などの書式を変更してオリジナリティのある図形にすることができます。塗りつぶしは［図形の書式］タブの ［図形の塗りつぶし］ボタン、枠線は ［図形の枠線］ボタンを使用します。また、 ［図形の効果］ボタンでは様々な効果を設定することが可能です。詳細な設定は、［図形の書式設定］作業ウィンドウの［図形のオプション］で設定します。

プレースホルダーや図形内の文字列の配置の変更は、［ホーム］タブの ［文字の配置］ボタンを使用します。テキストボックスの文字列の配置を変更する場合は、［図形の書式設定］作業ウィンドウの［サイズとプロパティ］の［テキストボックス］の［自動調整なし］をオンにしてから配置を変更します。

［図形の書式設定］作業ウィンドウの［図形のオプション］

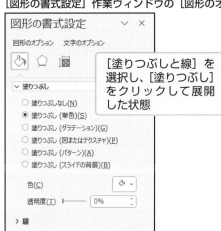

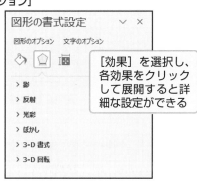

操作手順

【操作 1】

❶ スライド 5 の「ステージ」と入力された図形を選択します。

❷［図形の書式］タブの ［図形の枠線］ボタンの▼をクリックし、［太さ］をポイントして［6pt］をクリックします。

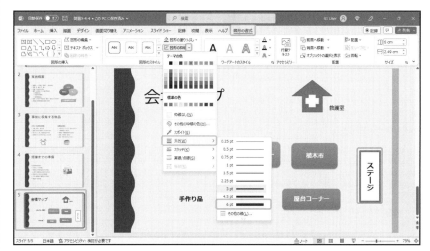

重要用語

- □ グラフィック要素の書式設定
- □ ［図形の塗りつぶし］ボタン
- □ ［図形の枠線］ボタン
- □ ［図形の効果］ボタン
- □ ［図形の書式設定］作業ウィンドウ
- □ ［文字の配置］ボタン

その他の操作方法

図形の枠線

［ホーム］タブの［図形の枠線］ボタン、または図形を右クリックしてミニツールバーの［枠線］を使用します。

ヒント

線の太さ

一覧に目的の太さがない場合は、［図形の書式設定］作業ウィンドウの［塗りつぶしと線］の［線］の［幅］ボックスに数値を指定します。

❸ 枠線の太さが変更されます。

❹ [図形の書式] タブの  [図形の枠線] ボタンの▼をクリックし、[実線 / 点線] をポイントして [その他の線] をクリックします。

★ヒント

図形の枠線の削除
[図形の枠線] ボタンの▼をクリックし、一覧から [線なし] をクリックします。

❺ [図形の書式設定] 作業ウィンドウが表示され、[図形のオプション] の [塗りつぶしと線] が選択されていることを確認します。

❻ [線] の [一重線 / 多重線] をクリックして [二重線] をクリックします。

❼ 図形の枠線の種類が変更されます。

❽ [図形の書式設定] 作業ウィンドウの ⦸ [閉じる] ボタンをクリックします。

その他の操作方法

図形の塗りつぶし

[ホーム] タブの [図形の塗り
つぶし] ボタン、または図形
を右クリックしてミニツール
バーの [塗りつぶし] を使用
します。

【操作 2】

⑨「救護室」と入力されたテキストボックスを選択します。

⑩ [図形の書式]タブの ⟨図形の塗りつぶし ⟩[図形の塗りつぶし]ボタンの▼をクリックし、[標準の色] の [薄い緑] をクリックします。

⑪ テキストボックスに薄い緑の塗りつぶしが設定されます。

⑫ [図形の書式] タブの ⟨図形の効果 ⟩[図形の効果] ボタンをクリックし、[面取り] を
ポイントして [面取り] の [丸] をクリックします。

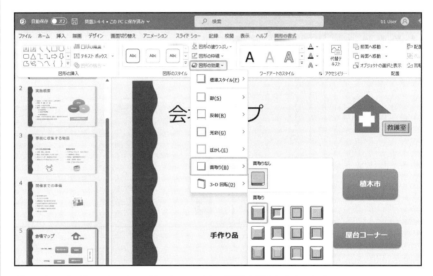

⑬ テキストボックスに面取りの図形の効果が設定されます。

その他の操作方法

図形の効果

[ホーム] タブの [図形の効果]
ボタン、または図形を右クリッ
クしてミニツールバーの [図
形の効果] を使用します。

【操作 3】

⑭ スライド 3 の「リサイクル衣料の収集」と入力されたプレースホルダーをクリックし、
Shift キーまたは **Ctrl** キーを押しながら「寄贈品の受付」と入力されたプレースホ
ルダーをクリックします。

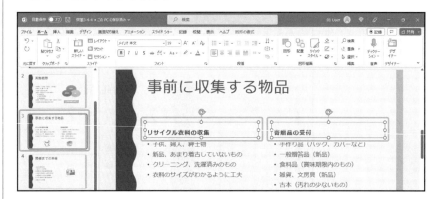

⑮ ［ホーム］タブの 田 ［文字の配置］ボタンをクリックし、［上揃え］をクリックし
ます。

⑯ 文字の配置が変更されます。

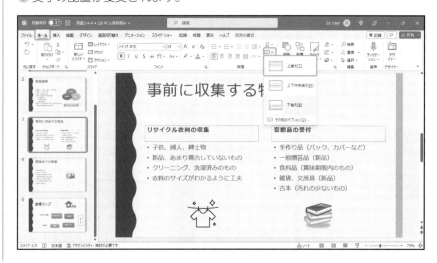

3-4-5 グラフィック要素に組み込みスタイルを適用する

練習問題

問題フォルダー
└ 問題 3-4-5.pptx

解答フォルダー
└ 解答 3-4-5.pptx

【操作 1】 スライド 5 の図形「リサイクル（衣料）」と「手作り品」の図形のスタイルを「光沢 – 茶、アクセント 5」に変更します。

【操作 2】 「救護室」の左側の上向き矢印に「標準スタイル 5」の図形の効果を設定します。

【操作 3】 「会場マップ」にワードアートのスタイル「塗りつぶし（パターン）：茶、アクセントカラー 3、細い横線；影（内側）」と「反射（弱）：オフセットなし」の文字の効果を設定します。

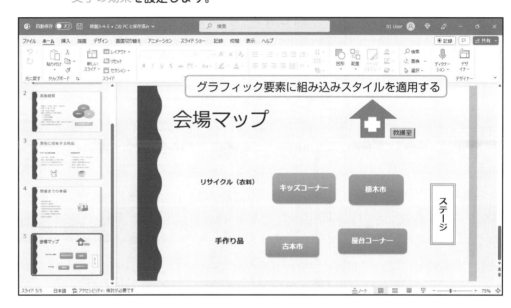

機能の解説

重要用語

- ☐ 図形のスタイル
- ☐ ［図形の効果］ボタン
- ☐ ワードアート
- ☐ ワードアートのスタイル

図形のスタイルとは、塗りつぶしや線、効果などの書式が複数組み合わされたものです。図形には、あらかじめテーマに沿ったスタイルが設定されています。［図形の書式］タブの ［図形のスタイル］のギャラリーを使ってスタイルを簡単に変更することができます。また、［図形の効果］ボタンを使用して一覧から効果の組み合わせを設定することができます。

ワードアートとは、色や輪郭、影などの特殊効果が設定された飾り文字のことです。入力済みの文字列にワードアートのスタイルを設定するには、プレースホルダーやテキストボックス、文字列などを選択して［図形の書式］タブの［ワードアートのスタイル］の一覧から選択します。また、［ワードアートのスタイル］にある各ボタンを使用して塗りつぶしや輪郭、効果を変更できます。［ホーム］タブの［フォント］にある各ボタンを使って、フォントの種類やフォントサイズなどを変更することも可能です。ワードアートの文字列を修正するには、ワードアート内をクリックしてカーソルを表示し、文字の追加や削除を行います。

第 3 章 テキスト、図形、画像の挿入と書式設定

[書式] タブの [図形のスタイル] と [ワードアートのスタイル]

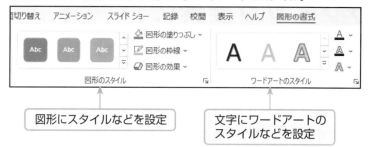

図形にスタイルなどを設定   文字にワードアートの
                        スタイルなどを設定

操作手順

【操作 1】

❶ スライド 5 の「リサイクル（衣料）」と入力された図形をクリックし、**Shift** キーま
たは **Ctrl** キーを押しながら「手作り品」と入力された図形をクリックします。

❷ [図形の書式] タブの [図形のスタイル] の ▽ [その他] （または [クイックスタイル]）
ボタンをクリックします。

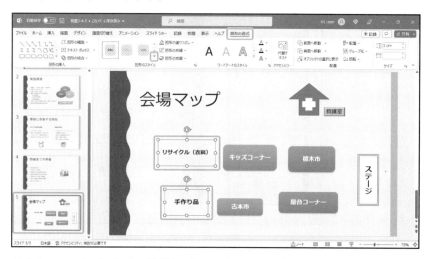

❸ [テーマスタイル] の [光沢 - 茶、アクセント 5] をクリックします。

その他の操作方法

図形のスタイル

[ホーム] タブの [クイックス
タイル] ボタンまたは図形を
右クリックしてミニツールバー
の [スタイル] ボタンを使用
します。

[クイックスタイル] ボタン

❹ 図形にスタイルが設定されます。

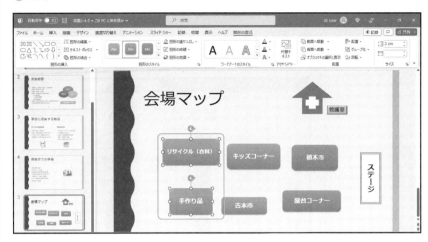

【操作 2】

❺ 「救護室」の左側の上向き矢印を選択します。

❻ [図形の書式] タブの [図形の効果] [図形の効果] ボタンをクリックし、[標準スタイル] をポイントして [標準スタイル] の [標準スタイル 5] をクリックします。

その他の操作方法

図形の効果

[ホーム] タブの [図形の効果] ボタンまたは図形を右クリックしてミニツールバーの [図形の効果] ボタンを使用します。

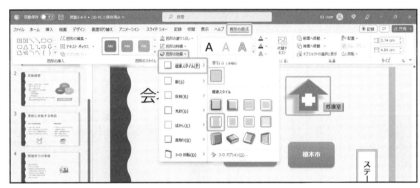

❼ 図形にスタイルが設定されます。

【操作3】

⑧「会場マップ」と入力されたテキストボックスを選択します。

⑨ [図形の書式] タブの [ワードアートのスタイル] の ⋁ [その他]（または [クイックスタイル] ボタン）をクリックします。

⑩ [塗りつぶし（パターン）：茶、アクセントカラー3、細い横線；影（内側）] をクリックします。

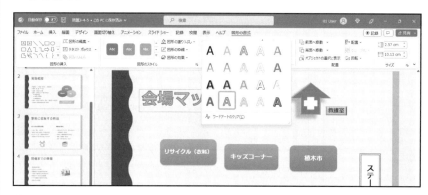

⑪ 文字列にワードアートのスタイルが適用されます。

⑫ [図形の書式] タブの [ワードアートスタイル] の A⋁ [文字の効果] ボタンをクリックします。

⑬ [反射] をポイントし、[反射の種類] の [反射（弱）：オフセットなし] をクリックします。

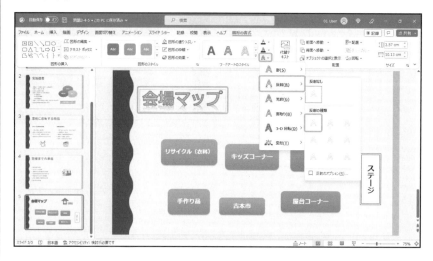

 ポイント

新しいワードアートの挿入

新しいワードアートを挿入するには、[挿入] タブの [ワードアート] ボタンをクリックして一覧から目的のスタイルを選択し、スライドの中央に挿入された「ここに文字を入力」に文字を入力します。

🄰
ワード
アート▼ [ワードアート] ボタン

⑭ ワードアートに文字の効果が設定されます。

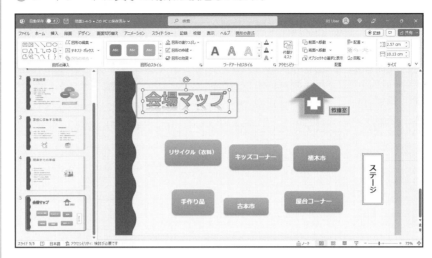

ポイント

ワードアートの解除

解除するワードアートを選択し、[図形の書式] タブの [ワードアートスタイル] をクリックして [その他] (または [クイックスタイル]) ボタンをクリックし、[ワードアートのクリア] をクリックします。

3-4-6 アクセシビリティ向上のため、グラフィック要素に代替テキストを追加する

練習問題

問題フォルダー
└ 問題 3-4-6.pptx

解答フォルダー
└ 解答 3-4-6.pptx

スライド 3 の図に「パソコン」という代替テキストを追加します。

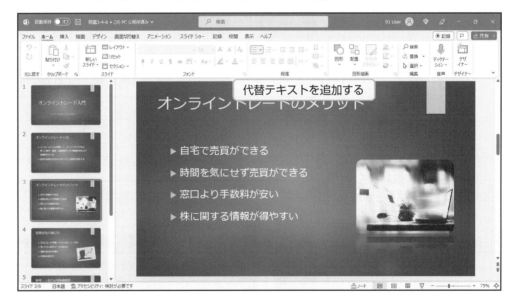

- □ 代替テキスト
- □ [代替テキスト] ボタン
- □ [代替テキスト] 作業ウィ
  ンドウ
- □ 装飾用
- □ [装飾用にする] チェッ
  クボックス

スライドに挿入したグラフィックに代替テキストを追加して、視覚に障害があるユーザーがわかりやすくすることができます（「1-5-3　プレゼンテーションを検査して問題を修正する」の「アクセシビリティチェック」を参照）。代替テキストの設定は、グラフィックを選択して [図の書式] タブの [代替テキスト] ボタンをクリックして表示される [代替テキスト] 作業ウィンドウのボックスに入力します。装飾用のグラフィックの場合は、[代替テキスト] 作業ウィンドウの [装飾用にする] チェックボックスをオンにします。

操作手順

[代替テキスト] 作業ウィンドウの表示

グラフィックを右クリックして [代替テキストの表示] をクリックします。

① スライド 3 の図を選択します。

② [図の形式] タブの [代替テキスト] ボタンをクリックします。

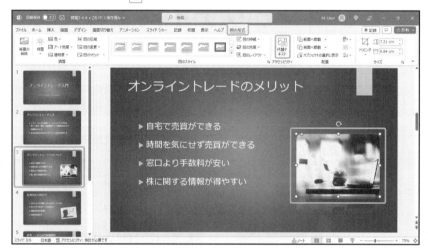

③ [代替テキスト] 作業ウィンドウのボックスが表示されます。

④ ボックス内をクリックし、「パソコン」と入力します。

⑤ [代替テキスト] ウィンドウの [閉じる] ボタンをクリックします。

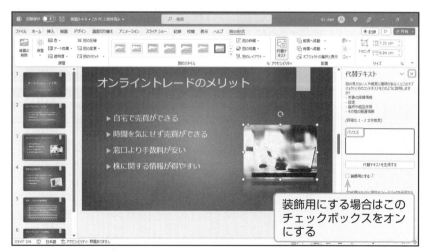

装飾用にする場合はこのチェックボックスをオンにする

3-4-7 デジタルインクを使用して描画する

練習問題

問題フォルダー
└問題 3-4-7.pptx

解答フォルダー
└解答 3-4-7.pptx

［描画］タブを使用して、スライド 1 のサブタイトルの文字列「〜パソコンを活用して賢い投資を〜」を「ペン：黄、3.5mm」で囲みます。

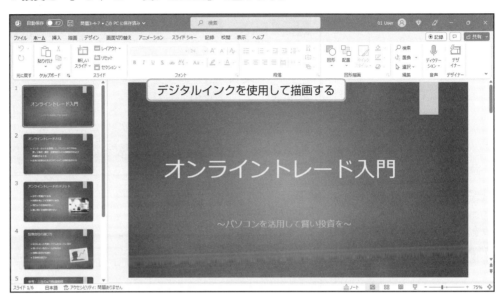

機能の解説

□ ［描画］タブ
□ インク

［描画］タブにあるインク機能を使用して、スライドにテキストや図形などを手書きのように描画することができます。ペンの種類は、ペン、鉛筆書き、蛍光ペンがあり、各ボタンをクリックして色や太さなどを変更することが可能です。インクを終了するには **Esc** キーを押してオフにします。

［描画］タブが表示されていない場合は、任意のリボンで右クリックし、[リボンのユーザー設定] をクリックして表示される [PowerPoint のオプション] ダイアログボックスの [リボンのユーザー設定] の［描画］チェックボックスをオンにします。

[描画] タブ

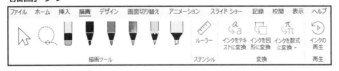

なお、使用しているデバイス（ノートパソコンやモニターなど）がタッチ対応の場合は［描画］タブは自動的に表示され、マウスのほかに指やデジタルペンなどを使用して描画することができます。

❶ ［描画］タブの［ペン］をクリックし、［太さ］の［3.5mm］、［色］の［黄］をクリックします。

❷ サブタイトルの文字列「～パソコンを活用して賢い投資を～」をドラッグして囲みます。

❸ **Esc** キーを押してインクを解除します。

3-5 スライド上のコンテンツを並べ替える、配置する、グループ化する

スライド上の図形やテキストボックス、画像などの順序や配置を整えて見栄えの良いスライドを作成することができます。また、複数の図形や図をグループ化して1つの図形として扱うこともできます。

3-5-1 スライド上のコンテンツを並べ替える

練習問題

問題フォルダー
└─ 問題3-5-1.pptx

解答フォルダー
└─ 解答3-5-1.pptx

【操作 1】 スライド5の薄茶の四角形の図形を最背面に移動します。
【操作 2】 スライド2の3つの楕円の重なる順番を「町内会」、「PTA」、「福祉協会」の順に並べ替えます。

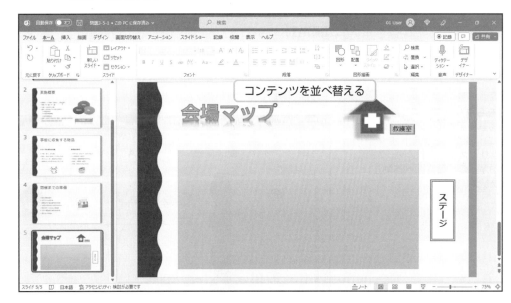

機能の解説

重要用語

- 前面へ移動
- 最前面へ移動
- 背面へ移動
- 最背面へ移動
- [前面へ移動] ボタン
- [背面へ移動] ボタン
- [オブジェクトの選択と表示] ボタン
- [選択] ウィンドウ

図形や図などは挿入した順に重なって表示されます。重なり順序を変えるには、前面（最前面）または背面（最背面）へ移動したい図形や図を選択して、[図形の書式] タブの 前面へ移動 [前面へ移動] ボタンや 背面へ移動 [背面へ移動] ボタンを使用します。

下から四角形→円→星の順	星を [背面へ移動]	星を [最背面へ移動]
	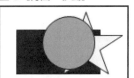	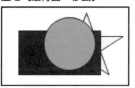

また、[図形の書式] タブや [図の形式] タブの オブジェクトの選択と表示 [オブジェクトの選択と表示] ボタンをクリックして表示される [選択] ウィンドウを使用すると、重なり順序の確認や移動、背面に隠れているオブジェクトの選択、表示 / 非表示、ロックの切り替えなどができます。

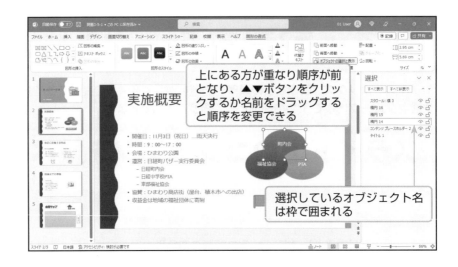

上にある方が重なり順序が前となり、▲▼ボタンをクリックするか名前をドラッグすると順序を変更できる

選択しているオブジェクト名は枠で囲まれる

操作手順

その他の操作方法

最背面へ移動
図形を右クリックして［最背面へ移動］をクリック、または［ホーム］タブの［配置］ボタンをクリックして［オブジェクトの順序］の［最背面へ移動］をクリックします。

【操作 1】

❶ スライド 5 の薄茶の四角形を選択します。

❷ ［図形の書式］タブの □ 背面へ移動 ∨ ［背面へ移動］ボタンの▼をクリックし、［最背面へ移動］をクリックします。

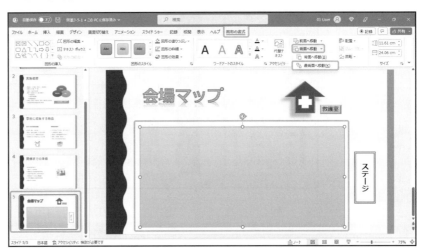

❸ 薄茶の四角形が最背面に移動されます。

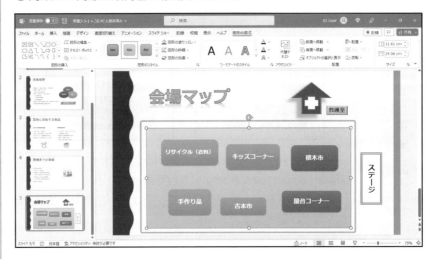

【操作 2】

④ スライド 2 の「町内会」と入力された楕円を選択します。

⑤ [図形の書式] タブの [◇オブジェクトの選択と表示] [オブジェクトの選択と表示] ボタンをクリックします。

⑥ [選択] ウィンドウが表示されます。

≫その他の操作方法

［選択］ウィンドウの表示

[ホーム] タブの [配置] ボタンをクリックして [オブジェクトの選択と表示] をクリックします。

★ヒント

オブジェクト名

オブジェクト名の後に付く数字は、挿入時に自動的に振られます。オブジェクト名を変更するには、[選択] ウィンドウのオブジェクト名をクリックして入力します。

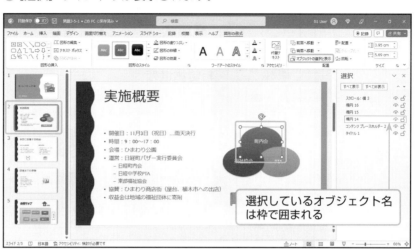

⑦ [選択] ウィンドウの [∧] [前面へ移動] ボタンを 2 回クリックします。

⑧ 「町内会」と入力された楕円が楕円の一番上に移動します。

⑨「PTA」と入力された楕円を選択します。

⑩［選択］ウィンドウの ∧ ［前面へ移動］ボタンをクリックします。

⑪ 図形が並べ替えられます。

⑫［選択］ウィンドウの × ［閉じる］ボタンをクリックします。

3-5-2 スライド上のコンテンツを配置する

練習問題

問題フォルダー
└ 問題 3-5-2.pptx

解答フォルダー
└ 解答 3-5-2.pptx

【操作 1】 スライドにルーラーを表示します。

【操作 2】 スライド 1 のイラストを、スライドの上下中央に配置します。

【操作 3】 スライド 5 の「リサイクル（衣料）」「キッズコーナー」「植木市」と入力されている図形を 3 つのうち一番下にある図形に揃えて配置し、左右に整列します。

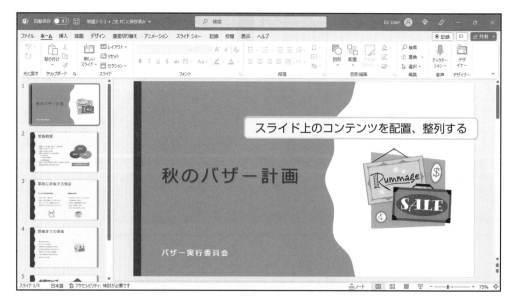

重要用語

- [ ] ガイド
- [ ] グリッド線
- [ ] ルーラー
- [ ] 配置
- [ ] 整列
- [ ] スマートガイド
- [ ] [グリッドとガイド] ダイアログボックス
- [ ] [配置] ボタン

スライドにガイドやグリッド線、ルーラーを表示すると、スライド上のコンテンツ（オブジェクト）の配置や整列などの目安になります。これらを表示するには、[表示] タブの各チェックボックスをオンにします。デザインによって、ガイドの線が複数表示される場合もあります。なお、ガイドやグリッド線は印刷されません。また、オブジェクトをドラッグするとスマートガイドが表示され、他のオブジェクトに揃えて配置することができます。[表示] タブの [表示] の [グリッドの設定] ボタンをクリックして表示される [グリッドとガイド] ダイアログボックスでグリッドやガイドの表示 / 非表示や詳細設定ができます。

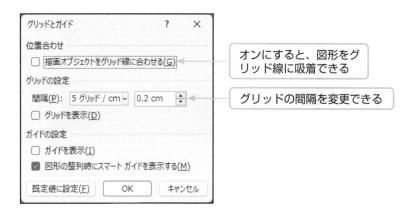

オンにすると、図形をグリッド線に吸着できる

グリッドの間隔を変更できる

ヒント

グリッド線

グリッド線とはオブジェクトの配置に使用する格子の線のことです。

ヒント

オブジェクトの操作

オブジェクトを **Shift** キーを押しながらドラッグすると水平または垂直の位置を変えずに移動できます。また、**Ctrl** キーを押しながらドラッグするとオブジェクトがコピーされます。また、オブジェクトを選択して方向キーを使って移動することもできます。

ルーラーとガイドを表示した状態で「古本市」と入力されている図形をドラッグした場合

各チェックボックスで表示 / 非表示を切り替える

ルーラー

配置のスマートガイド
赤い点線

整列のスマートガイド
赤い点線の双方向矢印

ヒント

オブジェクトを数値で配置

オブジェクトの位置を数値で設定するには、[図形の書式] タブの [サイズ] の [配置とサイズ] ボタンをクリックして表示される [図（図形）の書式設定] 作業ウィンドウの [サイズとプロパティ] の [位置]にある [横位置] ボックスと [縦位置] ボックスを使用します。

[図形の書式] タブや [図の形式] タブの [配置] ボタンを使用してオブジェクトを配置する場合、1 つだけ選択すると既定ではスライドに対しての配置が変更されます。複数のオブジェクトを選択して配置を変更すると、既定では選択したオブジェクト間での位置関係が変更されます。また、3 つ以上のオブジェクトの間隔を均等に整列することもできます。

【操作1】

① ［表示］タブの［ルーラー］チェックボックスをオンにします。

② ルーラーが表示されます。

【操作2】

③ スライド1のイラストを選択します。

④ ［図の形式］タブの ［オブジェクトの配置］ボタンをクリックします。

⑤ ［上下中央揃え］をクリックします。

⑥ イラストの配置が変更されます。

その他の操作方法

配置と整列

[ホーム] タブの [配置] ボタ
ンをクリックし、[オブジェク
トの配置] の [配置] をポイ
ントして表示される一覧から
選択します。

[配置] ボタン

ヒント

[選択したオブジェクトを揃
える] と [スライドに合わせ
て配置]

複数のオブジェクトを整列す
るとき、既定では [配置] ボ
タンの [選択したオブジェク
トを揃える] がオンになってい
ます。この場合は選択したオ
ブジェクト間で整列されます。
スライドを基準にして整列し
たい場合は、[スライドに合わ
せて配置] をオンにします。

【操作 3】

❼ スライド 5 の「リサイクル（衣料）」と入力されている図形をクリックし、**Shift** キー
または **Ctrl** キーを押しながら、「キッズコーナー」「植木市」と入力されている各図
形をクリックします。

❽ [図形の書式] タブの 配置 [配置] ボタンをリックします。

❾ [下揃え] をクリックします。

❿ 3 つの図形が一番下にあった図形の下端に揃えられます。

⓫ [図形の書式] タブの 配置 [配置] ボタンをクリックします。

⓬ [左右に整列] をクリックします。

⑬ 3 つの図形が左右に整列されて左右の間隔が均等になります。

※操作が終了したら［表示］タブの［ルーラー］チェックボックスをオフにします。

<table>
<tr><td>3-5-3</td><td></td></tr>
</table>

スライド上のコンテンツをグループ化する、結合する

練習問題

問題フォルダー
└ 問題 3-5-3.pptx

解答フォルダー
└ 解答 3-5-3.pptx

【操作 1】 スライド 2 の 3 つの楕円をグループ化します。

【操作 2】 スライド 5 の「救護室」と入力されたテキストボックスの左側の 2 つの図形を「単純型抜き」で結合します。

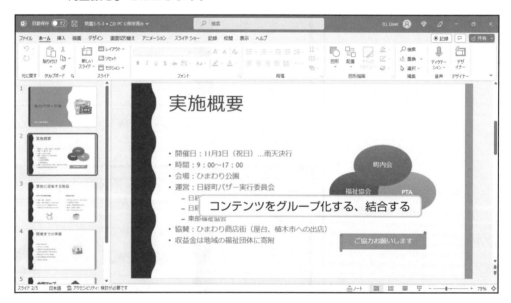

重要用語

- □ グループ化
- □ [グループ化] ボタン
- □ 図形の結合
- □ [図形の結合] ボタン

★ヒント

グループ化の無効

プレースホルダーやプレースホルダー内に挿入したコンテンツ、ロックされたコンテンツはグループ化できません。

複数のコンテンツをグループ化すると 1 つのコンテンツとして扱うことができ、まとめて共通の書式を設定することや移動することができます。コンテンツをグループ化するには、グループ化したいすべてのコンテンツを選択し、[図形の書式]（または [図の形式]）タブの グループ化 [グループ化] ボタンをクリックして [グループ化] をクリックします。グループ化しても特定のコンテンツを選択して個別に書式などを変更することができます。それには、グループ化したコンテンツをクリックして選択し、さらに個別で変更したいコンテンツをクリックします。

グループ化していない図形	グループ化した図形	まとめて書式を設定	個別に書式を設定

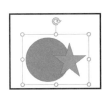
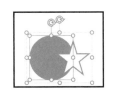

また、複数の図形を結合して新しい図形を作成することができます。結合した図形は、通常の図形と同じようにスタイルや枠線などを設定することができます。図形を結合するには、図形を結合したい状態に配置して結合する図形を選択し、[図形の書式] タブの 図形の結合 [図形の結合] ボタンをクリックして結合したい種類をクリックします。なお、図形を結合すると結合前の図形は残りません。

図形の結合の方法は、次の6種類があります。

楕円と星の組み合わせ
元の 2 つの図形
（結合する位置に移動）

接合
複数の図形の重なる外周を結合して 1 つの図形に接合

型抜き / 合成
図形の重なった部分が切り取られて 2 つの図形を合成

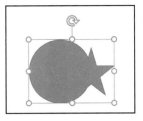

切り出し
複数の図形を組み合わせてできる図形を分割

重なり抽出
複数の図形の重なった部分のみ抽出

単純型抜き
複数の図形の重なった部分を切り取り

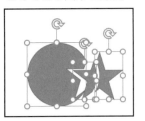
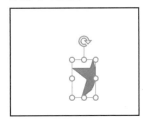
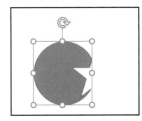

【操作1】

❶ スライド2の1つ目の楕円をクリックし、**Shift** キーまたは **Ctrl** キーを押しながら
残りの楕円をクリックします。

❷ [図形の書式] タブの ⊞グループ化▾ [グループ化] ボタンをクリックし、[グループ化]
をクリックします。

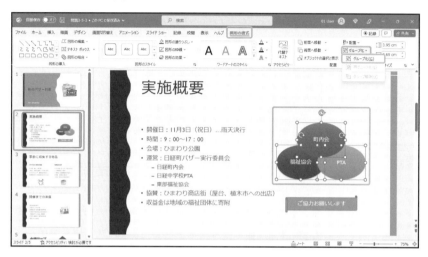

❸ 3つの楕円がグループ化されます。

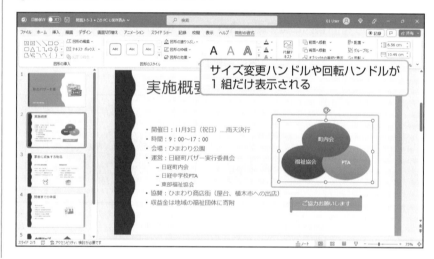

その他の操作方法

グループ化

[ホーム] タブの [配置] ボタ
ンをクリックして [オブジェク
トのグループ化] の [グルー
プ化] をクリックするか、選
択したオブジェクトを右クリッ
クして [グループ化] をポイ
ントし、[グループ化] をクリッ
クします。

[配置] ボタン

ヒント

グループ解除と再グループ化
グループ化を解除するには、
グループ化したオブジェクトを
選択し、[図形の書式]（また
は [図の形式]）タブの [グルー
プ化] ボタンをクリックして
[グループ解除] をクリックし
ます。グループ解除したオブ
ジェクトを再度グループ化す
るには、グループ化されてい
たオブジェクトの1つをクリッ
クし、[グループ化] ボタンを
クリックして [再グループ化]
をクリックします。

図形を結合するときは図形を
選択する順番に注意します。
たとえば、単純型抜きの場合
は型抜きをする図形を後から
選択します。

【操作 2】

④ スライド 5 の上矢印の図形をクリックし、**Shift** キーまたは **Ctrl** キーを押しながら
加算記号の図形をクリックします。

⑤ [図形の書式] タブの [図形の結合 〜] [図形の結合] ボタンをクリックします。

⑥ [単純型抜き] をクリックします。

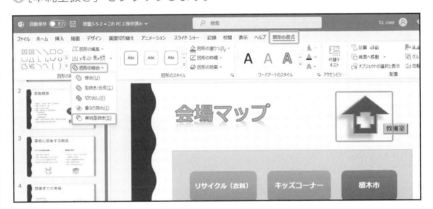

⑦ 図形が結合されます。

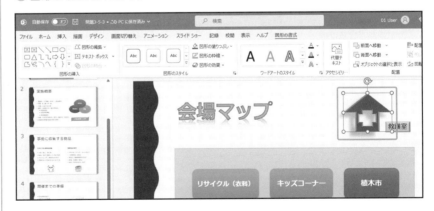

結合した図形を保存して活用
することができます。結合し
た図形を保存するには、図形
を右クリックし、[図として保
存] をクリックして保存先と
ファイル名を指定します。保
存した図形は画像として保存
されます。

4

表、グラフ、SmartArt、3Dモデル、メディアの挿入

本章で学習する項目

- ☐ 表を挿入する、書式設定する
- ☐ グラフを挿入する、変更する
- ☐ SmartArt を挿入する、書式設定する
- ☐ 3D モデルを挿入する、変更する
- ☐ メディアを挿入する、管理する

4-1 表を挿入する、書式設定する

表を活用すると文字情報などを見やすくまとめることができます。挿入した表にはさまざまな書式を設定できるほか、行や列の追加や削除などの編集作業も簡単に行えます。また、Excel や Word の既存の表を活用することも可能です。

4-1-1 表を作成する、挿入する

練習問題

問題フォルダー
└問題 4-1-1.pptx
PowerPoint365
（実習用）フォルダー
└香港ツアー価格 .xlsx
解答フォルダー
└解答 4-1-1.pptx

【操作 1】 スライド 2 に 2 列 5 行の表を挿入し、列幅は挿入時のままで次の文字列を入力します。

項目	内容
時差	–1 時間
通貨	香港ドル
公用語	
飲料水	ミネラルウォーターを購入

【操作 2】 スライド 7 に ［PowerPoint365（実習用）］ フォルダーに保存されている Excel ファイル「香港ツアー価格」の表をインポートし、見やすいように任意のサイズに広げます（正確なサイズや位置は問いません）。

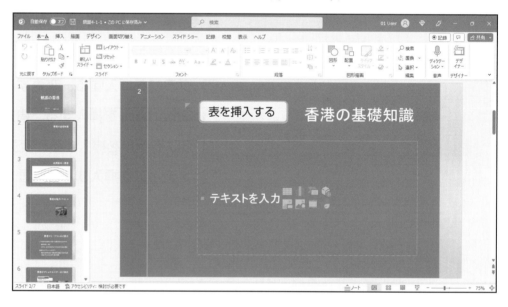

機能の解説

スライドに表を挿入すると情報を見やすくまとめることができます。プレースホルダーに ▦ ［表の挿入］アイコンがある場合は、アイコンをクリックして表示される ［表の挿入］ ダイアログボックスで列数と行数を指定します。スライドの任意の位置に挿入する場合は、［挿入］タブの ▦ ［表］ボタンを使用します。挿入される表にはテーマで決められた書式が設定されます。

[挿入] タブの [表] ボタン

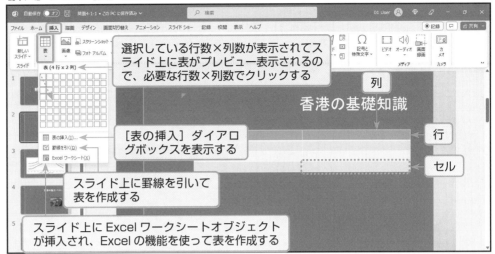

また、Excel などの外部データに作成されている表（テーブル）をインポートして活用することができます。[挿入] タブの 🗇 [オブジェクト] ボタンをクリックして [オブジェクトの挿入] ダイアログボックスの [ファイルから] をクリックし、[参照] をクリックして挿入するファイルを選択します。

Word や Excel のファイルを開いて表をコピーすることもできます。Word や Excel で作成した表をコピーすると、既定ではスライドに設定されているテーマが適用された PowerPoint の表として貼り付けられます。Word や Excel で設定したテーマをそのまま使う場合や埋め込みオブジェクトとして貼り付ける場合は、[ホーム] タブの [貼り付け] ボタンの▼をクリックして貼り付ける形式を選択します。

★ ヒント

貼り付けのオプション

貼り付け後に表の右下に表示される [🔲(Ctrl)▾][貼り付けのオプション] ボタンをクリックして貼り付け方法を変更することも可能です。

アイコン	貼り付ける形式
📋	**貼り付け先のスタイルを使用（既定）** PowerPoint のテーマに合わせて PowerPoint の表として貼り付けられる
🖌️	**元の書式を保持** Word や Excel のテーマや書式で PowerPoint の表として貼り付けられる
📋	**埋め込み** Word や Excel のテーマや書式で埋め込みオブジェクトとして貼り付けられる（データは PowerPoint に保存）
🖼️	**図** 図として貼り付けられ、データの編集等はできない
🅰️	**テキストのみ保持** 文字列だけを貼り付け、表は解除される
	形式を選択して貼り付け [形式を選択して貼り付け] ダイアログボックスが表示され、リンク貼り付けや図の種類などを選択できる

【操作1】

❶ サムネイルのスライド2をクリックします。

❷ プレースホルダーの ▦ [表の挿入] アイコンをクリックします。

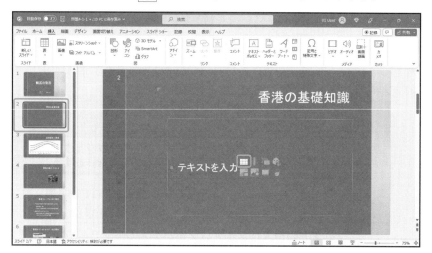

❸ [表の挿入] ダイアログボックスが表示されます。

❹ [列数] ボックスを「2」、[行数] ボックスを「5」に指定します。

❺ [OK] をクリックします。

❻ スライドに表が挿入されます。

⑦ 一番左上のセルにカーソルがあることを確認し、「項目」と入力します。

⑧ セルをクリックするか方向キーでカーソルを移動して、すべての文字列を入力します。

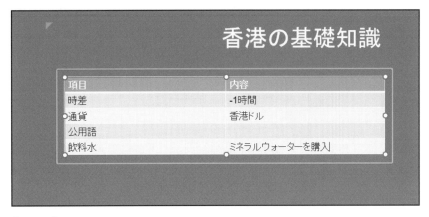

【操作 2】

⑨ サムネイルのスライド 7 をクリックします。

⑩ ［挿入］タブの 🔲 ［オブジェクト］ボタンをクリックします。

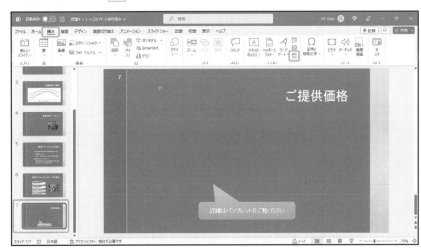

⑪ ［オブジェクトの挿入］ダイアログボックスが表示されます。

⑫ ［ファイルから］をオンにします。

⑬ ［参照］をクリックします。

⑭ 左側の一覧から［ドキュメント］をクリックします。

⑮ 一覧から［PowerPoint365（実習用）］をダブルクリックします。

◆ポイント◆

セルの移動

方向キーまたは **Tab** キー（**Shift** ＋ **Tab** キー）を使用すると効率良くセルを移動できます。右下のセルで **Tab** キーを押すと行が追加され、**Enter** キーを押すとセル内で改行されます。

★ヒント★

表内の文字列の削除

表に追加した文字列を削除するには、文字列またはセルを選択するかセル内をクリックしてカーソルを表示し、**Delete** キーまたは **BackSpace** キーを押します。

⓰ Excel ファイル「香港ツアー価格」をクリックして［OK］をクリックします。

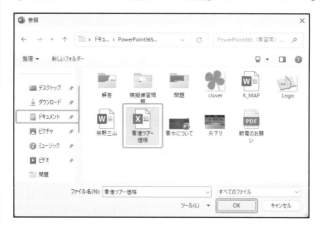

⓱ ［オブジェクトの挿入］ダイアログボックスの［OK］をクリックします。

⓲ Excel の表がオブジェクトとしてインポートされます。

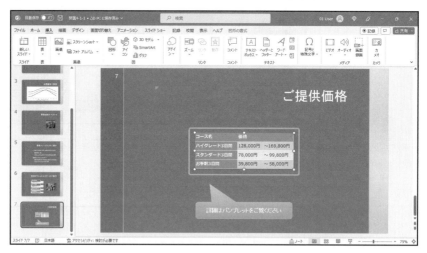

⓳ 挿入した表（オブジェクト）のサイズ変更ハンドルを使ってサイズを変更し、配置
を整えます。

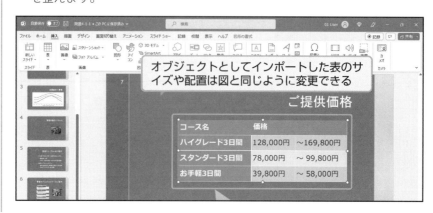

4-1-2 表に行や列を挿入する、削除する、セルを結合する

練習問題

問題フォルダー
└─問題 4-1-2.pptx

解答フォルダー
└─解答 4-1-2.pptx

【操作 1】 スライド 2 の表の 4 行目（「公用語」と入力されているセルの行）を削除します。

【操作 2】 表の右端に 1 列挿入し、1 行目に「備考」、4 行目に「水道水は避ける」と入力します。

【操作 3】 最終行に 1 行挿入して 3 つのセルを結合し、「※詳細はパンフレットをご覧ください」と入力します。

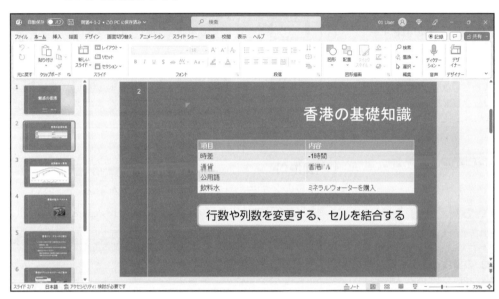

機能の解説

□ 行や列の挿入
□ 行や列の削除
□ [レイアウト] タブ
□ セルの結合
□ セルの分割

作成した表に行や列を挿入するには、挿入する位置の行または列にある任意のセル内をクリックし、[レイアウト] タブの ![各ボタン] の各ボタンをクリックします。行や列を削除するには、削除する行または列の任意のセル内をクリックし、[レイアウト] タブの ![削除] [削除] ボタンをクリックして [行の削除] または [列の削除] をクリックします。

また、セルを結合するには、結合するセル範囲を選択して [レイアウト] タブの ![セルの結合] [セルの結合] ボタンをクリックします。セルを分割するには、分割するセル内をクリックして [レイアウト] タブの ![セルの分割] [セルの分割] ボタンをクリックし、[セルの分割] ダイアログボックスで数値を指定します。複数のセルを選択して分割することもできます。

【操作 1】

① スライド 2 の表の 4 行目の任意のセル内をクリックします。

② [レイアウト] タブの [削除] ボタンをクリックします。

③ [行の削除] をクリックします。

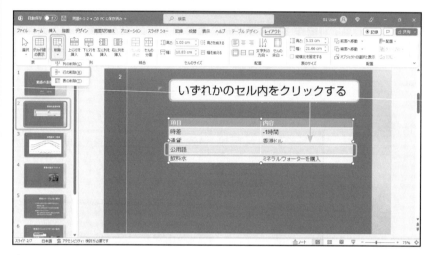

④ 行が削除されます。

【操作 2】

⑤ 表の 2 列目の任意のセル内をクリックします。

⑥ [レイアウト] タブの [右に列を挿入] をクリックします。

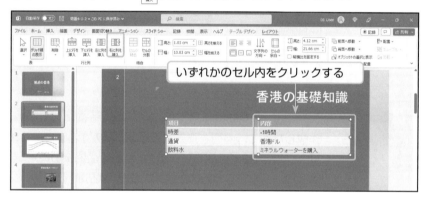

⑦ 表の右端に列が挿入されます。

⑧ 挿入された列の一番上のセルをクリックして「備考」と入力します。

⑨ セルをクリックするか方向キーで 4 行目にカーソルを移動して「水道水は避ける」と入力します。

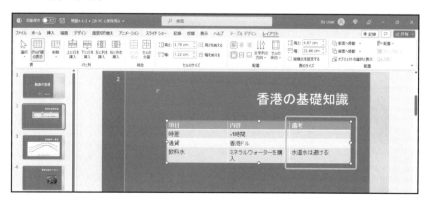

【操作3】

⑩ 4行目にカーソルがあることを確認し、[レイアウト]タブの[下に行を挿入]をクリックします。

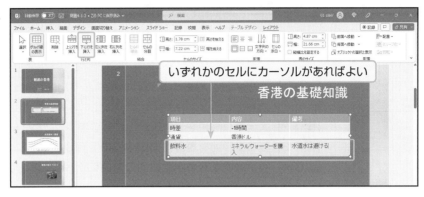

⑪ 5行目の3つのセルが選択されていることを確認します。

⑫ [レイアウト]タブの[セルの結合]ボタンをクリックします。

ポイント

複数セルの選択

始点のセル内をクリックして終点のセルまでドラッグします。

その他の操作方法

セルの結合

結合するセルを範囲選択して右クリックし、[セルの結合]をクリックします。

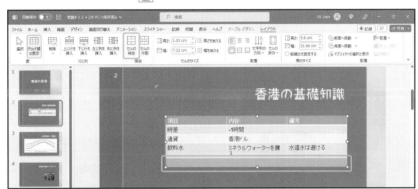

⑬ セルが結合されます。

⑭ 結合したセルに「※詳細はパンフレットをご覧ください」と入力します。

表のサイズや配置を変更する、文字の配置を整える

問題フォルダー
└問題 4-1-3.pptx

解答フォルダー
└解答 4-1-3.pptx

【操作 1】 スライド 2 の表の 1 列目の列の幅を自動調整し、2 列目の幅を「9.5cm」にします。

【操作 2】 表全体の高さを「7.5cm」にします。

【操作 3】 表の文字列を垂直方向の中央に配置します。

【操作 4】 表をスライドの水平方向の中央に配置します。

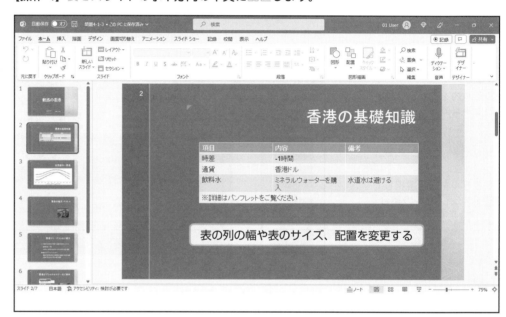

- ☐ 列の幅の変更
- ☐ 行の高さの変更
- ☐ [レイアウト] タブの [セルのサイズ]
- ☐ 列の境界線
- ☐ 列の幅の自動調整
- ☐ 表全体のサイズ変更
- ☐ [レイアウト] タブの [表のサイズ]
- ☐ 文字列の配置
- ☐ 表全体の配置の変更

表内の文字列の長さや内容に合わせて列の幅や行の高さを変更すると読みやすい表になります。列や行のサイズを数値で指定するには、[レイアウト] タブの [セルのサイズ] にあるボックスを使用します。列の境界線上でダブルクリックすると、境界線の左側にある列の幅が文字列の長さに合わせて自動調整されます。列や行の境界線をポイントしてマウスポインターの形状が ‖ や ÷ の状態でドラッグすると任意の列幅や行高に変更できます。

表全体のサイズを変更するには、表を選択すると表示されるハンドルを任意の方向にドラッグします。**Shift** キーを押しながら四隅のハンドルをドラッグすると、表の縦横比が固定されたままサイズが変更されます。[レイアウト] タブの [表のサイズ] にあるボックスを使用すると数値で指定できます。

また、表内の文字列の配置を変更するには、変更したいセルをクリックして [レイアウト] タブの中央にある [配置] の各ボタンを使用します。セル内で文字列の方向を変更することも可能です。表全体または行や列単位で選択すると、選択したセルの文字列がすべて変更の対象となります。

表全体の配置を変更するには [レイアウト] タブの右端にある [配置] ボタンを使用します。

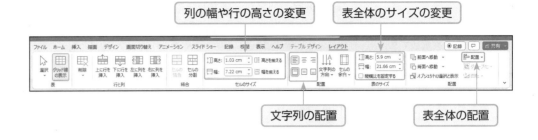

列の幅や行の高さの変更　　　表全体のサイズの変更

文字列の配置　　　　表全体の配置

ポイント

単位の省略

[高さ]ボックスや[幅]ボックスに直接数値を入力する場合、「cm」は省略できます。

操作手順

【操作 1】

❶ スライド 2 の表の 1 列目と 2 列目の境界線をポイントし、マウスポインターの形状が ⊹╟ に変わったらダブルクリックします。

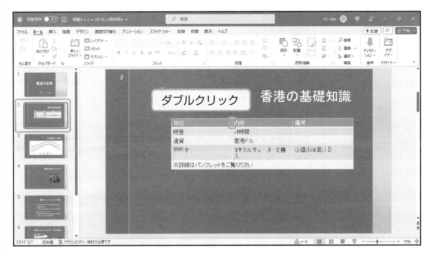

❷ 1 列目の列幅が自動調整されます。

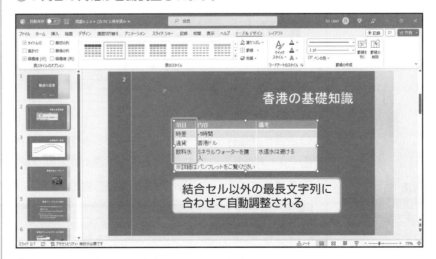

結合セル以外の最長文字列に合わせて自動調整される

❸ 2 列目の任意のセル内をクリックします。

❹ [レイアウト]タブの[セルのサイズ]の 幅: 9.5 cm [列の幅の設定]ボックスに「9.5cm」と指定します。

第4章　表、グラフ、SmartArt、3Dモデル、メディアの挿入

⑤ 2 列目の列幅が変更されます。

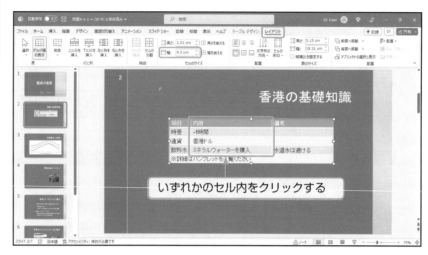

【操作 2】

⑥ 表の枠線上をクリックし、表全体を選択します。

⑦ [レイアウト] タブの [表のサイズ] の 高さ:7.5 cm [高さ] ボックスに「7.5cm」と指定します。

⑧ 表全体の高さが変更されます。

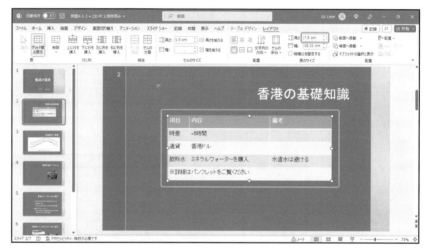

【操作 3】

⑨ 表全体が選択されていることを確認します。

⑩ [レイアウト] タブの [上下中央揃え] ボタンをクリックします。

⑪ 表内のすべての文字列がセルの垂直方向の中央に配置されます。

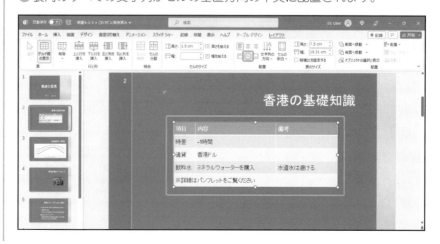

★ヒント

複数列（行）の設定

複数の列（行）を選択してまとめて設定することもできます。ただし、PowerPoint の表は離れたセル範囲を選択できません。選択しやすい順番で効率的に設定するようにします。

★ヒント

列幅や行の高さを揃える

[レイアウト] タブの 幅を揃える [幅を揃える] ボタン、 高さを揃える [高さを揃える] ボタンを使用すると複数の列幅や行の高さを均等に揃えることができます。

★ヒント

[ホーム] タブの利用

[ホーム] タブの [段落] のボタンを使用して配置を変更することもできます。[レイアウト] タブの [配置] にはない、セル内での両端揃えや均等割り付けも行えます。

その他の操作方法

表の配置と整列

[ホーム] タブの [配置] ボタ
ンをクリックして表示される
[配置] からも同じ操作ができ
ます。また、[左右に整列] で
も水平方向の中央に配置され
ます。

ヒント

ドラッグやキーボードによる
移動

表を任意の位置に移動すると
きは、表の枠線をポイントし
てマウスポインターの形状が
🔟 の状態でドラッグします。
表の枠線をクリックして方向
キーを使って移動することも
可能です。

【操作 4】

⑫ 表全体が選択されていることを確認します。

⑬ [レイアウト] タブの [配置] ボタンをクリックし、[左右中央揃え] をクリックします。

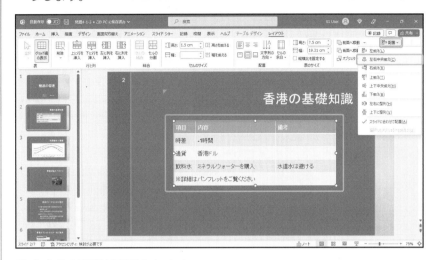

⑭ 表全体の配置が変更されます。

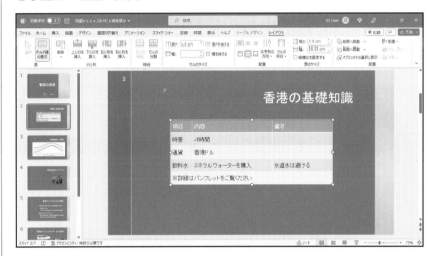

表の組み込みスタイルを適用する

練習問題

問題フォルダー
└ 問題 4-1-4.pptx

解答フォルダー
└ 解答 4-1-4.pptx

【操作 1】 スライド 2 の表にスタイル「中間スタイル 2- アクセント 4」を適用します。

【操作 2】 表の最初の列に書式を適用し、縞模様（行）の書式を解除します。

【操作 3】 表に「丸」の面取りを設定します。

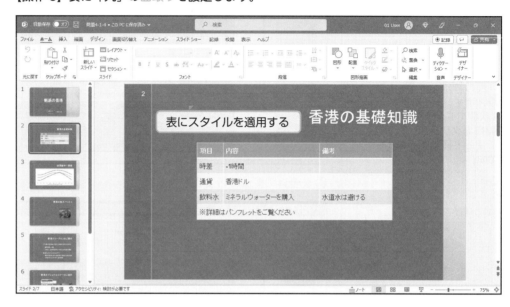

機能の解説

- □ 表のスタイル
- □ タイトル行
- □ タイトル列
- □ 塗りつぶし
- □ 罫線
- □ 効果

［テーブルデザイン］タブの［表のスタイル］の一覧から表にスタイルを簡単に適用することができます。また、［表スタイルのオプション］にあるチェックボックスをオンまたはオフにすることで、表のタイトル行やタイトル列などの書式の設定を簡単に変更できます。［表のスタイル］にあるボタンを使用して、塗りつぶし、罫線、効果を個別に設定することも可能です。

> チェックボックスをオンまたはオフにしてタイトル行などの設定を変更する

> スタイルや塗りつぶし、罫線、効果を設定する

操作手順

【操作 1】

❶ スライド 2 の表を選択します。

❷ ［テーブルデザイン］タブの［表のスタイル］の □ ［その他］（または［テーブルスタイル］）ボタンをクリックして［中間スタイル 2- アクセント 4］をクリックします。

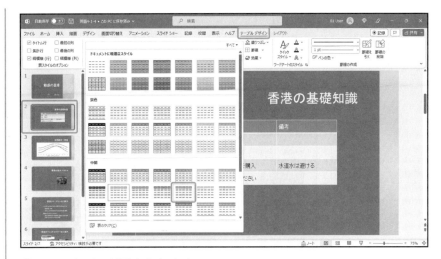

③ 表にスタイルが設定されます。

【操作 2】

④ 表が選択されていることを確認します。

⑤ [テーブルデザイン] タブの [最初の列] チェックボックスをオンにします。

⑥ 最初の列に書式が設定されます。

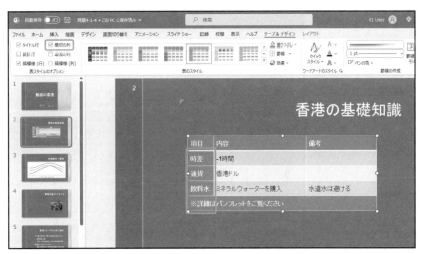

⑦ [縞模様（行）] チェックボックスをオフにします。

⑧ 偶数の行と奇数の行の書式が同じになります。

★ ヒント

表内の文字の書式設定

表内の文字列はプレースホルダーと同様にフォントやフォントサイズ、太字や影などを設定することができます。書式設定する文字列またはセルを選択して [ホーム] タブの [フォント] のボタンを使用します。また、[テーブルデザイン] タブの [ワードアートのスタイル] のボタンを使用すると、表内の文字列にワードアートを適用できます。

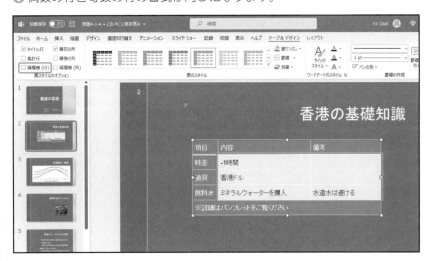

【操作 3】

⑨ 表が選択されていることを確認します。

⑩ ［テーブルデザイン］タブの ┃ ⊘ 効果 ∨ ┃［効果］ボタンをクリックします。

⑪ ［セルの面取り］をポイントして［面取り］の［丸］をクリックします。

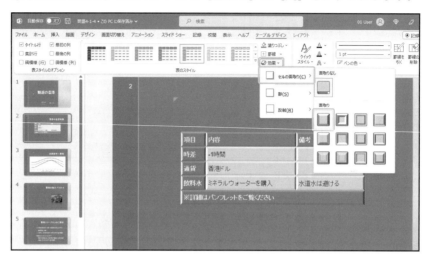

⑫ 表に効果が設定されます。

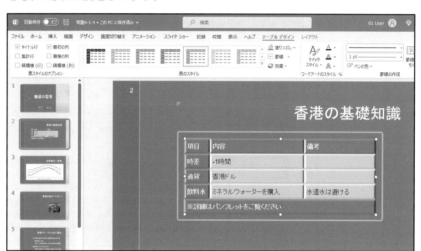

★ ヒント

インポートした表の書式設定
スライド 7 にある Excel から
インポートした表を選択する
と［図形の書式］タブが表示
され、図形と同じように書式
やサイズを変更することがで
きます。

4-2 グラフを挿入する、変更する

スライドにグラフを作成し、Excel のワークシートと同様のシートでデータを入力して多彩な編集をすることができます。
また、Excel で作成したグラフをコピーして活用することも可能です。

4-2-1 グラフを作成する、挿入する

問題フォルダー
└ 問題 4-2-1.pptx

PowerPoint365
（実習用）フォルダー
└ 気温データ .xlsx

解答フォルダー
└ 解答 4-2-1.pptx

【操作 1】 スライド 4 に集合縦棒グラフを挿入し、左側の表のデータをコピーします。
【操作 2】 スライド 5 に［PowerPoint365（実習用）］フォルダーに保存されている Excel ファイル「気温データ」のグラフを貼り付け先のテーマに合わせた埋め込みグラフとして挿入し、テーマのデザインに重ならないようにグラフの幅を小さくします。

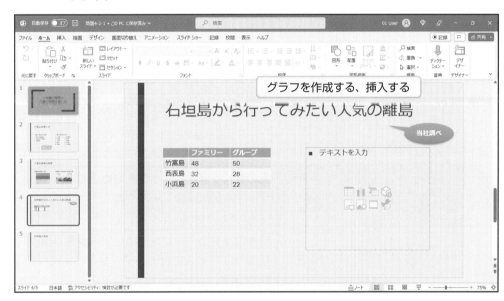

機能の解説

重要用語

☐ グラフの挿入
☐ ［グラフの挿入］アイコン
☐ ［グラフの挿入］ダイアログボックス
☐ グラフの種類や形式

スライドに挿入するグラフは、Excel と同様の機能を利用することができます。グラフを挿入すると表示されるシートのサンプルデータを書き換えると、スライド上のグラフに反映されます。

プレースホルダーを使用する場合は、[📊]［グラフの挿入］アイコンをクリックして表示される［グラフの挿入］ダイアログボックスでグラフの種類と形式を指定します。任意の位置に挿入する場合は、［挿入］タブの [📊 グラフ]［グラフ］ボタンを使用します。グラフを挿入するとサンプルデータを基にしたグラフがスライドに表示され、サンプルデータが入力された［Microsoft PowerPoint 内のグラフ］シートが別ウィンドウで開くので、データや範囲を修正します。作成済みの表のデータをコピーして活用することも可能です。

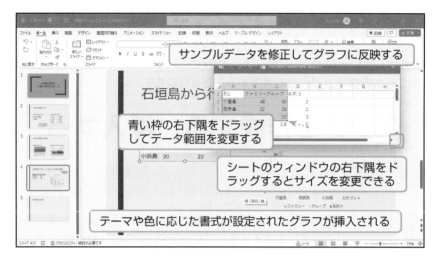

また、グラフを Excel や Word などの外部データからコピーして活用することができます。Excel で作成したグラフをコピーすると、既定ではスライドに設定されているテーマが適用された Excel のグラフへのリンクとして貼り付けられます。Excel のテーマをそのまま使う場合や埋め込みグラフとして貼り付ける場合は、［貼り付け］ボタンの▼をクリックして貼り付ける形式を選択します。貼り付け後にグラフ右下に表示される （Ctrl）▼［貼り付けのオプション］ボタンをクリックして貼り付ける形式を変更することも可能です。

アイコン	貼り付ける形式
	貼り付け先のテーマを使用しブックを埋め込む テーマ：PowerPoint のテーマ 貼り付け：埋め込みオブジェクト（データは PowerPoint に保存）
	元の書式を保持しブックを埋め込む テーマ：Excel のテーマや書式 貼り付け：埋め込みオブジェクト（データは PowerPoint に保存）
	貼り付け先のテーマを使用しデータをリンク（既定） テーマ：PowerPoint のテーマ 貼り付け：リンク貼り付け（データはリンクされている Excel に保存）
	元の書式を保持しデータをリンク テーマ：Excel のテーマや書式 貼り付け：リンク貼り付け（データはリンクされている Excel に保存）
	図 図として貼り付け（データの編集等はできない）
	形式を選択して貼り付け ［形式を選択して貼り付け］ダイアログボックスが表示され、リンク貼り付けや図の種類などを選択できる

操作手順

【操作1】
❶ サムネイルのスライド 4 をクリックします。

❷ プレースホルダーの 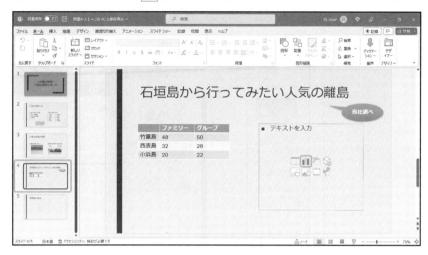 [グラフの挿入] アイコンをクリックします。

❸ [グラフの挿入] ダイアログボックスが表示されます。

❹ 左側の一覧で [縦棒]、右上の一覧で [集合縦棒] が選択されていることを確認します。

❺ [OK] をクリックします。

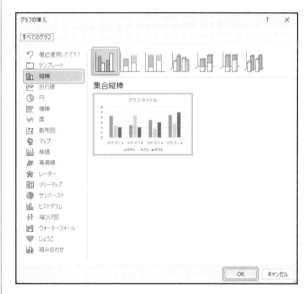

❻ スライドにグラフが挿入され、サンプルデータが入力されたシートが表示されます。

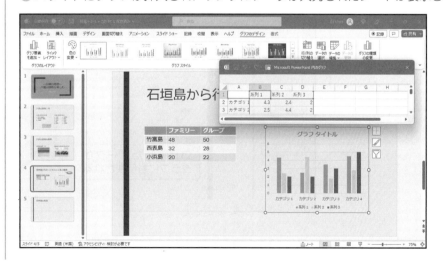

❼ 左側の表の枠線をクリックします。

❽ ［ホーム］タブの [📋▾] ［コピー］ボタンをクリックします。

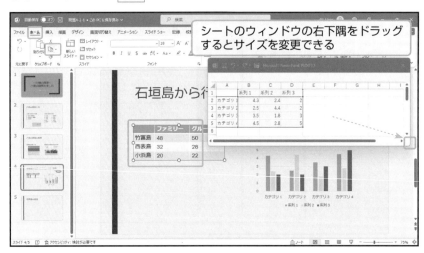

❾ ［Microsoft PowerPoint 内のグラフ］シートのセル A1 で右クリックします。

❿ ショートカットメニューの［貼り付けのオプション］の［貼り付け先の書式に合わ
　　せる］をクリックします。

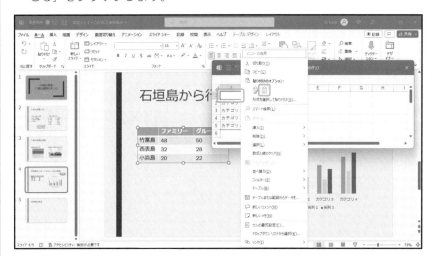

⓫ 表のデータがコピーされ、グラフに反映されます。

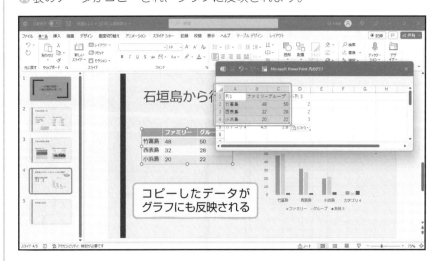

⑫ セル範囲が A1 から C4 になるように、セル D5 の青い枠の右下隅をポイントしてマウスポインターの形状が ↖ になったらセル C4 までドラッグします。

⑬ シートの ✕ [閉じる]ボタンをクリックします。

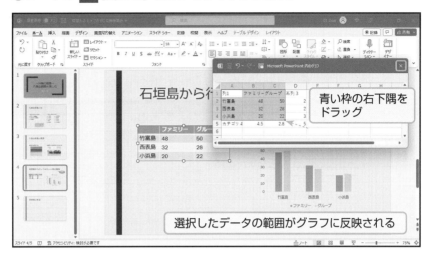

⑭ データが反映されたグラフが挿入されます。

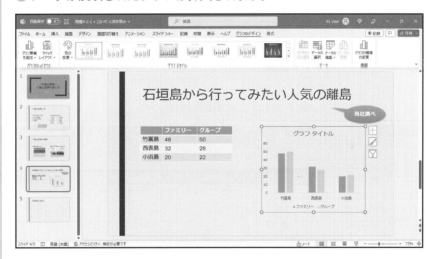

【操作 2】

⑮ エクスプローラーを起動して左側の一覧から［ドキュメント］をクリックし、
［PowerPoint365（実習用）］をダブルクリックします。

⑯ Excel ファイル「気温データ」をダブルクリックします。

⑰ Excel が起動し、Excel ファイル「気温データ」が表示されます。

⑱ 「気温」シートのグラフをクリックします。

⑲ ［ホーム］タブの [コピー] ボタンをクリックします。

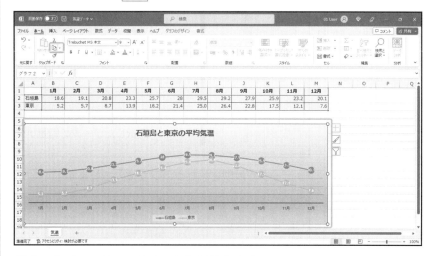

⑳ タスクバーで PowerPoint に切り替えます。

㉑ スライド 5 を選択します。

㉒ ［ホーム］タブの [貼り付け] ボタンの▼をクリックし、[貼り付け先のテーマ
を使用しブックを埋め込む] をクリックします。

≫ その他の操作方法 ≫

グラフの貼り付け

貼り付け先で右クリックして
［貼り付けのオプション］から
目的の貼り付け方法をクリッ
クします。**Ctrl**+**V** キーを押し
て貼り付けた後に［貼り付け
のオプション］ボタンをクリッ
クして貼り付け方法を変更す
ることもできます。

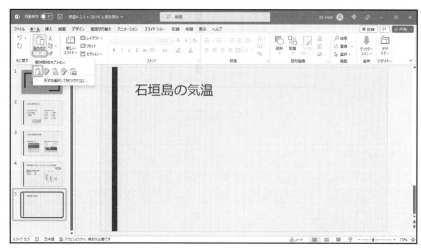

㉓ グラフが貼り付け先のテーマを使用した埋め込みオブジェクトとして貼り付けられ
ます。

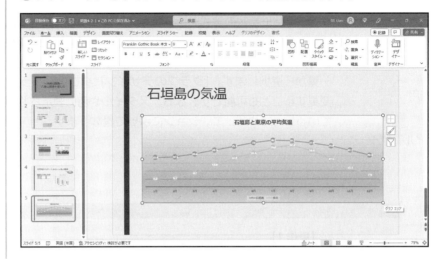

★ヒント

埋め込みオブジェクトのデータ

埋め込みオブジェクトのグラフを選択して、[グラフのデザイン] タブの [データの編集] ボタンをクリックすると、[Microsoft PowerPoint 内のグラフ] シートにコピー元のExcel ファイルと同じ内容が表示されます。

㉔ グラフの右側中央のハンドルにマウスポインターを合わせ、ドラッグして位置を修正します。

㉕ グラフエリアをポイントし、ドラッグして位置を整えます。

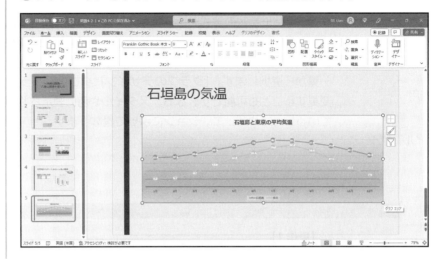

4-2-2 グラフを変更する

練習問題

問題フォルダー
└問題 4-2-2.pptx

解答フォルダー
└解答 4-2-2.pptx

【操作 1】 スライド 4 のグラフの種類を「積み上げ横棒」に変更します。

【操作 2】 スライド 4 のグラフにスタイル「スタイル 3」、色「カラフルなパレット 2」を適用します。

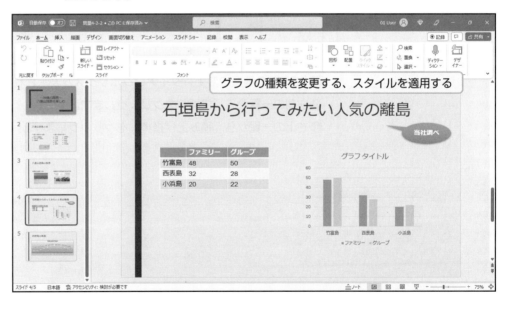

☐ グラフの種類の変更
☐ [グラフの種類の変更]
　ボタン
☐ スタイルの適用
☐ 色の変更
☐ [グラフスタイル] ボタ
　ン

挿入したグラフの種類は後から変更することができます。グラフの種類を変更するには、[グラフのデザイン] タブの　[グラフの種類の変更] ボタンを使用します。

グラフ全体に複数の書式を組み合わせたスタイルを適用するには、グラフの右横の　[グラフスタイル] ボタンをクリックして [スタイル] の一覧から目的のスタイルを選択します。グラフ全体の色を変更するには、[グラフスタイル] ボタンをクリックして [色] の一覧から選択します。[グラフのデザイン] タブの [グラフスタイル] でスタイルや色を変更することも可能です。なお、スタイルや色に表示される内容は、スライドに設定されているテーマやバリエーションによって異なります。

操作手順

その他の操作方法

グラフの種類の変更
グラフ内で右クリックして [グラフの種類の変更] をクリックします。

【操作 1】

❶ スライド 4 のグラフを選択します。

❷ [グラフのデザイン] タブの　[グラフの種類の変更] ボタンをクリックします。

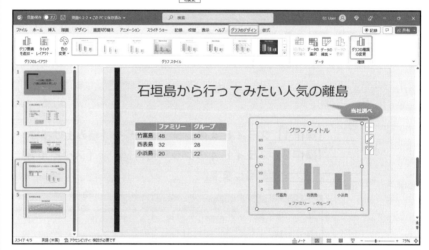

❸ [グラフの種類の変更] ダイアログボックスが表示されます。

❹ 左側の一覧から [横棒] をクリックします。

❺ 右上の一覧から [積み上げ横棒] をクリックします。

⑥ ［OK］をクリックします。

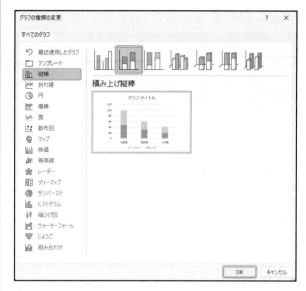

⑦ グラフの種類が変更されます。

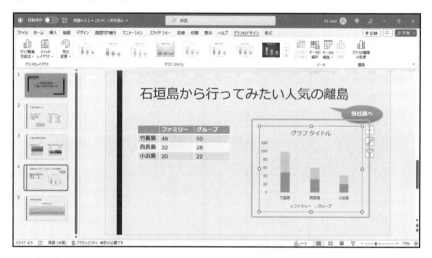

【操作 2】

⑧ グラフが選択されていることを確認します。

⑨ グラフの右横の ✎ ［グラフスタイル］ボタンをクリックします。

⑩ ［スタイル］が選択されていることを確認し、［スタイル 3］をクリックします。

その他の操作方法

スタイルの適用

［グラフのデザイン］タブの［グラフスタイル］の一覧から選択します。

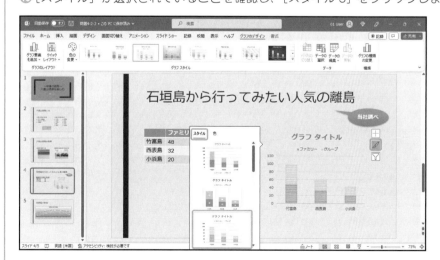

⑪ グラフにスタイルが適用されます。

⑫ [色] をクリックし、[カラフルなパレット 2] をクリックします。

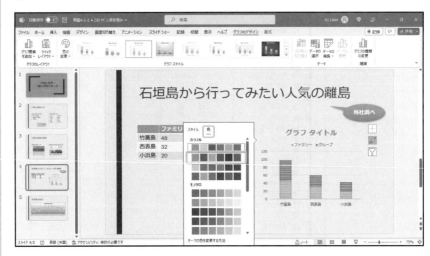

⑬ グラフの色が変更されます。

⑭ [グラフスタイル] ボタンをクリックして一覧を閉じます。

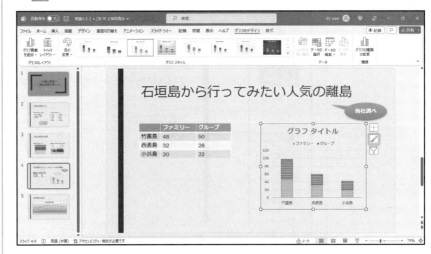

4-2-3 グラフの要素を変更する

問題フォルダー
└ 問題 4-2-3.pptx

解答フォルダー
└ 解答 4-2-3.pptx

【操作 1】 スライド 4 のグラフの凡例を「下」に表示します。
【操作 2】 グラフタイトルに「人気の離島」と入力します。

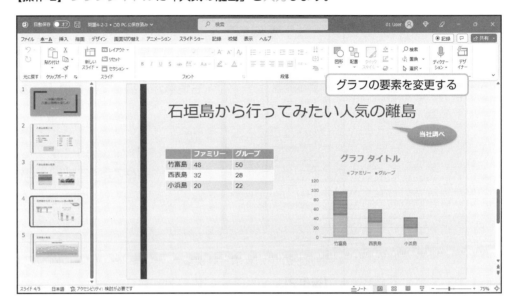

機能の解説

□ グラフの要素
□ [グラフ要素] ボタン
□ [グラフ要素を追加] ボ
　タン

スライドに挿入したグラフはグラフタイトルや凡例などのさまざまな要素で構成されており、各要素をマウスでポイントすると要素名が表示されます。各要素を表示するには、グラフの右横の ⊞ [グラフ要素] ボタンをクリックして目的の要素名のチェックボックスをオンにします。非表示にするには要素名のチェックボックスをオフにするか要素を選択して **Delete** キーを押します。要素名の右横に表示される ＞ をクリックすると配置を変更するなどの詳細な設定を行うことができます。[グラフのデザイン] タブの ⊞ [グラフ要素を追加] ボタンを使用することも可能です。なお、グラフの要素はグラフの種類によって異なる場合があります。

また、[グラフのデザイン] タブの ▦ [クイックレイアウト] ボタンを使用すると、グラフタイトルや凡例などの表示 / 非表示や配置などがあらかじめ設定されたレイアウトに変更できます。

ヒント

要素の書式設定
グラフタイトルや凡例などのグラフの要素や文字列に書式を設定するには、要素を選択して [ホーム] タブや [書式] タブを使用します。詳細な設定は、[書式] タブの [選択対象の書式設定] [選択対象の書式設定] ボタンをクリックして各要素の書式設定作業ウィンドウで行います。

積み上げ縦棒グラフの要素（一部）

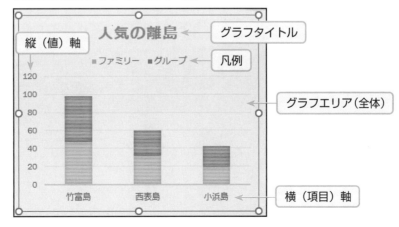

【操作 1】

❶ スライド 4 のグラフを選択します。

❷ グラフの右横の ⊞ [グラフ要素] ボタンをクリックします。

❸ [グラフ要素] の [凡例] をポイントし、> をクリックします。

❹ [下] をクリックします。

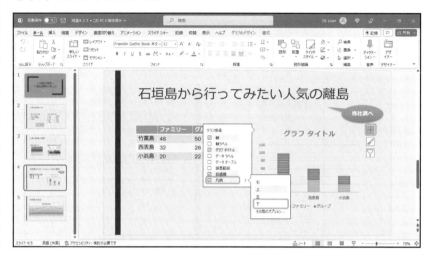

❺ 凡例が下に表示されます。

【操作 2】

❻ グラフタイトル内をクリックして文字列を消去し、「人気の離島」と入力します。

ポイント

グラフタイトルの修正
文字列「グラフタイトル」をド
ラッグして選択し、文字を入
力すると上書き修正されます。

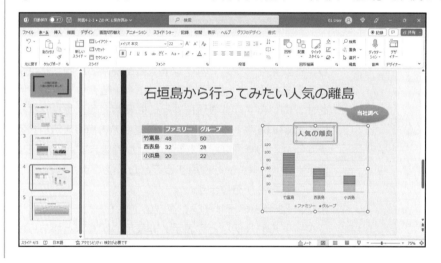

4-3 SmartArt を挿入する、書式設定する

SmartArt グラフィック（本テキストでは SmartArt と記述します）を利用すると、少ない手順で表現力のある図解を作成してプレゼンテーションの内容や情報を効果的に伝えることができます。

4-3-1 SmartArt を作成する

練習問題

問題フォルダー
└問題 4-3-1.pptx

解答フォルダー
└解答 4-3-1.pptx

【操作 1】 スライド 4 の左側のプレースホルダーに「基本マトリックス」の SmartArt を挿入し、「グルメ」「夜景」「ショッピング」「個性的な街」と入力します。

【操作 2】 挿入した SmartArt のスタイルを「光沢」、色を「カラフル - アクセント 3 から 4」に変更します。

機能の解説

- □ SmartArt
- □ [SmartArt グラフィックの挿入] アイコン
- □ [SmartArt] ボタン
- □ [SmartArt グラフィックの選択] ダイアログボックス
- □ SmartArt のスタイル
- □ 色の変更
- □ [色の変更] ボタン

SmartArt は、情報をより効果的に表現するための図表を作成する機能です。「リスト」「手順」「循環」などに分類されたレイアウトから選択して、わかりやすく洗練されたデザインの図解をすばやく作成できます。プレースホルダーを使用する場合は、▤ [SmartArt グラフィックの挿入] アイコンをクリックします。任意の位置に挿入する場合は、[挿入] タブの ▤ SmartArt [SmartArt] ボタンをクリックします。どちらの場合も [SmartArt グラフィックの選択] ダイアログボックスが表示されるので、一覧から用途に合った種類とレイアウトを選択します。

[SmartArt グラフィックの選択] ダイアログボックス

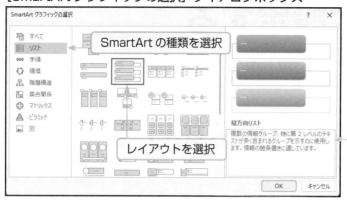

また、SmartArt には、エッジ、影、線、グラデーションなどの書式を組み合わせたスタイルが複数用意されています。SmartArt のスタイルを変更するには、[SmartArt のデザイン] タブの [SmartArt のスタイル] の一覧から選択します。また、SmartArt の色を変更するには、[SmartArt のデザイン] タブの 🎨 [色の変更] ボタンをクリックして配色パターンを選択します。テーマやテーマの配色を変更すると、SmartArt の色もそれに合わせて変更されます。

操作手順

【操作 1】
❶ サムネイルのスライド 4 をクリックします。
❷ プレースホルダー内の 📊 [SmartArt グラフィックの挿入] アイコンをクリックします。

❸ ［SmartArt グラフィックの選択］ダイアログボックスが表示されます。

❹ 左側の一覧で［マトリックス］をクリックします。

❺ ［基本マトリックス］をクリックし、［OK］をクリックします。

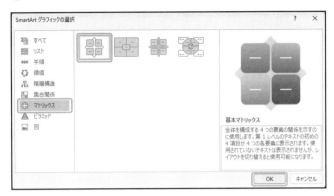

❻ 選択した SmartArt が挿入されます。

❼ SmartArt の左辺の中央の ⟨ をクリックします。

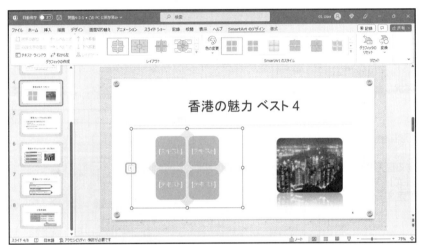

❽ テキストウィンドウが表示されます。

❾ 「グルメ」と入力し、↓キーを押します。

❿ 同様に 2 行目以降に「夜景」「ショッピング」「個性的な街」と入力します。

⓫ テキストウィンドウの ✕ ［閉じる］ボタンをクリックします。

◇ その他の操作方法 〉

テキストウィンドウの表示

［SmartArt のデザイン］タブの □テキストウィンドウ ［テキストウィンドウ］ボタンをクリックします。再度クリックするとテキストウィンドウが非表示になります。

◇ その他の操作方法 〉

文字の入力

テキストウィンドウを表示せずに図形に直接入力することもできます。

★ ヒント

SmartArt の改行

テキストウィンドウで文字を入力後、**Enter** キーを押すと図形または段落が追加されます（図形の数に制限がある SmartArt では制限を超える箇条書きは表示されません）。図形や段落を追加せずに行を変えるには↓キーを押すかマウスでクリックして移動します。段落内で強制改行するには **Shift** ＋ **Enter** キーを押します。

★ ヒント

文字サイズの自動調整

SmartArt の文字サイズは入力した文字の量に応じて自動調整されます。

⑫ スライド 4 の SmartArt の枠線をクリックし、SmartArt 全体を選択します。

⑬ [SmartArt のデザイン] タブの [SmartArt のスタイル] から [光沢] をクリックします。

⑭ SmartArt のスタイルが変更されます。

⑮ [色の変更] ボタンをクリックします。

⑯ [カラフル] の [カラフル - アクセント 3 から 4] をクリックします。

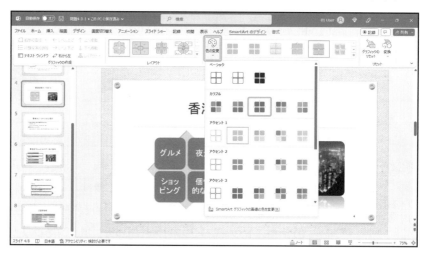

⑰ SmartArt の色が変更されます。

4-3-2 箇条書きを SmartArt に、SmartArt を箇条書きに変換する

問題フォルダー
└問題 4-3-2.pptx

解答フォルダー
└解答 4-3-2.pptx

練習問題

【操作 1】スライド 5 の箇条書きを「縦方向箇条書きリスト」の SmartArt に変換します。
【操作 2】スライド 7 の SmartArt を箇条書きに変換します。

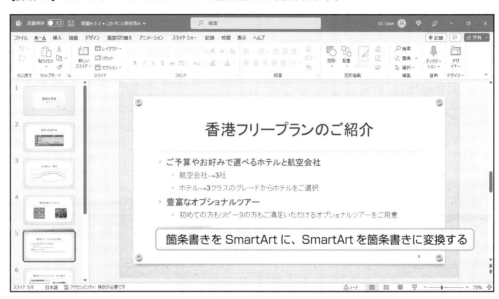

機能の解説

□ SmartArt に変換
□ [SmartArt グラフィックに変換] ボタン
□ [SmartArt グラフィックの選択] ダイアログボックス
□ SmartArt を箇条書きに変換
□ [変換] ボタン

入力済みの箇条書きを SmartArt に変換して、情報を視覚的に表現することができます。箇条書きを SmartArt に変換するには、箇条書きのプレースホルダーを選択し、[ホーム] タブの [SmartArt グラフィックに変換] ボタンをクリックして表示される一覧から目的の SmartArt を選択します。一覧に表示されている SmartArt をポイントすると適用イメージがプレビュー表示されます。一覧に目的の SmartArt がない場合は、[その他の SmartArt グラフィック] をクリックして [SmartArt グラフィックの選択] ダイアログボックスを表示して選択します。

また、SmartArt を箇条書きに変換するには、[SmartArt のデザイン] タブの [変換] ボタンをクリックし、[テキストに変換] をクリックします。[図形に変換] をクリックすると SmartArt が図形に変換されて個々の図形を個別に操作できるようになります。

【操作1】

❶ スライド5の箇条書きのプレースホルダーを選択します。

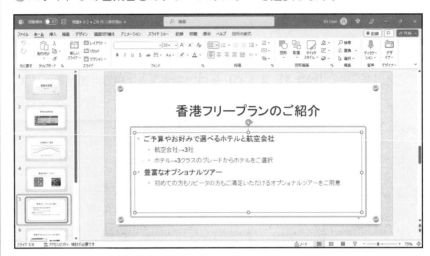

❷ [ホーム] タブの [SmartArt グラフィックに変換] ボタンをクリックします。

❸ 一覧から [縦方向箇条書きリスト] をクリックします。

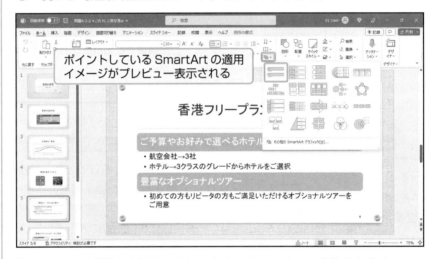

❹ 箇条書きが「縦方向箇条書きリスト」の SmartArt に変換されます。

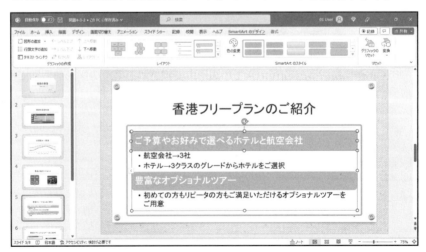

【操作 2】

❺ スライド 7 の SmartArt を選択します。

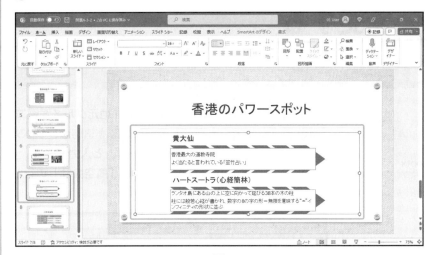

📝 **その他の操作方法**

箇条書きに変換

SmartArt 内で右クリックし、
[テキストに変換] をクリック
します。

❻ [SmartArt のデザイン] タブの 🔲 [変換] ボタンをクリックし、[テキストに変換]
をクリックします。

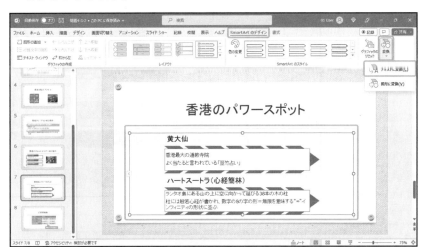

❼ SmartArt が箇条書きに変換されます。

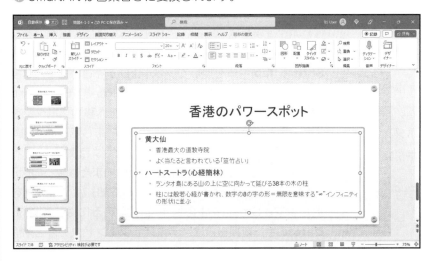

第**4**章

表、グラフ、SmartArt、3Dモデル、メディアの挿入

SmartArt にコンテンツを追加する、変更する

問題フォルダー
└ 問題 4-3-3.pptx

解答フォルダー
└ 解答 4-3-3.pptx

【操作 1】 スライド 6 の SmartArt の「地元グルメ満喫コース」を 1 レベル下げます。

【操作 2】 「グルメの方向け」の前に図形を追加し、レベル 1 に「リピーター向け」、レベル 2 に「香港下町巡りコース」と入力します。

【操作 3】 スライド 5 の SmartArt の「航空会社」の行と「ホテル」の行の順番を入れ替えます。

機能の解説

□ レベルの変更
□ [レベル下げ] ボタン
□ [レベル上げ] ボタン
□ 図形の順番の並べ替え
□ [下へ移動] ボタン
□ [上へ移動] ボタン
□ 図形の追加
□ 図形の削除
□ [図形の追加] ボタン

SmartArt の中でレベルや順番を後から変更することができます。レベルを変更するには、レベルを変更する図形を選択して [SmartArt のデザイン] タブの →レベル下げ [レベル下げ] ボタンまたは ←レベル上げ [レベル上げ] ボタンをクリックします。テキストウィンドウでレベルを変更する箇所にカーソルを移動して **Tab** キーを押してレベル下げ、**Shift** + **Tab** キーを押してレベル上げすることもできます。SmartArt 内の図形の順番を並べ替えるには、並べ替える図形を選択して [SmartArt のデザイン] タブの ↓下へ移動 [下へ移動] ボタンまたは ↑上へ移動 [上へ移動] ボタンを使用します。

また、SmartArt の図形は、情報の量に応じて追加や削除を行うことができます。図形を増減するとレイアウトや文字サイズは自動調整されます。図形を追加するには、SmartArt の新しい図形を挿入したい前または後ろの図形を選択し、[SmartArt のデザイン] タブの ⬚図形の追加 ⌄ [図形の追加] ボタンの▼をクリックして追加する位置を選択します。SmartArt の図形を削除するには、削除する図形の枠線をクリックして **Delete** キーを押します。テキストウィンドウで行を削除することで図形を削除することもできます。

【操作 1】

❶ サムネイルのスライド 6 をクリックします。

❷ スライド 6 の SmartArt の「地元グルメ満喫コース」と入力されている図形を選択します。

❸ [SmartArt のデザイン] タブの [→ レベル下げ] [レベル下げ] ボタンをクリックします。

ポイント

SmartArt 内の図形の選択

SmartArt 内の個々の図形を選択するには、マウスポインターの形状が ⊹ の状態で図形をクリックします。選択された図形の周囲にはサイズ変更ハンドルが表示されます。SmartArt 全体を選択するには、SmartArt 枠内の図形が配置されていない部分をクリックするか SmartArt の枠線上をクリックします。

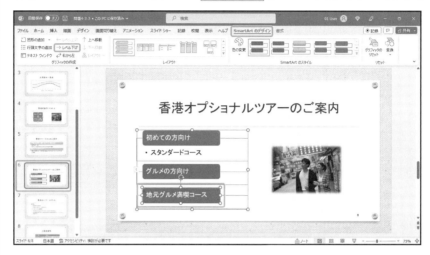

❹ 選択している図形のレベルが変更されます。

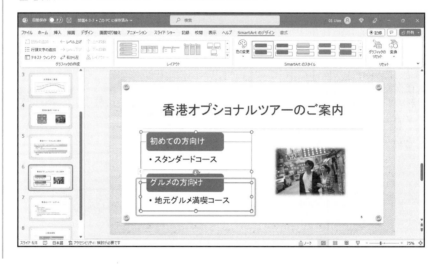

❺「グルメの方向け」と入力されている図形をクリックします。

❻[SmartArt のデザイン] タブの ⬚図形の追加 ∨ [図形の追加] ボタンの▼をクリックし、[前に図形を追加]をクリックします。

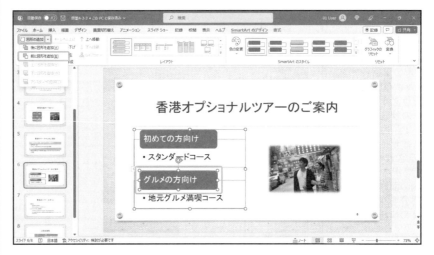

❼ SmartArt に図形が追加されます。

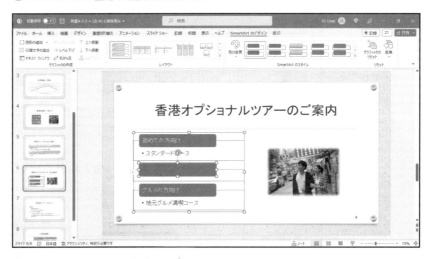

❽ SmartArt の左辺の中央の [ ] をクリックします。

❾ テキストウィンドウが表示されます。

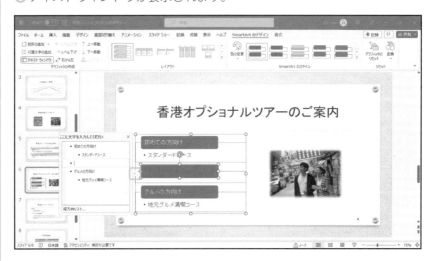

⑩ 3 行目にカーソルがあることを確認し、「リピーター向け」と入力し、**Enter** キーを押します。

⑪ 4 行目にカーソルがあることを確認し、→ レベル下げ ［レベル下げ］ボタンをクリックします。

その他の操作方法

レベル下げ

テキストウィンドウでレベル下げする段落にカーソルを移動して **Tab** キーを押します。

⑫ 選択している図形のレベルが変更されたことを確認し、「香港下町巡りコース」と入力します。

⑬ テキストウィンドウの ☓ ［閉じる］ボタンをクリックします。

ヒント

SmartArt のサイズ

SmartArt のサイズを変更するには、SmartArt の外枠のサイズ変更ハンドルをドラッグします。数値で指定する場合は、［書式］タブの ［サイズ］ボタンをクリックして ［高さ］ボックスや ［幅］ボックスで設定します。

［サイズ］ボタン

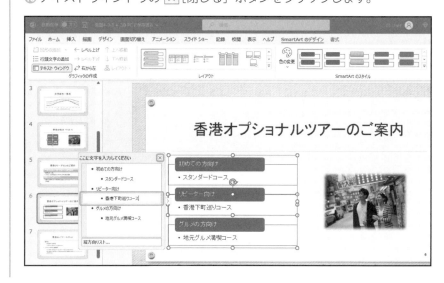

第**4**章 表、グラフ、SmartArt、3Dモデル、メディアの挿入

【操作 3】

⑭ スライド 5 の SmartArt の「航空会社→ 3 社」の段落内をクリックします。

⑮ [SmartArt のデザイン] タブの [↓ 下へ移動] [下へ移動] ボタンをクリックします。

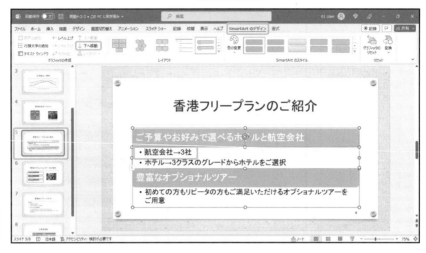

⑯ SmartArt 内の箇条書きが並べ替わります。

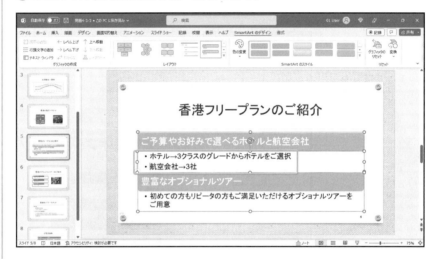

⭐**ヒント**

向きの変更

SmartArt の向きを変更するには、[SmartArt のデザイン] タブの [⇄ 右から左] [右から左] ボタンをクリックします。元の方向に戻すには [右から左] ボタンを再度クリックします。SmartArt のレイアウトによっては向きを変更できない場合もあります。

4-4 3D モデルを挿入する、変更する

スライドに 3D モデルを挿入して回転させたり左右や上下に傾けて角度を変えたりするなど、ダイナミックな編集をすることができます。また、図と同じように配置やサイズを変更することも可能です。

4-4-1 3D モデルを挿入する

練習問題

問題フォルダー
└問題 4-4-1.pptx

PowerPoint365
（実習用）フォルダー
└dog.fbx

解答フォルダー
└解答 4-4-1.pptx

【操作 1】 スライド 4 に［PowerPoint365（実習用）］フォルダーに保存されている 3D モデルのファイル「dog」を挿入します。

【操作 2】 挿入した 3D モデルのビューを「右上前面」にします。

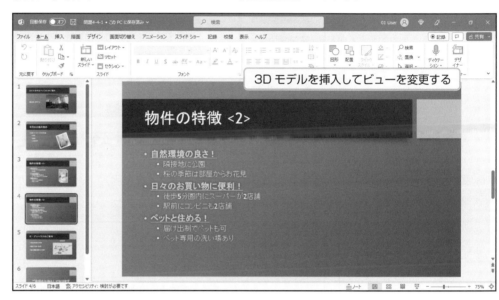

機能の解説

□ 3D モデル
□ ［3D モデル］ボタン
□ ［3D モデルビュー］

3D モデルとは、3 次元をベースにして作成された立体のモデルです。3D モデルを挿入するには、［挿入］タブの 3D モデル ∨ ［3D モデル］ボタンの▼をクリックし、［このデバイス］をクリックして表示される［3D の挿入］ダイアログボックスでファイルを指定します。3D モデルのファイルを挿入後に表示される［3D モデル］タブの［3D モデルビュー］を使用して上下左右、側面、背面などのモデルのビューに変更することができます。3D モデルの選択時に中央に表示される ⊕ 内でドラッグすると、自由な向きや角度に 360 度回転させることが可能です。

[3D モデル] タブの [3D モデルビュー]

［その他］（または［ビュー］）ボタンをクリックすると、さまざまな角度と方向の組み合わせを選択できる

【操作 1】

❶ サムネイルのスライド 4 をクリックします。

❷ [挿入] タブの 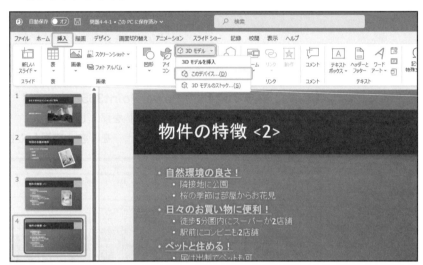 [3D モデル] ボタンの▼をクリックし、[このデバイス]
をクリックします。

❸ [3D モデルの挿入] ダイアログボックスが表示されます。

❹ 左側の一覧から [ドキュメント] をクリックします。

❺ 一覧から [PowerPoint365（実習用）] をダブルクリックします。

❻ 「dog」をクリックして [挿入] をクリックします。

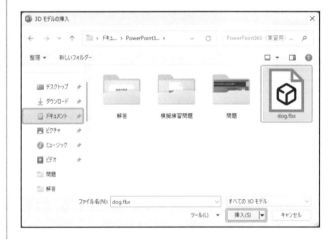

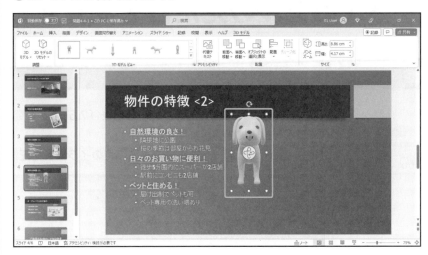

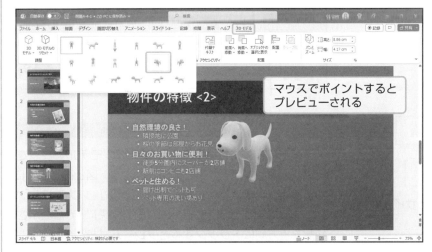

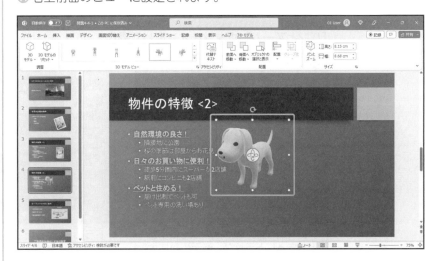

ヒント

3D モデルの削除

3D モデルを削除するには、3D モデルをクリックして **Delete** キーを押します。

ヒント

プレースホルダーの［3D モデル］アイコン

プレースホルダーの［3D モデル］アイコンをクリックすると［オンライン 3D モデル］ウィンドウが表示されます。

その他の操作方法

3D モデルビュー

3D モデルを右クリックして［ビュー］ボタンをクリックします。

ヒント

3D モデルのリセット

3D モデルのビューを挿入した状態に戻すには、［3D モデル］タブの［3D モデルのリセット］ボタンの上部分をクリックします。下部分をクリックすると［3D モデルのリセット］と［3D モデルとサイズのリセット］が表示されます。

［3D モデルのリセット］ボタン

❼ 3D モデルが挿入されます。

【操作 2】

❽ 3D モデルが選択されていることを確認します。

❾ ［3D モデル］タブの［3D モデルビュー］の ▽ ［その他］（または［ビュー］）ボタンをクリックします。

❿ ［右上前面］をクリックします。

⓫ 右上前面のビューに設定されます。

練習問題

問題フォルダー
└ 問題 4-4-2.pptx

解答フォルダー
└ 解答 4-4-2.pptx

【操作 1】 スライド 3 の 3D モデルの幅を「7.5cm」に変更し、スライドの右側の任意の位置に移動します。

【操作 2】 パンとズーム機能を使って、犬のイラストを任意のサイズに縮小します。

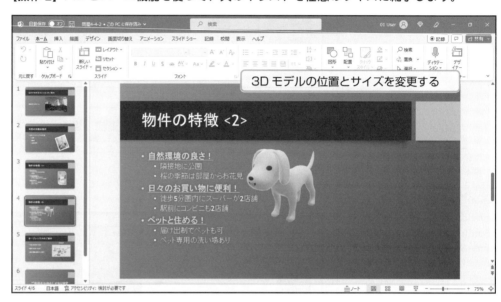

機能の解説

□ 3D モデルのサイズの変更
□ 3D モデルの配置の変更
□ [パンとズーム] ボタン

スライドに挿入した 3D モデルは、[3D モデル] タブを使って図と同じようにサイズの変更や配置や整列をすることができます。図と同じように 3D モデルをドラッグして移動することも可能です。また、[3D モデル] タブの [パンとズーム] ボタンをクリックしてオンにすると 3D モデルの右側の中央に が表示され、マウスポインターが の状態で上方向にドラッグするとフレーム（枠）のサイズはそのままでモデルが拡大、下方向にドラッグすると縮小されます。また、フレーム内でモデルを任意の位置に移動することもできます。再度ボタンをクリックするとオフになります。

[パンとズーム] ボタンをオンにして操作

フレーム（枠）のサイズはそのまま
上方向▲にドラッグ：モデルが拡大
下方向▼にドラッグ：モデルが縮小

ドラッグするとフレーム（枠）内
でモデルのサイズはそのまま上下
左右に移動

操作手順

ポイント

3D モデルのサイズ変更

3D モデルは既定では、図と同様に縦横比が固定されています。高さと幅を個別に指定する場合は、[3D モデル] タブの [配置とサイズ] をクリックして表示される [3D モデルの書式設定] 作業ウィンドウで [縦横比を固定する] チェックボックスをオフにします。パンとズームの操作を行うと、自動的にオフになります。

【操作 1】

❶ サムネイルのスライド 4 の 3D モデルをクリックします。

❷ [3D モデル] タブの [3D モデルビュー] の [幅 7.5 cm] [幅] ボックスに「7.5cm」と指定します。

❸ 3D モデルのサイズが変更されます。

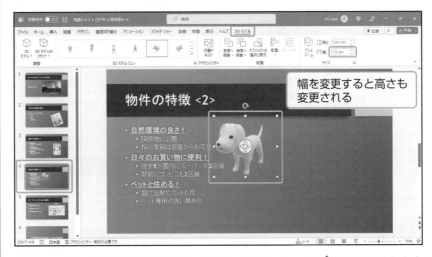

> 幅を変更すると高さも変更される

❹ 3D モデルの枠線をポイントし、マウスポインターが ↕ の状態で右方向の任意の位置にドラッグして移動します。

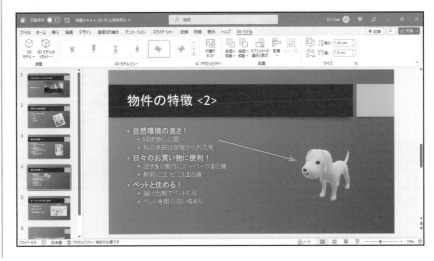

4-4　3D モデルを挿入する、変更する　**229**

【操作2】

⑤ 3D モデルが選択されていることを確認します。

⑥ [3D モデル] タブの [パンとズーム] ボタンをクリックします。

⑦ パンとズーム機能がオンになり、3D モデルの右側中央に ⊕ が表示されます。

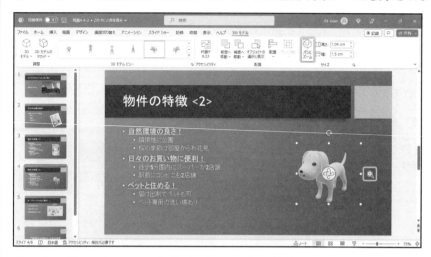

⑧ マウスポインターで ⊕ をポイントして ↕ の状態で下方向にドラッグします。

⑨ 3D モデルが縮小されます。

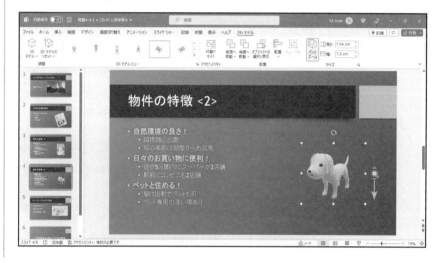

その他の操作方法

パンとズーム

3D モデルを右クリックして [パンとズーム] をクリックします。

ヒント

[3D モデルの書式設定] 作業ウィンドウ

3D モデル内で右クリックして [3D モデルの書式設定] をクリックして表示される [3D モデルの書式設定] 作業ウィンドウでは、3D モデルの角度や方向などを数値で指定するなどの詳細設定ができます。

4-5 メディアを挿入する、管理する

スライドにビデオやサウンドなどのメディアを挿入して、プレゼンテーションの印象を強めることができます。開始時間や終了時間を編集して適切な長さに調整することや、再生のオプションを設定することもできます。

4-5-1 ビデオやサウンドを挿入する

練習問題

問題フォルダー
└問題 4-5-1.pptx
PowerPoint365
（実習用）フォルダー
└ゆりかもめ .mp4
└BGM.mp3
解答フォルダー
└解答 4-5-1.pptx

【操作 1】スライド 4 に「PowerPoint365（実習用）」フォルダーに保存されているビデオ「ゆりかもめ」を挿入します。

【操作 2】ビデオのサイズを幅「18.5cm」に変更し、「対角を切り取った四角形、白」のビデオのスタイルを適用します。

【操作 3】スライド 5 に「PowerPoint365（実習用）」フォルダーに保存されているサウンド「BGM」を挿入し、スライドの右上に移動します。

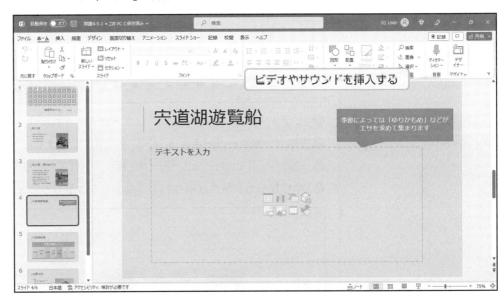

機能の解説

重要用語

□ ビデオやサウンドの挿入
□ ［ビデオの挿入］アイコン
□ ［ビデオ］ボタン
□ ［ビデオ形式］タブ
□ ビデオの書式設定
□ ビデオのウィンドウサイズの変更
□ ［オーディオ］ボタン

プレゼンテーションに直接ビデオやサウンドを挿入することができます。ビデオをプレースホルダーに挿入する場合は、［ビデオの挿入］アイコンを使用します。任意の位置に挿入する場合は、［挿入］タブの［ビデオ］ボタンをクリックして［このデバイス］をクリックします。

スライドに挿入したビデオは、［ビデオ形式］タブを使って図と同じようにスタイルなどの書式の設定や配置の変更、ウィンドウサイズの変更ができます。

［ビデオ形式］タブの各ボタン

サウンドを挿入するには、[挿入] タブの 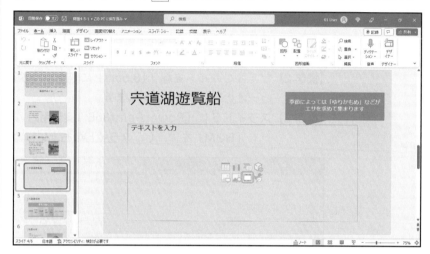[オーディオ] ボタンをクリックして [この
コンピューター上のオーディオ] をクリックします。サウンドファイルを挿入するとスラ
イド中央に が表示され、ドラッグすると移動できます。

操作手順

【操作 1】

❶ サムネイルのスライド 4 をクリックします。

❷ プレースホルダー内の [ビデオの挿入] アイコンをクリックします。

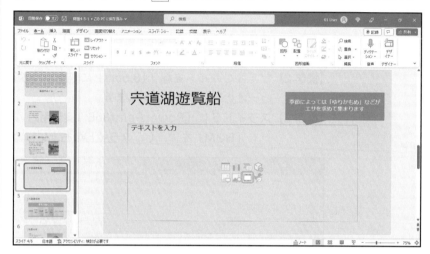

❸ [ビデオの挿入] ダイアログボックスが表示されます。

❹ 左側の一覧から [ドキュメント] をクリックします。

❺ 一覧から [PowerPoint365（実習用）] をダブルクリックします。

❻ 「ゆりかもめ」 をクリックして [挿入] をクリックします。

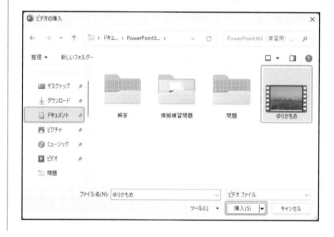

ヒント

ビデオのプレビュー

[ビデオ形式] タブまたは [再生] タブの [再生] ボタンをクリックすると、標準表示でビデオを再生できます。ビデオの下にあるビデオコントロールのボタンを使うこともできます。

[再生] ボタン

⑦ プレースホルダーにビデオが挿入されます。

ポイント

縦横比

ビデオのウィンドウサイズは既定では縦横比が固定されているので、高さを変更すると同じ比率で幅も変更されます。

ヒント

ビデオのウィンドウサイズの変更

ビデオを任意のウィンドウサイズに変更するには、ビデオを選択して四隅のサイズ変更ハンドルをマウスでドラッグします。また、[ビデオ形式] タブの [サイズ] の [配置とサイズ] ボタンをクリックして表示される [ビデオの設定] 作業ウィンドウの [サイズとプロパティ] の [サイズ] では、ビデオのサイズを比率で指定することもできます。

その他の操作方法

ビデオのスタイル

ビデオを右クリックしてミニツールバーの [スタイル] ボタンを使用します。

【操作 2】

⑧ ビデオが選択されていることを確認します。

⑨ [ビデオ形式] タブの 幅: 7.5 cm [幅] ボックスに「18.5cm」と指定します。

⑩ ビデオのウィンドウサイズが変更されます。

⑪ [ビデオ形式] タブの ▽ [その他] (または [ビデオスタイル]) ボタンをクリックします。

⑫ [標準的] の [対角を切り取った四角形、白] をクリックします。

⑬ ビデオにスタイルが適用されます。

【操作 3】

⑭ サムネイルのスライド 5 をクリックします。

⑮ [挿入] タブの [オーディオ] ボタンをクリックします。

⑯ [このコンピューター上のオーディオ] をクリックします。

ヒント

オーディオの録音

[挿入] タブの [オーディオ] ボタンをクリックして表示される [オーディオの録音] を使用すると、PowerPoint 上で音声を録音することができます。

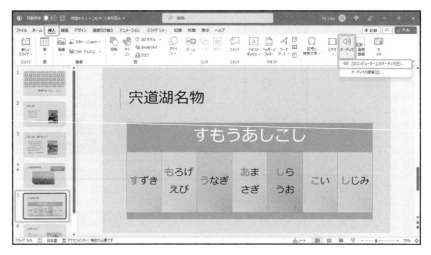

⑰ [オーディオの挿入] ダイアログボックスが表示されます。

⑱ 左側の一覧から [ドキュメント] をクリックします。

⑲ 一覧から [PowerPoint365 (実習用)] をダブルクリックします。

⑳ 「BGM」をクリックして [挿入] をクリックします。

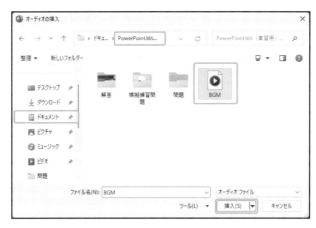

㉑ スライドにサウンドが挿入されます。

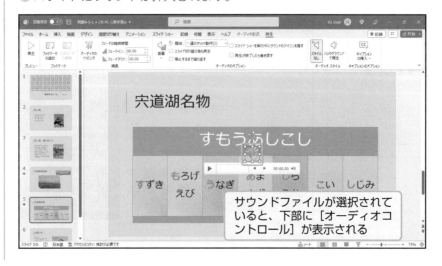

サウンドファイルが選択されていると、下部に [オーディオコントロール] が表示される

㉒ サウンドファイルをスライドの右上にドラッグして移動します。

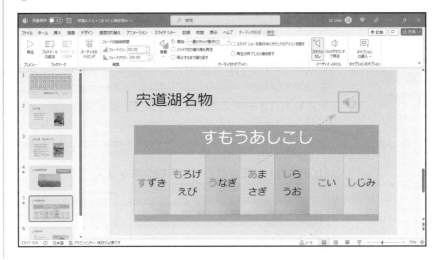

4-5-2 メディアの再生オプションを設定する

練習問題

問題フォルダー
└問題 4-5-2.pptx

解答フォルダー
└解答 4-5-2.pptx

【操作 1】 スライド 4 のビデオの開始時間を「1 秒」、終了時間を「8 秒」に設定します。

【操作 2】 スライドショー実行時にスライド 4 が表示されたらビデオが自動再生するようにします。

【操作 3】 スライド 5 のサウンドのアイコンがスライドショー実行中は非表示になるようにします。

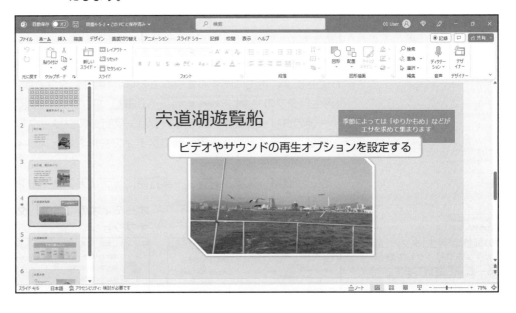

- ☐ メディアの開始時間
- ☐ メディアの終了時間
- ☐ [再生] タブ
- ☐ [ビデオのトリミング] ボタン
- ☐ [ビデオのトリミング] ダイアログボックス
- ☐ [オーディオのトリミング] ボタン
- ☐ [オーディオのトリミング] ダイアログボックス
- ☐ 再生のオプション
- ☐ [開始] ボックス

ビデオやサウンドの開始時間と終了時間を変更して再生時間を編集することができます。ビデオの再生時間の編集は、[再生] タブの 🔲 [ビデオのトリミング] ボタンをクリックして表示される [ビデオのトリミング] ダイアログボックスを使用します。サウンドの再生時間の編集は、[再生] タブの 🔊 [オーディオのトリミング] ボタンをクリックして表示される [オーディオのトリミング] ダイアログボックスを使用します。[再生] タブの [フェードイン] ボックスや [フェードアウト] ボックスに時間（秒）を指定すると、ビデオやオーディオにフェード効果を使用することができます。

[ビデオのトリミング] ダイアログボックス

- 開始時間や終了時間を変更すると、継続時間が変更される
- 緑のバーをドラッグすると開始時間、赤いバーをドラッグすると終了時間をトリミングできる
- ◀ ▶ ボタンをクリックするとコマ単位でトリミングできる
- [開始時間] ボックスと [終了時間] ボックスの単位は「分：秒.ミリ秒」

[オーディオのトリミング] ダイアログボックス

また、スライドショー実行時のメディアの再生に関する詳細なオプション設定を行うことができます。再生に関するオプションは、[再生] タブで設定します。

[再生] タブの 開始: 一連のクリック動作(I) [開始] ボックスで選択できる内容は次のとおりです。

・一連のクリック操作：スライドショー実行時にクリックして再生
・自動：スライドショー実行時にメディアを挿入したスライドが表示されたときに自動的に再生
・クリック時：スライドショー実行時にメディアファイルをクリックして再生

ビデオの [再生] タブのオプション

オーディオの [再生] タブのオプション

音量の調整は [再生] タブの [音量] ボタンをクリックで表示される一覧から選択します。

[音量] ボタン

操作手順

【操作1】

❶ サムネイルのスライド4のビデオをクリックします。

❷ [再生] タブの [ビデオのトリミング] ボタンをクリックします。

❸ [ビデオのトリミング] ダイアログボックスが表示されます。

❹ [開始時間] ボックスに「1」、[終了時間] ボックスに「8」と入力します。

❺ 開始時間を示す緑のバーと終了時間を示す赤のバーが移動したことを確認し、[OK]
をクリックします。

緑のバーと赤のバーが移動し、
終了時間が表示される

❻ 再生時間が編集されます。

その他の操作方法

[ビデオのトリミング] ダイアログボックスの表示

ビデオを右クリックしてミニツールバーの [トリム] ボタンをクリックします。

ポイント

数値の指定

[開始時間] ボックスに「1」と入力し、[終了時間] ボックスにカーソルを移動するか **Tab** キーを押すと「00:01」と表示されます。

【操作 2】

⑦ スライド 4 のビデオが選択されていることを確認します。

⑧ [再生] タブの ▶ 開始: 一連のクリック動作(I) ▼ [開始] ボックスをクリックします。

⑨ [自動] をクリックします。

⑩ ビデオのオプションが変更されます。

【操作 3】

⑪ スライド 5 のサウンドファイルを選択します。

⑫ [再生] タブの [スライドショーを実行中にサウンドのアイコンを隠す] チェックボックスをオンにします。

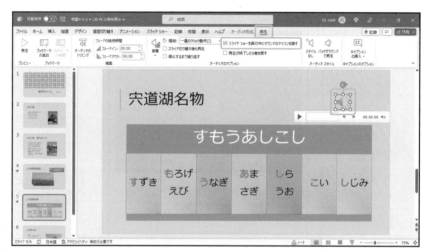

※設定を確認する場合はスライドショーを実行します。

その他の操作方法

[開始] ボックスの設定

ビデオを右クリックしてミニツールバーの [開始] ボタンをクリックして選択します。

ヒント

バックグラウンドで再生

[再生] タブの [バックグラウンドで再生] ボタンをクリックすると、[開始] ボックスが [自動]、[スライド切り替え後も再生]、[停止するまで繰り返す]、[スライドショーを実行中にサウンドのアイコンを隠す] の各チェックボックスがオンになります。

[バックグラウンドで再生] ボタン

ヒント

サウンドのオプションのリセット

[再生] タブの [スタイルなし] ボタンをクリックすると、サウンドに設定されたオプションがまとめてリセットされます。

[スタイルなし] ボタン

機能の解説

重要用語

□ 画面録画
□ [画面録画] ボタン

[挿入] タブの [画面録画] ボタンを使用すると、PowerPoint 上で直接画面を録画して取り込むことができます。

Excel の操作方法を PowerPoint 上で録画

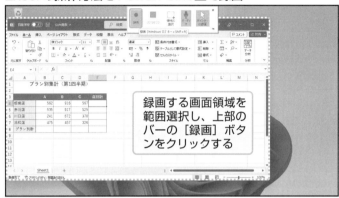

録画する画面領域を範囲選択し、上部のバーの [録画] ボタンをクリックする

録画するときに表示されるバー

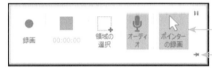

音声やマウスポインターを含めるかどうかを選択できる

録画中もバーを画面上に常に表示するときはピンをクリックする

記録中はバーが非表示になりますが、画面上部にマウスポインターを合わせると表示されます。録画中の場合、その操作も記録されるので、終了時はショートカットキー（**Windows**＋**Shift**＋**Q** キー）を使用したほうがよいでしょう。

Windows＋**Shift**＋**Q** キーを押して録画を終了すると、録画した画面がスライドに挿入される

挿入した録画画面は、通常のビデオファイルと同じように編集することができます。録画内容を別ファイルで保存するには、録画した画面を右クリックして [メディアに名前を付けて保存] をクリックします。

Chapter

5

画面切り替えや
アニメーションの適用

本 章 で 学 習 す る 項 目

☐ 画面切り替えを設定する

☐ スライドのコンテンツにアニメーショ
ンを設定する

5-1 画面切り替えを設定する

画面切り替え効果を設定すると、スライドショーで各スライドを切り替えるときに効果的な動きを付けることができます。また、画面切り替えが実行されるタイミングや速度などを調整して、スライドショーを自動的に実行することやプレゼンテーションの内容やスピードに合わせることができます。

5-1-1 画面切り替え効果とタイミングを設定する

練習問題

問題フォルダー
└問題 5-1-1.pptx

解答フォルダー
└解答 5-1-1.pptx

すべてのスライドに画面切り替え効果「ピールオフ」を設定し、10秒後に自動的に切り替わるようにします。また、クリック時には切り替わらないようにします。

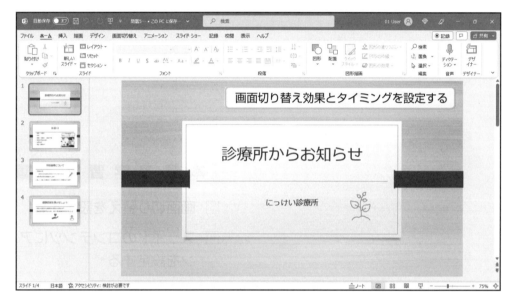

機能の解説

　**重要用語**

- ☐ 画面切り替え効果
- ☐ [画面切り替え] タブ
- ☐ [すべてに適用] ボタン
- ☐ 画面切り替えのタイミング
- ☐ クリック時
- ☐ 自動的に切り替え

画面切り替え効果とは、スライドショーでスライドが切り替わるときに動きやサウンドを付ける特殊効果のことです。画面切り替え効果を設定するには、設定対象の1枚または複数のスライドを選択して、[画面切り替え] タブの [画面切り替え] の一覧から設定する効果を選択します。画面切り替え効果をクリックすると、選択した効果が再生されます。すべてのスライドに同じ画面切り替え効果を設定するには、1枚のスライドに設定した後に [画面切り替え] タブの 🔁 すべてに適用 [すべてに適用] ボタンをクリックします。
画面切り替えのタイミングは、既定ではスライドショー実行時のマウスのクリック時（手動）に設定されていますが、指定時間が経過すると自動的に切り替わるように変更できます。画面切り替えのタイミングを設定するには、[画面切り替え] タブの [画面切り替えのタイミング] の ☐自動 00:00.00 ⌄ [自動] ボックスで時間を指定します。時間を指定すると [自動] チェックボックスがオンになります。[自動] ボックスの設定時間の単位は「分：秒．ミリ秒」です。[自動] ボックスに「10」と入力して確定すると「00:10.00」（10秒）になります。[クリック時] チェックボックスと [自動] チェックボックスが両方オンの場合は、クリック時または指定時間の経過のいずれかの早いタイミングで画面が切り替わります。

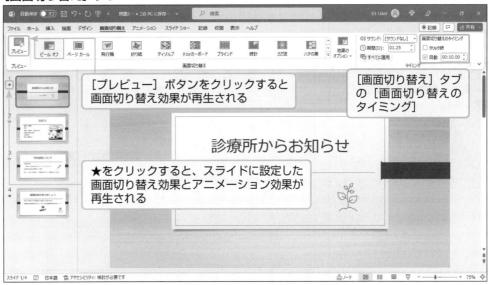

操作手順

❶ [画面切り替え] タブの ⌄ [その他]（または [切り替え効果]）ボタンをクリックします。

❷ [はなやか] の [ピールオフ] をクリックします。

❸ 選択したスライドに画面切り替え効果の「ピールオフ」が設定され、再生されます。

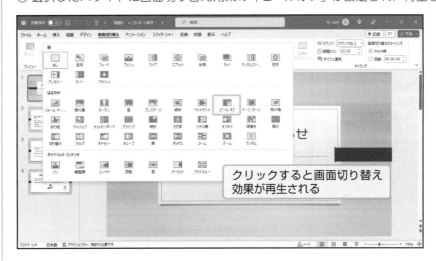

画面切り替え効果のサウンド

画面切り替え効果にサウンド（効果音）を設定するには、[画面切り替え] タブの [サウンド] ボックスをクリックして表示される一覧から目的のサウンドを選択します。

④ [画面切り替え] タブの [画面切り替えのタイミング] の □自動 00:00.00 [自動] ボックスをクリックし、「10」と入力します。

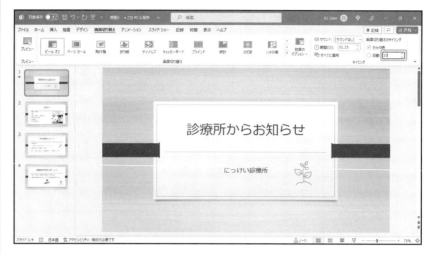

⑤ **Enter** キーを押して確定します。

⑥ [自動] チェックボックスがオンになったことを確認します。

⑦ [画面切り替えのタイミング] の [クリック時] チェックボックスをオフにします。

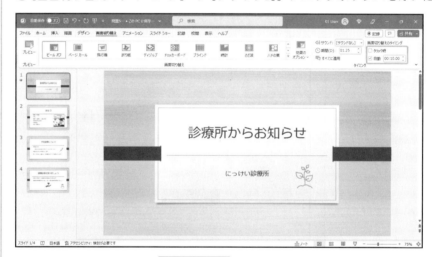

⑧ [画面切り替え] タブの すべてに適用 [すべてに適用] ボタンをクリックします。

すべてに適用

[画面切り替え] タブの [すべてに適用] ボタンをクリックすると、選択しているスライドの画面切り替え効果の動きやタイミングなどの設定内容がすべてのスライドに適用されます。一部を除く複数のスライドに適用したい場合は、**Ctrl** キーを押しながら適用するスライドを選択して設定します。

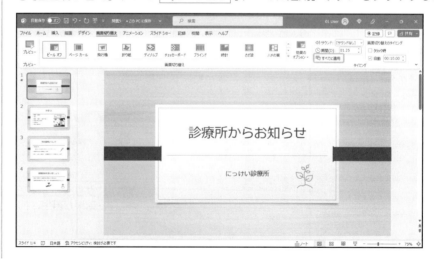

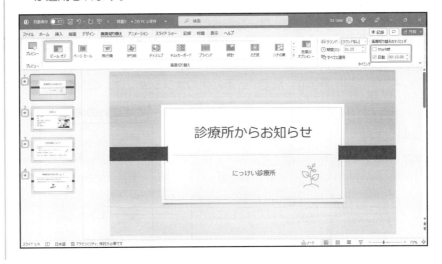

⑨ すべてのスライドに画面切り替え効果「ピールオフ」と自動切り替えのタイミング
が適用されます。

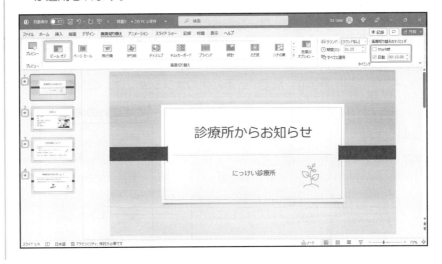

★ヒント

アニメーションの時間との関係

スライド上のアニメーション効果に設定した時間が画面切り替えのタイミングの時間よりも長い場合は、アニメーション効果に設定した時間が優先されます。

5-1-2 画面切り替えの効果の オプションと継続時間を変更する

練習問題

問題フォルダー
└問題 5-1-2.pptx

解答フォルダー
└解答 5-1-2.pptx

【操作 1】 スライド 5 の画面切り替え効果を「さざ波」、オプションを「左上から」に変更します。

【操作 2】 スライド 2 から 4 に設定されている画面切り替え効果のオプションを「ワイプイン (縦)」、継続時間を「3 秒」に変更します。

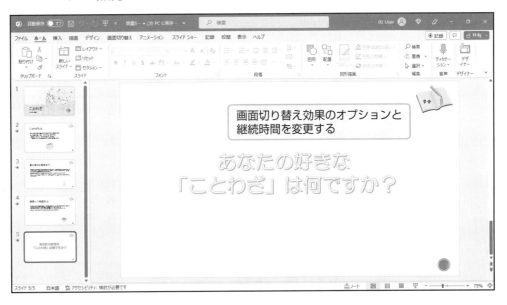

☐ 複数の画面切り替え効果
　の管理
☐ [効果のオプション] ボ
　タン
☐ 画面切り替えの継続時間
☐ [期間] ボックス

特定のスライドに異なる画面切り替え効果を設定し、1 つのプレゼンテーション内で複数の画面切り替え効果を管理することができます。また、設定した画面切り替え効果は、[画面切り替え] タブの [効果のオプション] ボタンで方向や形などを変更することができます。[効果のオプション] ボタンには、選択した画面切り替え効果のアイコンが表示されます。設定できる効果のオプションは、画面切り替えの種類によって異なります。

[スプリット] のオプション　　　　[さざ波] のオプション

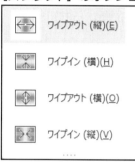

画面切り替えの継続時間とは、次のスライドに切り替わるまでの時間（速度）のことです。継続時間を長くすると、画面切り替えがゆっくり行われます。画面切り替えの継続時間を設定するには、[画面切り替え] タブの 期間(D): 01.25 [期間] ボックスで秒数を指定します。[期間] ボックスの設定時間の単位は「秒 . ミリ秒」です。ボックスに「3」と入力して確定すると「03.00」（3 秒）になります。各画面切り替え効果にあらかじめ設定されている継続時間は、効果によって異なります。

操作手順

【操作 1】
❶ サムネイルのスライド 5 をクリックします。
❷ [画面切り替え] タブの ▽ [その他]（または [切り替え効果]）ボタンをクリックします。
❸ [はなやか] の [さざ波] をクリックします。

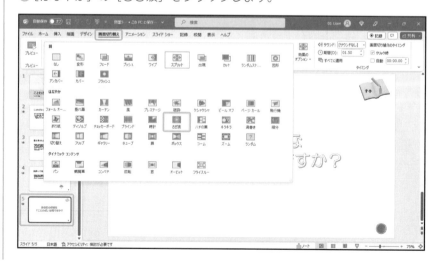

④ スライド 5 に画面切り替え効果の「さざ波」が適用され、再生されます。

⑤ [画面切り替え] タブの 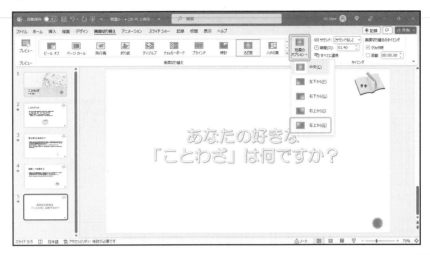[効果のオプション] ボタンをクリックします。

⑥ [左上から] をクリックします。

⑦ スライド 5 の画面切り替え効果「さざ波」に「左上から」のオプションが適用され、再生されます。

【操作 2】

⑧ スライド 2 をクリックし、**Shift** キーを押しながらスライド 4 をクリックします。

⑨ [画面切り替え] タブの [効果のオプション] ボタンをクリックします。

⑩ [ワイプイン (縦)] をクリックします。

⑪ スライド 2 から 4 の画面切り替え効果「スプリット」に「ワイプイン (縦)」のオプションが適用され、再生されます。

📝 ポイント

すべてに適用

効果のオプションを変更後に [画面切り替え] タブの すべてに適用 [すべてに適用] ボタンをクリックすると、選択しているスライドの画面切り替え効果が一緒に適用されます。

⑫ ［画面切り替え］タブの  ［期間］ボックスをクリックし、「3」と入力します。

⑬ **Enter** キーを押して確定します。

⑭ ［期間］ボックスに「03.00」と表示され、選択したスライドの画面切り替え効果の継続時間が「3秒」に設定されます。

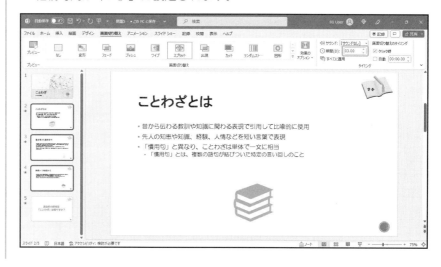

基本的な 3D 画面切り替えを適用する

練習問題

問題フォルダー
└ 問題 5-1-3.pptx

解答フォルダー
└ 解答 5-1-3.pptx

【操作 1】 スライド 4 を複製し、複製したスライド 5 の 3D モデルを任意の角度やサイズ
に変更します。

【操作 2】 スライド 4 に画面切り替え効果「変形」を設定します。

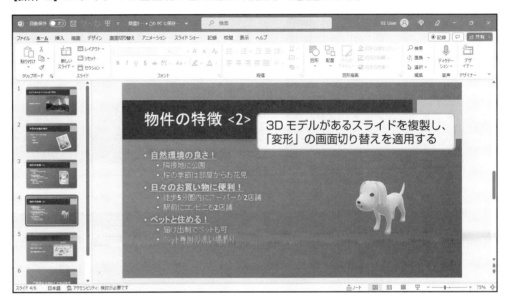

機能の解説

□ 「変形」画面切り替え効
果

「変形」画面切り替え効果を使用すると、テキスト、図などのさまざまなオブジェクトを
滑らかに動かして表示することができます。特に 3D モデルが挿入されたスライドで活用
すると効果的です。「変形」の画面切り替え効果を使用するには、2 枚のスライドに少な
くとも 1 つの共通のオブジェクトまたは文字列がある必要があります。簡単な方法は、
スライドを複製して 2 枚のスライド上にある共通のオブジェクトのサイズや位置を変更
します。その後、2 枚目のスライドに「変形」の画面切り替え効果を適用します。

3D モデルが挿入されたスライドに変形の画面切り替え効果を設定する手順

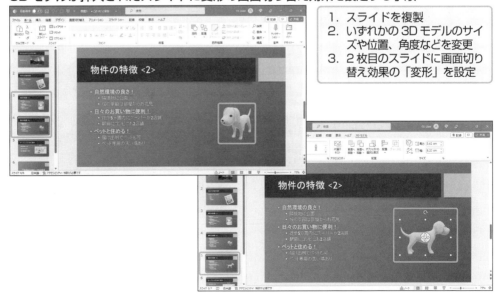

1. スライドを複製
2. いずれかの 3D モデルのサイ
   ズや位置、角度などを変更
3. 2 枚目のスライドに画面切り
   替え効果の「変形」を設定

操作手順

その他の操作方法

スライドの複製

[ホーム] タブの [コピー] ボタンの▼をクリックして [複製] をクリック、または [Ctrl] + [D] キーを押します。

【操作 1】

❶ サムネイルのスライド 4 をクリックし、[ホーム] タブの [新しいスライド] ボタンの▼をクリックして [選択したスライドの複製] をクリックします。

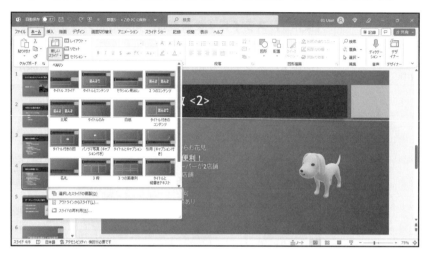

❷ スライド 4 が複製されます。

❸ スライド 5 の 3D モデルの位置やサイズを任意に変更します。

【操作2】

④ スライド5が選択されていることを確認し、[画面切り替え] タブの [変形] をクリックします。

⑤「変形」の画面切り替え効果がプレビュー表示され、適用されます。

ヒント

変形の効果のオプション
変形を設定後、[画面切り替え] タブの [効果のオプション] ボタンを使用すると、オブジェクトのほかに単語や文字に対して設定できます。

[効果のオプション] ボタン

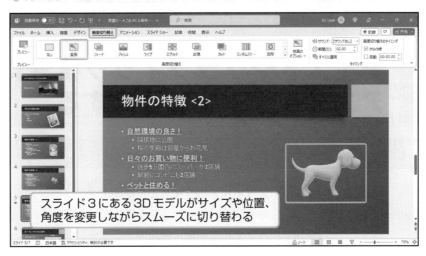

5-2 スライドのコンテンツにアニメーションを設定する

テキストやグラフィック要素にアニメーション効果を設定して動きを付けることで、スピーチの流れに合わせた印象的なプレゼンテーションにすることができます。アニメーション効果には、「開始」、「強調」、「終了」、「アニメーションの軌跡」の4種類があります。

5-2-1 テキストやグラフィック要素にアニメーションを設定する

練習問題

問題フォルダー
└問題 5-2-1.pptx

解答フォルダー
└解答 5-2-1.pptx

【操作 1】 スライド 2 のタイトルに開始のアニメーション「スプリット」、箇条書きに開始のアニメーション「ワイプ」を設定します。

【操作 2】 スライド 1 の図に開始のアニメーション「グローとターン」を設定します。

【操作 3】 スライド 4 の表に強調のアニメーション「拡大 / 収縮」を設定します。

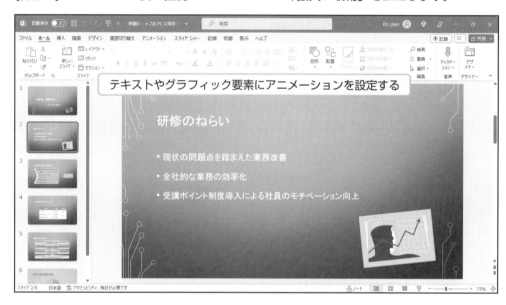

機能の解説

重要用語

☐ アニメーション
☐ 開始効果
☐ 強調効果
☐ 終了効果
☐ アニメーションの軌跡効果
☐ [効果の変更] ダイアログボックス

アニメーションは、スライドに挿入した文字列や画像、SmartArt、表などのオブジェクトに動きを付ける効果のことです。適切にアニメーションを設定することで、重要な箇所を強調することや、スピーチの流れに合った印象的なプレゼンテーションにすることができます。アニメーション効果は、使用目的によって開始、強調、終了、アニメーションの軌跡の4種類に分類されています。

アニメーションの種類	アイコンの色	使用目的
開始	緑	文字列やオブジェクトを表示する
強調	黄色	文字列やオブジェクトを強調して表示する
終了	赤	文字列やオブジェクトを非表示にする
アニメーションの軌跡		文字列やオブジェクトを軌跡に沿って移動させる

文字列にアニメーションを適用するには、設定するプレースホルダーを選択して［アニメーション］タブの［アニメーション］の一覧から適用するアニメーションを選択します。［その他の開始効果］や［その他の強調効果］などをクリックすると、対応する［効果の変更］ダイアログボックスが表示され、さらに多くの効果から選択して設定できます。図や図形、表、SmartArt などのオブジェクトにアニメーションを設定するには、設定対象を選択して［アニメーション］タブの［アニメーション］の一覧から設定するアニメーションを選択します。

アニメーションのギャラリー

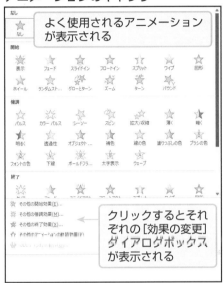

［開始効果の変更］ダイアログボックス

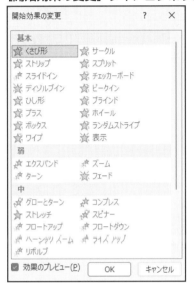

操作手順

【操作 1】

① サムネイルのスライド 2 をクリックします。

② スライド 2 のタイトルプレースホルダーを選択します。

③ ［アニメーション］タブの［アニメーション］の一覧から［スプリット］をクリックします。

★ヒント

アニメーションのプレビュー
［アニメーション］タブの［プレビュー］ボタンをクリックすると、適用したアニメーションの動きを確認できます。［プレビュー］ボタンの▼をクリックして［自動再生］をオフにすると、設定時に再生されなくなります。

［プレビュー］ボタン

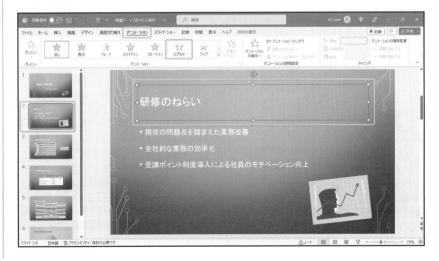

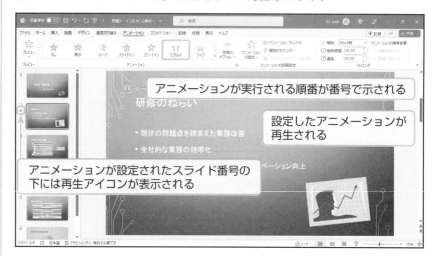

ポイント

アニメーション番号

[標準] モードで [アニメーション] タブを選択するか [アニメーションウィンドウ] を表示すると、スライド上に設定されているアニメーションの順番を示す番号が表示されます（アニメーションウィンドウについては「5-2-4 同じスライドにあるアニメーションの順序を並べ替える」を参照）。アニメーション番号がオレンジ色のものが選択されているアニメーションです。

ヒント

アニメーションの変更

適用されているアニメーション効果を変更するには、変更するアニメーション効果が設定されている文字列またはオブジェクトを選択し、[アニメーション] タブの [アニメーション] で目的のアニメーションを選択します。

ポイント

アニメーションの順序

アニメーション効果は各スライドで設定した順番に実行されます。後から順番を変更することも可能です（「5-2-4 同じスライドにあるアニメーションの順序を並べ替える」を参照）。

ポイント

箇条書きのアニメーション設定

箇条書きプレースホルダーを選択してアニメーションを設定すると、すべての箇条書きに適用されます。既定では第1レベルの段落単位で表示されますが、表示レベルは設定後に変更することができます（「5-2-2 アニメーションの効果とタイミングを設定する」を参照）。特定の箇条書きを範囲選択してアニメーションを設定すると、選択範囲のみアニメーションが適用されます。

④ タイトルに「スプリット」が適用され、再生されます。

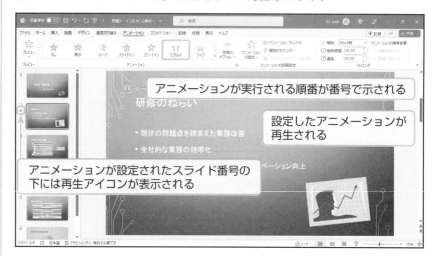

⑤ スライド2の箇条書きプレースホルダーを選択します。

⑥ [アニメーション] タブの [アニメーション] の一覧から [ワイプ] をクリックします。

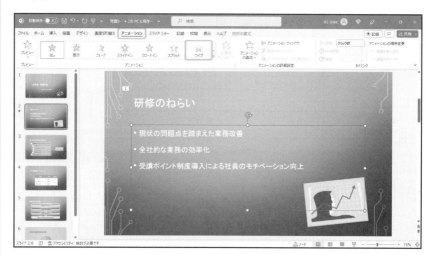

⑦ 箇条書きに「ワイプ」が適用され、再生されます。

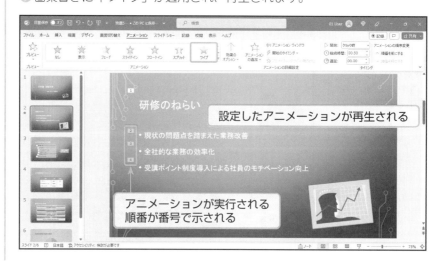

【操作2】

⑧ スライド1の図を選択します。

⑨ [アニメーション] タブの ⌄ [その他]（または [アニメーションスタイル]）ボタン
をクリックします。

⑩ [開始] の [グローとターン] をクリックします。

⑪ 図に「グローとターン」が適用され、再生されます。

ヒント

アニメーションの追加

同じオブジェクトにアニメー
ション効果を追加するには、
設定するオブジェクトまたは
アニメーション番号を選択し
て [アニメーション] タブの [ア
ニメーションの追加] ボタン
を使用します。

[アニメーションの追加] ボタン

【操作3】

⑫ スライド 4 の表を選択します。

⑬ [アニメーション] タブの ▽ [その他] (または [アニメーションスタイル]) ボタン
をクリックします。

⑭ [強調] の [拡大 / 収縮] をクリックします。

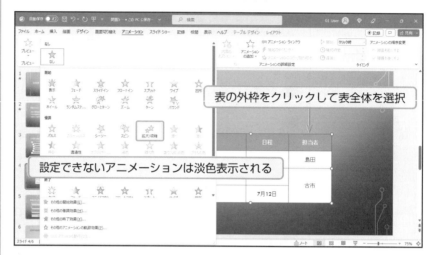

⑮ 表に「拡大 / 収縮」適用され、再生されます。

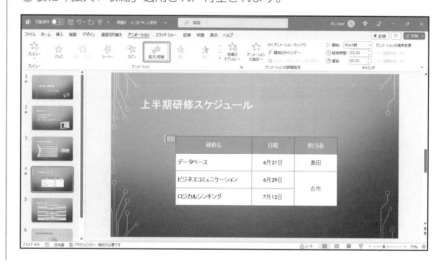

5-2-2 アニメーションの効果とタイミングを設定する

練習問題

問題フォルダー
└問題 5-2-2.pptx

解答フォルダー
└解答 5-2-2.pptx

【操作 1】 スライド 2 の箇条書きのアニメーションのオプションを「左から」、「すべて同時」に変更します。

【操作 2】 スライド 4 の SmartArt のアニメーションのオプションを「フロートダウン」、「個別」に変更します。

【操作 3】 スライド 5 の箇条書きのアニメーションのタイミングを「直前の動作の後」、継続時間を「2 秒」に設定します。

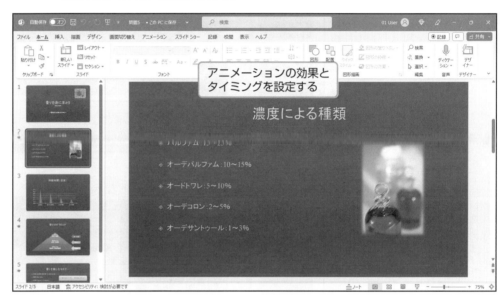

機能の解説

□ 重要用語

□ 効果のオプション

□ [効果のオプション] ボタン

□ アニメーションの方向の変更

□ アニメーションの表示レベルの変更

□ アニメーションのタイミング

□ クリック時

□ 直前の動作と同時

□ 直前の動作の後

□ 継続時間

□ 遅延

[アニメーション] タブの [効果のオプション] ボタンを使って、設定したアニメーションを表示する方向や表示レベルを変更することができます。[効果のオプション] ボタンには、各効果で設定できる [方向] や [色] などのオプションが表示されます。[連続]では箇条書きや SmartArt などの表示レベルを変更することができます。設定できるオプションの種類やボタンのアイコンは、対象のオブジェクトやアニメーションの種類によって異なります。

アニメーションを開始するタイミングや継続時間（速さ）、遅延（再生までの時間）は、[アニメーション] タブの [タイミング] の各ボックスで設定します。

▷ 開始: クリック時　 [開始]ボックスで設定するアニメーションのタイミングは、次の3種類です。

・クリック時：スライドをクリックしたときにアニメーションを開始する

・直前の動作と同時：直前のアニメーション（または画面切り替え）と同時にアニメーションを開始する

・直前の動作の後：直前のアニメーション（または画面切り替え）終了時にアニメーションを開始する

アニメーションの速さを変更するには、⏱ 継続時間: 00.50 [継続時間] ボックスで時間を指定します。🕐 遅延: 00.00 [遅延] ボックスで時間を変更すると、効果が開始される時間を遅らせることができます。[継続時間] ボックスと [遅延] ボックスの単位は「秒.ミリ秒」です。

第 5 章

画面切り替えやアニメーションの適用

【操作1】

❶ サムネイルのスライド2をクリックします。

❷ 箇条書きプレースホルダーを選択します。

❸ ［アニメーション］タブの［効果のオプション］ボタンをクリックします。

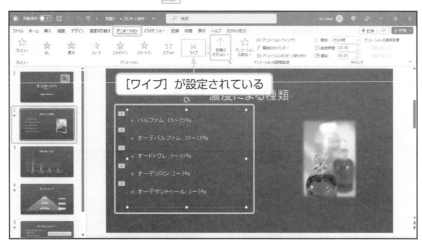

❹ ［方向］の［左から］をクリックします。

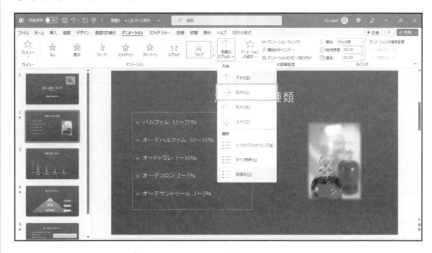

❺ 箇条書きに「ワイプ」の「左から」が適用され、再生されます。

❻ ［アニメーション］タブの［効果のオプション］ボタンをクリックします。

❼ ［連続］の［すべて同時］をクリックします。

ポイント

箇条書きの表示レベル

［1つのオブジェクトとして］は1つのオブジェクトとして再生されます。［すべて同時］は段落ごとにアニメーションが設定されて段落をすべて同時に再生します。［段落別］は段落ごとにアニメーションが設定されて順番に再生します。

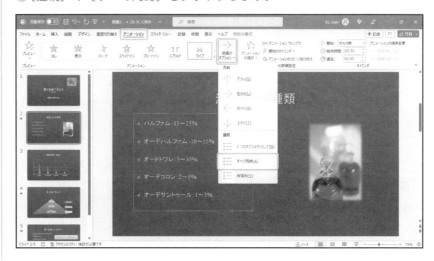

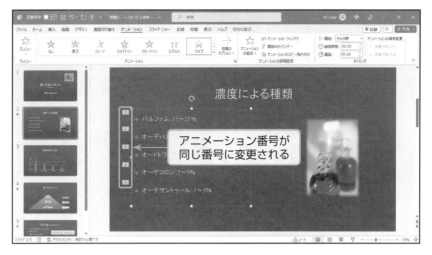

ヒント

各効果のダイアログボックス
より詳細な設定を行う場合は、[アニメーション]タブの[効果のその他のオプションを表示]をクリックして表示される各アニメーション効果のダイアログボックスを使用します。

⑧ 箇条書きの段落が「すべて同時」に表示されるように設定され、再生されます。

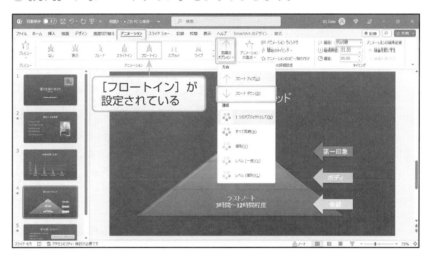

【操作2】

⑨ スライド4のSmartArtを選択します。

⑩ [アニメーション]タブの[効果のオプション]ボタンをクリックします。

⑪ [方向]の[フロートダウン]をクリックします。

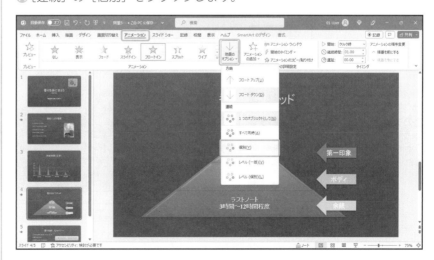

⑫ SmartArtに「フロートダウン」が適用され、再生されます。

⑬ [アニメーション]タブの[効果のオプション]ボタンをクリックします。

⑭ [連続]の[個別]をクリックします。

ポイント

SmartArtの表示レベル
[個別]はテキストウィンドウの表示順に1つずつ図形が再生されます。[レベル（一括）]は第1レベルの図形がまとめて再生され、次に第2レベルの図形がまとめて再生されます。[レベル（個別）]は第1レベルの図形がそれぞれ再生され、次に第2レベルの図形がそれぞれ再生されます。なお、表示レベルはSmartArtの種類によって異なります。

⑮ SmartArt が「個別」に表示されるように設定され、再生されます。

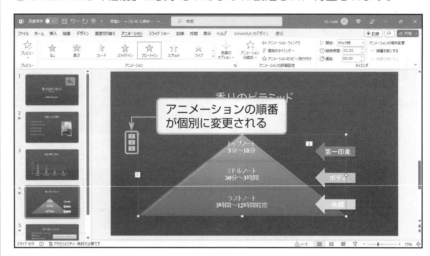

【操作3】

⑯ スライド5の箇条書きプレースホルダーを選択します。

⑰ [アニメーション] タブの ▷ 開始: クリック時 ∨ [開始] ボックスをクリックし、[直前の動作の後] をクリックします。

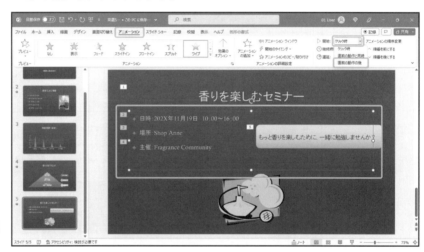

⑱ 箇条書きのアニメーションを開始するタイミングが変更されます。

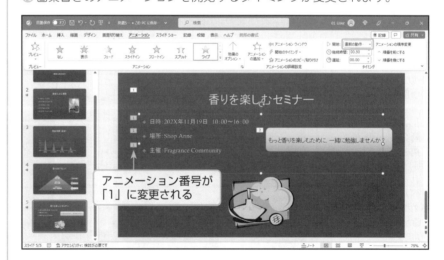

ヒント

設定の確認

開始のタイミングを確認するには、スライドショーを実行します。

ポイント

特定のアニメーションへの設定

オブジェクトに複数のアニメーション番号が表示されているときに特定のアニメーションだけタイミングや時間を変更する場合は、変更するアニメーションの番号を選択して操作します。

⑲ ［アニメーション］タブの 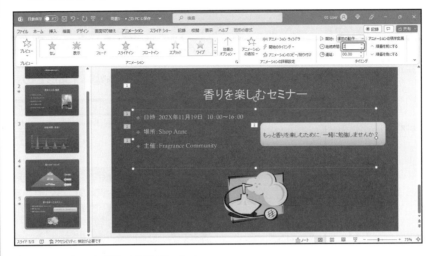 ［継続時間］ボックスをクリックし、「2」
と入力します。

⑳ **Enter** キーを押して確定します。

㉑ 箇条書きのアニメーションが 2 秒の速さで再生されるようになります。

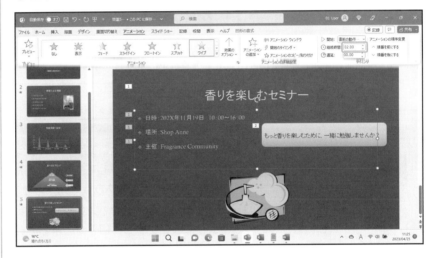

★ヒント

［開始のタイミング］ボタン
［アニメーション］タブの
開始のタイミング ［開始のタイミン
グ］ボタンは、同じスライド
にあるプレースホルダーや図
形をクリックした後にアニメー
ションを開始するといった特
別な開始条件を設定できます。

5-2-3　アニメーションの軌跡効果を適用する

練習問題

問題フォルダー
└問題 5-2-3.pptx

解答フォルダー
└解答 5-2-3.pptx

スライド 1 の図にアニメーションの軌跡効果「図形」の「正三角形」を適用します。

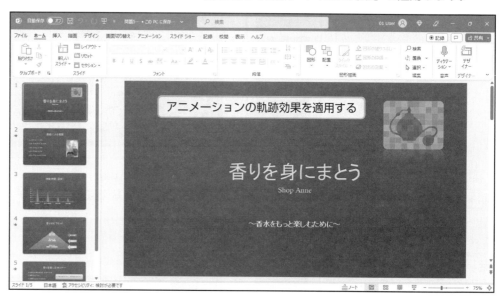

機能の解説

☐ アニメーションの軌跡効果
☐ [アニメーションの軌跡
　効果の変更] ダイアログ
　ボックス

アニメーションの軌跡効果を適用すると、文字列やオブジェクトが軌跡に沿って移動します。軌跡を編集するには、軌跡をクリックしてサイズ変更ハンドルや回転ハンドルをドラッグします。また、[アニメーション] タブの 〇効果の [効果のオプション] ボタンでは、アニメーションの軌跡の向きの変更やアニメーションの軌跡の詳細な編集、オブジェクトの移動時に軌跡が移動しないようにロックする、ロックの解除などを行うことができます。
[アニメーション] タブの ▽ [その他] (または [アニメーションスタイル]) ボタンをクリックして、[その他のアニメーションの軌跡効果] をクリックして表示される [アニメーションの軌跡効果の変更] ダイアログボックスでは、プレビューを確認しながらさまざまなアニメーションの軌跡効果を設定することができます。

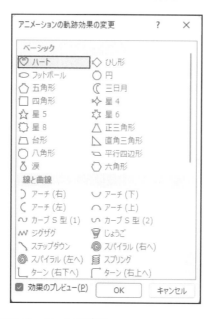

❶ スライド 1 の図を選択します。

❷ ［アニメーション］タブの ▽ ［その他］（または ［アニメーションスタイル］）ボタン
をクリックします。

❸ ［アニメーションの軌跡］の ［図形］をクリックします。

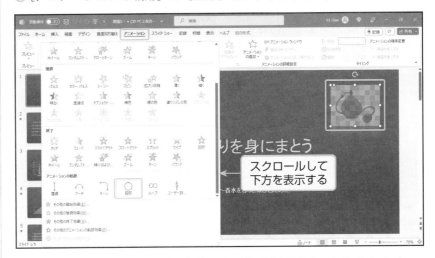

❹ 図に軌跡効果の「図形」（既定値の「円」）が適用され、再生されます。

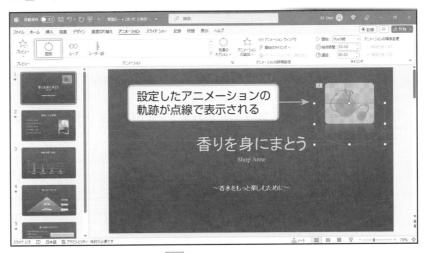

❺ ［アニメーション］タブの ○ ［効果のオプション］ボタンをクリックします。

❻ ［図形］の ［正三角形］をクリックします。

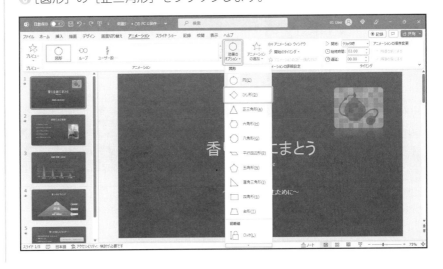

❼図に軌跡効果の「図形」の「正三角形」が適用され、再生されます。

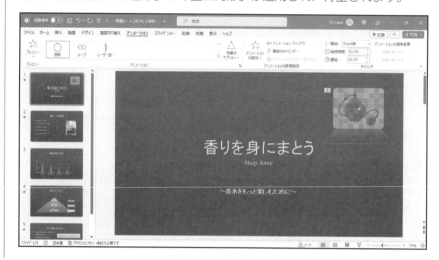

5-2-4 同じスライドにあるアニメーションの順序を並べ替える

練習問題

問題フォルダー
└問題5-2-4.pptx

解答フォルダー
└解答5-2-4.pptx

【操作1】スライド2のタイトルに設定されているアニメーションをスライド4と5のタイトルにコピーします。

【操作2】スライド4のタイトルのアニメーションがはじめに実行されるように順序を変更します。

【操作3】アニメーションウィンドウを使用してスライド5のタイトルのアニメーションがはじめに実行されるように順序を変更します。

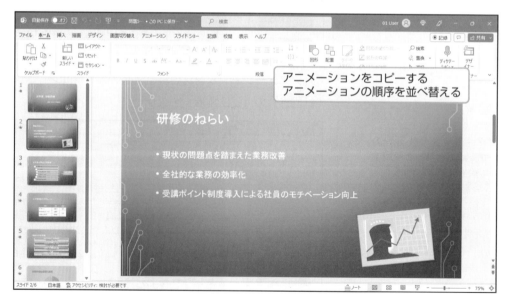

- □ アニメーションのコピー
- □ ［アニメーションのコ
  ピー / 貼り付け］ボタン
- □ アニメーションの順序の
  変更
- □ ［順番を前にする］ボタ
  ン
- □ ［順番を後にする］ボタ
  ン
- □ ［アニメーションウィン
  ドウ］

設定したアニメーションをオブジェクト間でコピーすることができます。アニメーションをコピーするには、コピー元のオブジェクトを選択して［アニメーション］タブの ☆ アニメーションのコピー/貼り付け ［アニメーションのコピー / 貼り付け］ボタンをクリックし、マウスポインターの形状が に変わったら、コピー先のオブジェクトをクリックします。複数のオブジェクトにコピーする場合は、［アニメーションのコピー / 貼り付け］ボタンをダブルクリックします。解除するときは **Esc** キーを押すか、再度［アニメーションのコピー / 貼り付け］ボタンをクリックします。

また、アニメーション効果は各スライドで設定した順番に実行されます。アニメーションの順序を変更するには、順序を変更するアニメーションを選択して［アニメーション］タブの［アニメーションの順序変更］の ∧ 順番を前にする ［順番を前にする］ボタンまたは ∨ 順番を後にする ［順番を後にする］ボタンをクリックします。複数のアニメーションが設定されているときや同じアニメーション番号が設定されている場合などは、［アニメーション］タブの アニメーション ウィンドウ ［アニメーションウィンドウ］ボタンをクリックして表示される［アニメーションウィンドウ］を使用すると便利です。［アニメーションウィンドウ］ではタイミングや継続時間の変更、各効果のダイアログボックスの表示もできます。

アニメーションウィンドウ（折りたたんだ状態）

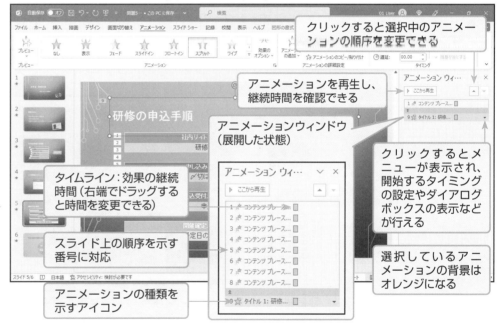

【操作 1】

① サムネイルのスライド 2 をクリックします。

② スライド 2 のタイトルプレースホルダーを選択します。

③ [アニメーション] タブの ☆ アニメーションのコピー/貼り付け [アニメーションのコピー / 貼り付け] ボタンをダブルクリックします。

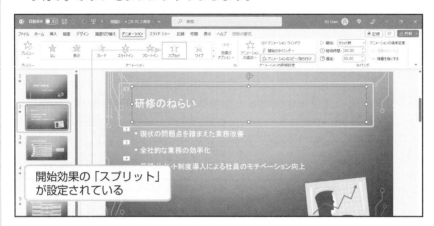

④ マウスポインターの形状が ⇗⬥ に変わったことを確認します。

⑤ スライド 4 のタイトルプレースホルダー付近をクリックします。

⑥ アニメーションがコピーされ、再生されます。

⑦ 同様に、スライド 5 のタイトルプレースホルダー付近をクリックします。

⑧ アニメーションがコピーされ、再生されます。

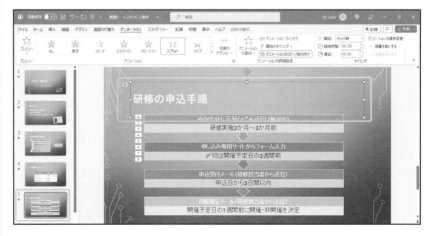

⑨ **Esc** キーを押してアニメーションのコピーを解除します。

⑩ スライド 4 のタイトルプレースホルダーを選択します。

⑪ [アニメーション] タブの [アニメーションの順序変更] の ［＾ 順番を前にする］ [順番を前にする] ボタンをクリックします。

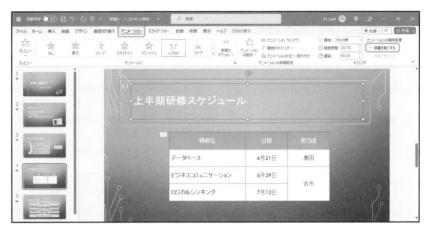

⑫ アニメーションの順序が変更されます。

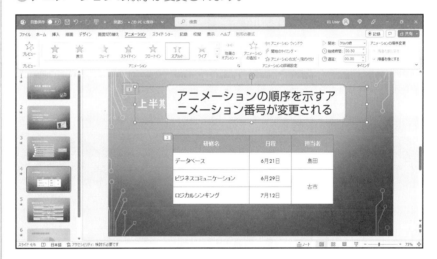

【操作 3】

⑬ スライド 5 のタイトルプレースホルダーを選択します。

⑭ [アニメーション] タブの ［アニメーション ウィンドウ］ [アニメーションウィンドウ] ボタンをクリックします。

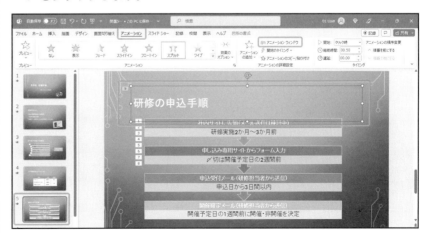

⑮ ［アニメーションウィンドウ］でタイトルのアニメーションが選択されていることを確認します。

⑯ タイトルに設定されているアニメーション番号が「1」になるように［アニメーションウィンドウ］の ▲ ボタンをクリックします。

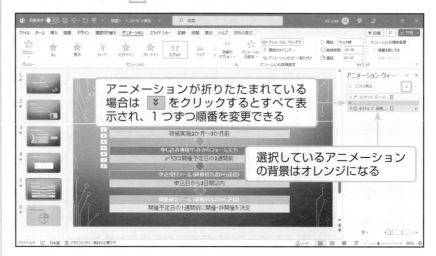

⑰ タイトルのアニメーションが一番上へ移動し、順序が変更されます。

⑱ ［アニメーションウィンドウ］の × ボタンをクリックします。

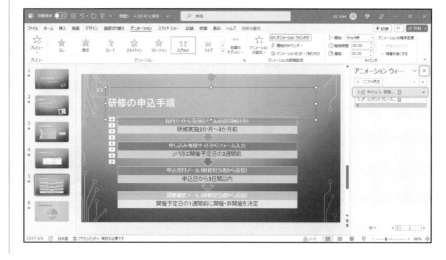

3D 要素にアニメーションを設定する

練習問題

問題フォルダー
└問題 5-2-5.pptx

解答フォルダー
└解答 5-2-5.pptx

スライド 4 の 3D モデルに 3D のアニメーション「ジャンプしてターン」を設定し、効果のオプションで方向を「前面」に変更します。

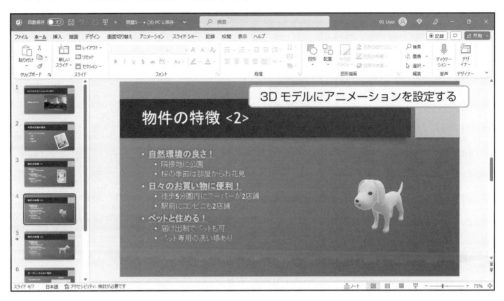

機能の解説

[重要用語]

□ 3D モデルにアニメーションを設定

スライドに挿入した 3D モデルにアニメーション効果を設定して効果的に表現することができます。3D モデルを選択すると、[アニメーション] タブの [アニメーション] の一覧に 3D モデルにのみ設定できるアニメーション効果が表示されます。設定した 3D のアニメーションは、ほかのアニメーションと同様に [効果のオプション] ボタンを使用して、[方向]、[強さ]、[回転軸] のオプションを変更することが可能です。[効果のオプション] ボタンのアイコンや設定できる内容はアニメーションの種類よって異なります。

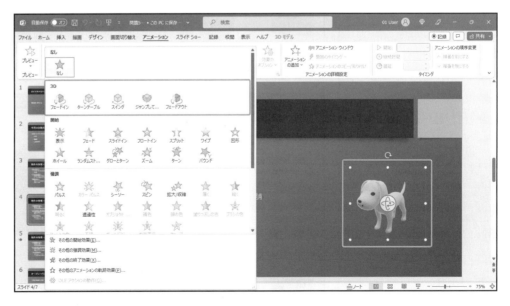

第5章 画面切り替えやアニメーションの適用

❶ サムネイルのスライド 4 をクリックします。

❷ スライド 4 の 3D モデルを選択します。

❸ [アニメーション] タブの [アニメーション] の一覧から [ジャンプしてターン] を
クリックします。

❹ 3D モデルにアニメーションが適用され、再生されます。

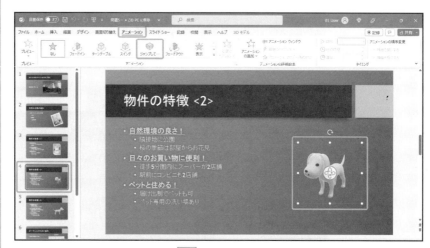

❺ [アニメーション] タブの [効果のオプション] ボタンをクリックし、[方向]
の [前面] をクリックします。

❻ 3D モデルに効果のオプション「前面」が適用され、再生されます。

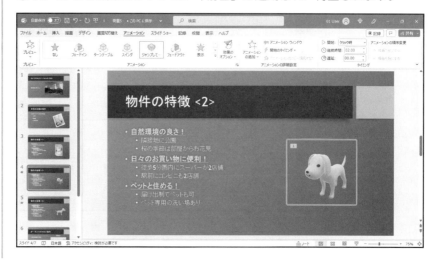

索引

模擬練習問題

マルチプロジェクトという試験形式に慣れるための模擬問題です。プロジェクト単位で解答が終了したらファイルを保存し、解答（PDF ファイル）および完成例ファイルと比較し、答え合わせを行ってください。

解答に必要なファイル、解答（PDF ファイル）、完成例ファイルは、[ドキュメント] フォルダーの [PowerPoint365（実習用）] フォルダーにある [模擬練習問題] フォルダーに入っています。もしファイルがない場合は、「実習用データ」のインストールを行ってください。解答（PDF ファイル）およびそれを印刷したものは、本書を購入したお客様だけがご利用いただけます。第三者への貸与、賃貸、販売、譲渡は禁止いたします。

● 模擬練習問題 1

プロジェクト 1　模擬 1-1_YOGA

あなたはヨガスタジオのスタッフです。入会希望者へのヨガのプレゼンテーション資料を作成しています。

【1】スライドマスターで箇条書きの行頭文字を [模擬練習問題] フォルダーの画像「Bullet.png」に設定します。

【2】セクション「継続率・目的」をセクション「Fin」と入れ替えます。

【3】スライド「あなたの目的は？」の 2 つの四角形を接合します。

【4】スライド「ヨガの継続率」に [模擬練習問題] フォルダーの「yoga グラフ _bp.xlsx」のグラフをコピーして貼り付けます。

【5】スライド「こんな人におすすめ」の写真が上から順番にワイプするようにアニメーションの順番を変更します。

【6】スライド「はじめてみませんか？」の「まずは体験！」の文字の色を「標準の色」の「オレンジ」に変更し、文字間隔を「5pt」広げます。

プロジェクト 2　模擬 1-2_ 新 System ご紹介

あなたは Web 制作会社に勤めています。新しい System のプレゼンテーション資料を作成しています。

【1】プレゼンテーションにフォントを埋め込むよう設定します。

【2】セクション「紹介」のセクション名を「背景」に変更します。

【3】スライド 6 に [模擬練習問題] フォルダーの「ユーザー登録の推移 _bp.xlsx」の表をインポートします。

【4】スライド 7 に [模擬練習問題] フォルダーの「会社概要 .docx」の表をスクリーンショットの「画面の領域」を使って追加します。追加後、タイトルと重ならないよう位置を調整します。

【5】スライド 3 に縦方向箇条書きリストの SmartArt グラフィックを追加します。上から「今までにない管理システム」「更新作業がラクラク」「プログラミングの知識は不要」と入力します。入力後、「更新作業がラクラク」のレベルを上げ、入力していない最後の箇条書きは削除します。

【6】ガイドを表示し、スライド 4 の画像の左端を垂直ガイドと合わせます。操作後、ガイドを非表示にします。

【7】プレゼンテーションを XPS 形式としてとして [模擬練習問題] フォルダーにエクスポートします。ファイル名は「新システムのご紹介」とします。

プロジェクト 3　模擬 1-3_ 友の会入会のご案内

あなたは松丸百貨店の広報部に所属しています。友の会入会案内のプレゼンテーションを作成しています。

【1】スライド 3 の SmartArt の「初回は窓口でお手続き」の次に図形を追加して「お一人様 3 口まで」と入力します。

【2】スライド 5 の図形の種類を、「思考の吹き出し：雲形」に変更します。

【3】スライド 1 ～ 4 をセクション「友の会について」、スライド 5 ～ 7 をセクション「特典について」スライド 8 をセクション「窓口」にします。

【4】スライド 8 にコメント「電話番号の確認」を追加します。

【5】スライド 2 の 3D モデルに「ターンテーブル」のアニメーションを設定します。

【6】リハーサルを行い、タイミングを保存します。

プロジェクト 4　模擬 1-4_Event 案内

あなたは会社で社内イベントの企画を担当しています。社員からのアンケートの結果などをプレゼンテーション資料にまとめています。

【1】プロパティの分類に「Event」を設定します。

【2】スライド「フリーコメント」の「いつでも」からその下の 2 つのセルを結合します。

【3】スライド「社員旅行の行き先」を再表示します。

【4】スライド「今後の予定」の画像の左端をトリミングし、文字と重ならないようにします。

【5】タイトルスライド以外のスライドに「コーム」の画面切り替え効果を設定します。

プロジェクト 5　模擬 1-5_2022 年度決算状況

区の職員であるあなたは、2022 年度の決算状況のプレゼンテーション資料を作成しています。

【1】スライド 2 の箇条書きの行頭文字を「四角の行頭文字」に変更します。

【2】スライド 6 の表に「中間スタイル 3- アクセント 6」を設定し、行の色が交互に変わらないようにし、列の色が交互に変わるように設定します。

【3】すべてのスライドの画面が 20 秒後に自動的に切り替わるようにし、クリック時に自動的に切り替わらないようにします。

【4】スライド 5 の図形を最背面へ移動します。

【5】発表者ツールを使用してスライド 6 のタイトルを赤いペンで囲み、最後までスライドショーを実行します。注釈は保持します。

プロジェクト 6　模擬 1-6_ ジビエ料理

あなたはホテルの広報部に所属しています。ジビエ料理やジビエフェアについてのプレゼンテーション資料を作成しています。

【1】ノートマスターのフッターに「clover HOTEL」と設定します。

【2】スライド「今年の秋冬に向けて」の 3D モデルのビューを「下全面」に変更します。

【3】スライド「ジビエフェア開催」の図形に「ホイール」、「2 スポーク」のアニメーションを設定します。

【4】スライド「ジビエの特徴」を複製し、複製したスライドのタイトルを「ジビエの特徴 2」とします。

【5】スライド「ジビエフェア開催」の図形のサイズを高さ「8.5cm」、幅「9.5cm」に変更します。

【6】プレゼンテーションが常に読み取り専用で開くように設定します。

● 模擬練習問題 2

プロジェクト 1　模擬 2-1_ イベントだより

あなたは社内の年間イベントを企画しています。多くの社員に参加してもらうためのプレゼンテーション資料を作成しています。

【1】スライドマスターに日付のプレースホルダーを追加します。

【2】すべてのスライドの背景を「ゴールド、アクセント 2」に設定します。

【3】スライド「社員旅行の行き先」のグラフの内側にデータラベルを追加します。

【4】スライド「社員旅行の行き先」のグラフの「伊豆」の数字を「蛍光ペン：赤、2mm」で囲みます。

【5】スライド「背景とねらい」の図にスタイル「透視投影（右）、反射付き」を設定します。

【6】すべてのスライドの画面切り替えの継続時間を「02.00」にします。

プロジェクト 2　模擬 2-2_ 新商品キャンペーン

あなたは広報部に所属しています。新商品のモニターキャンペーンについてのプレゼンテーション資料を作成しています。

【1】タイトルスライドに「プレゼント」で検索して任意のアイコンをタイトルの右側に追加します。

【2】スライド「応募方法」にコメント「開始日はいつですか」を挿入します。

【3】スライド「当選発表」に「Announcement.mp3」を挿入し、アイコンを右下隅に移動します。

【4】タイトルスライドの「100 名様限定」の図形に「パステル - ライム、アクセント 1」のスタイルを設定します。

【5】タイトルスライドの次にスライド「応募方法」「当選発表」へのリンクを含むサマリーズームのスライドを挿入します。

【6】プレゼンテーションを最終版として設定します。

プロジェクト 3　模擬 2-3_ 海外旅行レポート

あなたは旅行会社に勤めていて、お客様からのアンケートをまとめてレポートを作成しています。

【1】スライド 5 の SmartArt グラフィックの 4 番目の項目として「4. スペイン」を追加します。

【2】スライド 5 の「その他」に「https://www.example.jp/repo」へのハイパーリンクを設定し、表示文字列を「その他の少数意見」とします。

【3】プレゼンテーションの最後にスライドを挿入し、「タイトルのみ」に変更します。

【4】配布資料マスターでヘッダーに「レポート 01」と入力します。

【5】スライド 6 の箇条書きのアニメーションのオプションを「右から」に変更して、継続時間を「1.00」にします。

【6】スライド一覧表示に切り替え、グレースケールで表示します。

プロジェクト 4　模擬 2-4_ 注目食材

あなたは和食フェアに向けて、社内でプレゼンテーションを行う準備をしています。

【1】タイトルスライドにスライド「注目を集める日本食材」、「枝豆＜ EDAMAME ＞」へのスライドズームを挿入し、スライドの下部に移動します。左に「注目を集める日本食材」、右に「枝豆＜ EDAMAME ＞」を配置します。詳細な位置は問いません。

【2】タイトルスライド以外のすべてのスライドにスライド番号を挿入します。

【3】スライド 3 の画像にアニメーションの軌跡「三日月」を設定します。

【4】スライド 5 の右側に［模擬練習問題］フォルダーの 3D モデルのファイル「cube.glb」を挿入します。

【5】スライド 4 のテキストを「縦方向箇条書きリスト」の SmartArt に変換します。

【6】このプレゼンテーションをパスワード「edamame」で保護します。

プロジェクト 5　模擬 2-5_ スキューバダイビング

あなたはダイビングスクールで、スキューバダイビングの魅力を伝えるプレゼンテーションを作成しています。

【1】スライド 4 の図形にアニメーション「図形」を設定し、左から順に表示するようにします。

【2】スライド 7 に「基本蛇行ステップ」の SmartArt グラフィックを追加し、「お申込み」「ホームスタディ」「学科講習」「プール実習」「海洋実習」「ライセンス取得」と入力します。

【3】スライド 4 の「学科」の楕円に代替テキスト「学科」を設定します。

【4】タイトルスライドの図形の塗りつぶしの色を「薄い灰色、背景 2」、枠線の色を標準の色の「青」に設定し、「透視投影：左上」の影の効果を設定します。

【5】スライド 4 〜 7 を使用して、目的別スライドショー「ライセンス」を作成します。

プロジェクト 6　模擬 2-6_ 健康診断

あなたは総務部に勤めていて、社員の健康診断の受診率を上げるためのプレゼンテーションを作成しています。

【1】スライドマスターの背景を「薄いグラデーション - アクセント 2」、種類「四角」、方向「中央から」に設定します。

【2】スライド「受診率 100% に向けて」の 3 つの図形を下揃えにします。

【3】スライド「受診して健康に仕事をしよう！」のビデオのフェードアウトを「01.00」、音量を「小」に設定します。

【4】スライド「新制度」の 3D モデルにアニメーション「フェードイン」を適用し、効果のオプションを「左」に変更します。

【5】タイトルスライドの後に［模擬練習問題］フォルダーの「健康診断（ドラフト）.pptx」のスライドを挿入します。元の書式は保持しません。

【6】スライドショーの設定を変更し、「自動プレゼンテーション（フルスクリーン表示）」にします。

模擬テストプログラムの使い方

1. 模擬テスト実施前に必ずお読みください

模擬テストプログラム「MOS 模擬テスト PowerPoint 365（2023 年版）」（以下、本プログラム）をご利用の際は、以下を必ずご確認ください。

● Microsoft Office のインストールを確認する

本プログラムは、Microsoft 365 および Office 2021 日本語版以外のバージョンや Microsoft 以外の互換 Office では動作いたしません。また、複数の Office が混在した環境では、本プログラムの動作を保証しておりません。なお、日本語版 Office であってもストアアプリ版では動作しないことがあります。その場合は、デスクトップアプリ版に入れ替えてご利用ください。くわしくは本書のウェブページ（https://nkbp.jp/050543）を参照してください。

●インストールが進行しない場合

「インストールしています」の画面が表示されてからインストールが開始されるまで、かなり長い時間がかかる場合があります。インストールの進行を示すバーが変化しなくても、そのまましばらくお待ちください。

●起動前に PowerPoint と Excel を終了する

PowerPoint または Excel が起動していると、本プログラムを起動できません。事前に PowerPoint および Excel を終了させてください。

●ダイアログボックスのサイズが大きいとき

Windows で［ディスプレイ］の設定を 100%より大きくしていると、一部の項目や文字が表示されなくなることが あります。その場合は表示の設定を 100%にしてください。

●文字や数値の入力

文字や数値を入力する場合は、問題文の該当する文字（リンクになっています）をクリックすると、クリップボードにコピーできます。自分で入力する場合、特別な指示がなければ、英数字は半角で入力します。入力する文字列が「」で囲む形式で指示されている問題では、「」内の文字だけを入力します。

●ダイアログボックスは閉じる

PowerPoint のダイアログボックスを開いたまま、［採点］、［次のプロジェクト］、［レビューページ］、［リセット］、［テスト中止］をクリックすると、正しく動作しないことがあります。ダイアログボックスを閉じてからボタンをクリックしてください。

●保存したファイルが残る場合

ファイルやテンプレートに名前を付けて保存する問題で、問題の指示と異なる名前で保存したり、異なるフォルダーに保存したりすると、テスト終了後にファイルが残ってしまう場合があります。その場合は、該当の保存先を開いて、作成したファイルを削除してください。［ドキュメント］フォルダーに保存する指示がある場合、OneDrive の［ドキュメント］ではなくコンピューターの［ドキュメント］に保存するよう気をつけてください。

●ディスクの空き容量が少ない場合

本番モードで模擬テストを実施し、[テスト終了] ボタンをクリックすると、「保存先のディスクに十分な空き容量がないか、準備ができていません。」というメッセージが表示されることがあります。成績ファイルを保存するフォルダーの変更は [オプション] ダイアログボックスで行います。

●判定基準

正誤判定は弊社独自の基準で行っています。MOS 試験の判定基準と同じであるという保証はしておりません。

●正しい操作をしているのに不正解と判定される場合

主に Office の更新などに伴い、環境によっては正解操作をしても本プログラムが不正解と判定することがあります。その場合は、正しい操作で解答していることを確認したうえで、判定は不正解でも実際には正解であると判断して学習を進めてください。

●利用環境による影響

本プログラムの正解判定は、利用環境によって変わる可能性があります。Office の各種設定を既定以外にしている場合や、Office が更新された場合などに、正解操作をしても不正解と判定されることや正解操作ができないことがあります。正解操作と思われる場合はご自分で正解と判断し学習を進めてください。

●複数の操作がある場合の判定

解答操作の方法が複数ある場合は、実行した結果が同じであればどの方法で解答しても同じ判定結果になります。[解答を見る] および後ろのページにある「模擬テストプログラム　問題と解答」ではそのうちの一つの操作方法を解答の例として記述しているので、ほかの操作方法で解答しても正解と判定されることがあります。

※ このほか、模擬テストプログラムの最新情報は本書のウェブページ（https://nkbp.jp/050543）を参照してください。

2. 利用環境

本プログラムを利用するには、次の環境が必要です。以下の条件を満たしていても、コンピューターの個別の状態などにより利用できない場合があります。

OS	Windows 10 および 11（ただし S モードを除く）
アプリケーションソフト	Microsoft 365 または Microsoft Office 2021 いずれも日本語版、32 ビットおよび 64 ビット）をインストールし、ライセンス認証を完了させた状態。ただし上記の Office であっても、環境によってストアアプリ版では動作しないことがあります。その場合はデスクトップ版に入れ替える必要があります。くわしくは本書のウェブページ（https://nkbp.jp/050543）をご覧ください。

インターネット	本プログラムの実行にインターネット接続は不要ですが、本プログラムの更新プログラムの適用にはインターネット接続が必要です。
ハードディスク	1.4GB 以上の空き容量が必要です。
画面解像度	横 1366 ピクセル以上を推奨します。
DVD-ROM ドライブ	本プログラムのインストールが完了していれば不要です。

※本プログラムは、Microsoft 365 および Office 2021 以外のバージョンや Microsoft 以外の互換 Office では動作いたしません。また、複数の Office が混在した環境では、本プログラムの動作を保証しておりません。

※ Office のインストールは、本プログラムのインストールより先に行ってください。本プログラムのインストール後に Office のインストールや再インストールを行う場合は、いったん本プログラムをアンインストールしてください。

3. 初回起動時のライセンス認証

本プログラムを利用するには、ライセンス認証が必要です。初めて本プログラムを起動する際、ライセンスキーを入力するよう求められます。画面の質問に従って、ライセンスキーを「答え」の欄に入力し、「次へ」ボタンをクリックしてください。正しいライセンスキーが入力されていれば、本プログラムが起動します。誤った入力をした場合には、起動を中止し、本プログラムは終了します。その場合は本プログラムを再度起動し、ライセンス認証を行ってください。

ライセンス認証には本書が必要です。認証時はお手元にご用意ください。

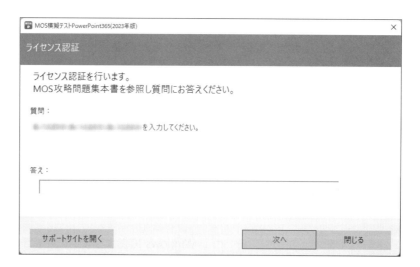

4. プログラムの更新

本プログラムは、問題の正解判定に影響があるような Office の更新が行われた場合や、データの誤りが判明した場合などに、更新プログラムを提供することがあります。コンピューターがインターネットに接続されている場合、更新プログラムがあるとその数を以下のようにかっこで表示します。

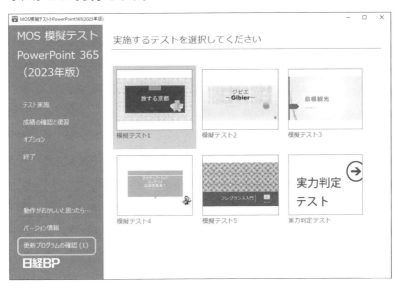

［更新プログラムの確認］をクリックすると、更新内容が確認できますので、必要に応じて［インストール］ボタンをクリックしてください。あとは自動で更新が行われます。その際、Windows の管理者のパスワードを求められることがあります。

5. 模擬テストの実施

① PowerPoint または Excel が起動している場合は終了します。

②デスクトップの 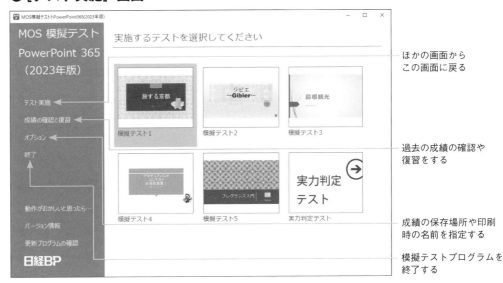 ［MOS 模擬テスト PowerPoint365（2023 年版）］のショートカットアイコンをダブルクリックします。

③［テスト実施］画面が表示されます。

●［テスト実施］画面

ほかの画面から
この画面に戻る

過去の成績の確認や
復習をする

成績の保存場所や印刷
時の名前を指定する

模擬テストプログラムを
終了する

●練習モードで模擬テストを実施

一つのタスクごとに採点するモードです。

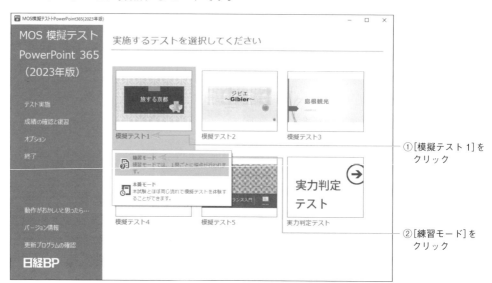

①[模擬テスト1]を
クリック

②[練習モード]を
クリック

出題するタスクを選択する画面が表示されます。チェックボックスを使って出題されるタスクを選択します。

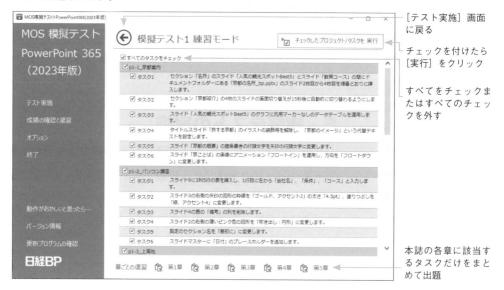

[テスト実施]画面
に戻る

チェックを付けたら
[実行]をクリック

すべてをチェックま
たはすべてのチェッ
クを外す

本誌の各章に該当す
るタスクだけをまと
めて出題

問題文に従って解答操作を行い、［採点］をクリックします。

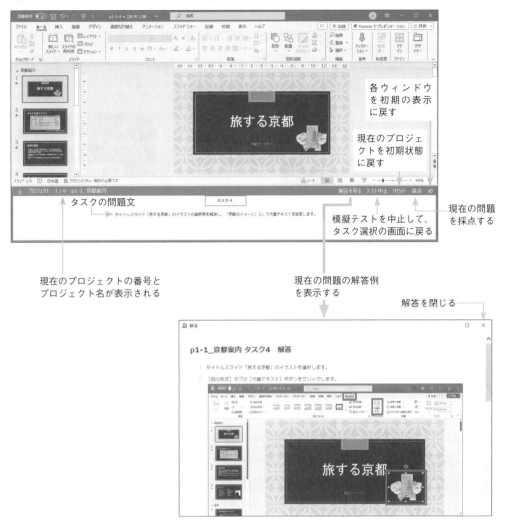

各ウィンドウ
を初期の表示
に戻す

現在のプロジェクト
を初期状態
に戻す

タスクの問題文

現在のプロジェクトの番号と
プロジェクト名が表示される

模擬テストを中止して、
タスク選択の画面に戻る

現在の問題
を採点する

現在の問題の解答例
を表示する

解答を閉じる

●本番モードで模擬テストを実施

MOS試験と同様、50分で1回分のテストを行い最後に採点するモードです。［実力判定
テスト］は毎回異なる問題（プロジェクト）が出題されます。制限時間は50分で、制限
時間を過ぎると自動的に終了します。

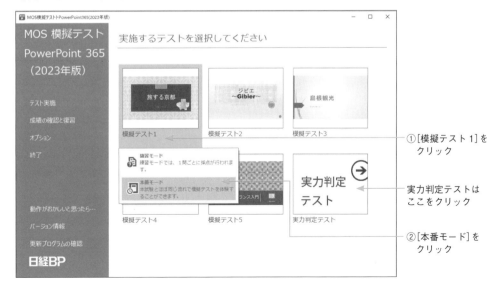

①［模擬テスト1］を
クリック

実力判定テストは
ここをクリック

②［本番モード］を
クリック

プロジェクト中の全部のタスクを解答またはスキップしたら次のプロジェクトに移行します。

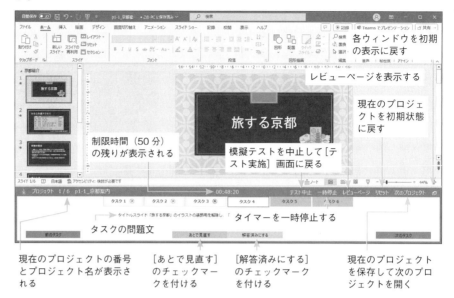

制限時間（50分）の残りが表示される

各ウィンドウを初期の表示に戻す

レビューページを表示する

現在のプロジェクトを初期状態に戻す

模擬テストを中止して［テスト実施］画面に戻る

タスクの問題文

タイマーを一時停止する

現在のプロジェクトの番号とプロジェクト名が表示される

［あとで見直す］のチェックマークを付ける

［解答済みにする］のチェックマークを付ける

現在のプロジェクトを保存して次のプロジェクトを開く

全部のプロジェクトが終了したら、レビューページが表示されます。タスク番号をクリックすると試験の操作画面に戻ります。

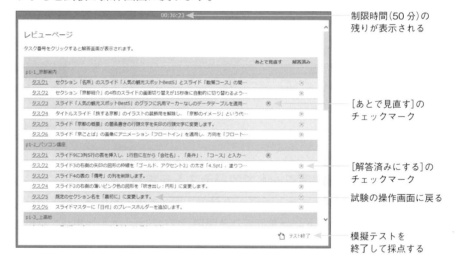

制限時間（50分）の残りが表示される

［あとで見直す］のチェックマーク

［解答済みにする］のチェックマーク

試験の操作画面に戻る

模擬テストを終了して採点する

●[結果レポート] 画面

本番モードを終了すると、合否と得点、各問題の正解/不正解を示す［結果レポート］画面が表示されます。

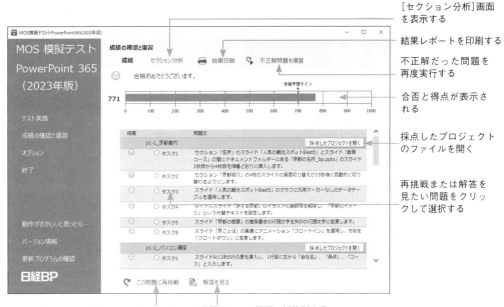

[セクション分析]画面を表示する

結果レポートを印刷する

不正解だった問題を再度実行する

合否と得点が表示される

採点したプロジェクトのファイルを開く

再挑戦または解答を見たい問題をクリックして選択する

選択している問題に再挑戦する　　選択している問題の解答例を見る

[採点したプロジェクトを開く]

模擬テスト終了時の PowerPoint 画面が表示され、確認することができます（ファイルに保存されないオプション設定は反映されません）。模擬テスト終了時のファイルを保存したい場合は、PowerPoint で［名前を付けて保存］を実行し、適当なフォルダーに適当なファイル名で保存してください。PowerPoint 画面を閉じると、［結果レポート］画面に戻ります。

[セクション分析]

本誌のどの章（セクション）で説明されている機能を使うかでタスクを分類し、セクションごとの正答率を示します。

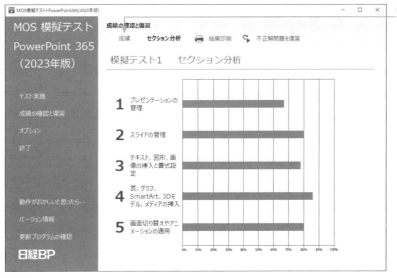

表示を終了し、[結果レポート]画面に戻る

[印刷]

模擬テストの結果レポートを印刷できます。

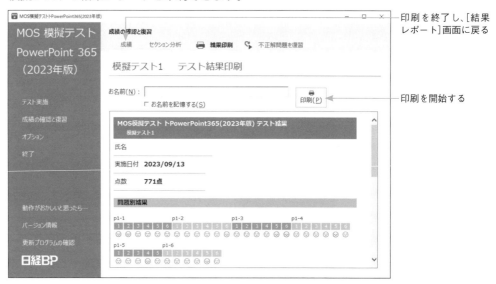

印刷を終了し、[結果
レポート]画面に戻る

印刷を開始する

● [成績の確認と復習] 画面

これまでに実施した模擬テストの成績の一覧です。問題ごとに正解 / 不正解を確認したり
復習したりするときは、各行をクリックして [結果レポート] 画面を表示します。成績は
新しいものから 20 回分が保存されます。

成績は Windows にサインイン / ログオンしたアカウントごとに記録されます。別のアカ
ウントで模擬テストを実施した場合、それまでの成績は参照できないのでご注意ください。

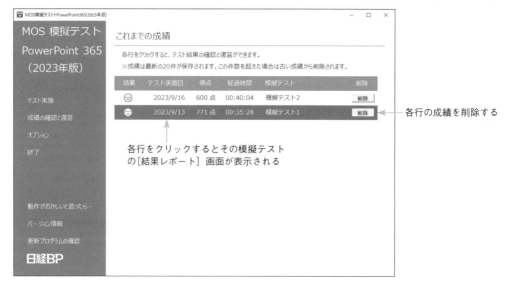

各行の成績を削除する

各行をクリックするとその模擬テスト
の[結果レポート] 画面が表示される

●[オプション] ダイアログボックス

成績ファイルを保存するフォルダーと、成績を印刷する場合の既定のお名前を指定できます。

成績ファイルを保存するフォルダーは、現在のユーザーの書き込み権限と、約200MB以上の空き容量が必要です。[保存先フォルダー]ボックスを空白にして[OK]ボタンをクリックすると、既定のフォルダーに戻ります。

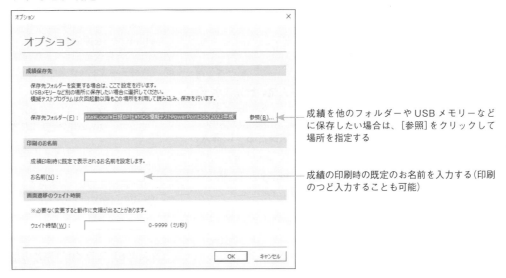

成績を他のフォルダーやUSBメモリーなどに保存したい場合は、[参照]をクリックして場所を指定する

成績の印刷時の既定のお名前を入力する(印刷のつど入力することも可能)

●終了

[テスト実施]画面で[終了]をクリックすると、模擬テストプログラムが終了します。

模擬テストプログラム 問題と解答

解答操作の方法が複数ある場合は、どの方法で解答しても、実行した結果が同じであれば同じ判定結果になります。ここではそのうちの一つの操作方法だけ（解答の例）を記述しているので、ほかの操作方法でも正解と判定されることがあります。

● 模擬テスト1

プロジェクト1　京都案内

【タスク1】セクション「名所」のスライド「人気の観光スポット Best5」とスライド「散策コース」の間にドキュメントフォルダーにある「京都の名所_bp.pptx」のスライド2枚目から4枚目を順番どおりに挿入します。

① サムネイルのスライド「人気の観光スポット Best5」と「散策コース」の間（またはスライド「人気の観光スポット Best5」）をクリックします。
② ［ホーム］タブの［新しいスライド］ボタンの▼をクリックします。
③ ［スライドの再利用］をクリックします。
④ ［スライドの再利用］作業ウィンドウが表示されます。
⑤ ［スライドの再利用］作業ウィンドウの［参照］をクリックします。
⑥ ［参照］（または［コンテンツの選択］）ダイアログボックスが表示されます。
⑦ ［ドキュメント］が選択されていることを確認し、「京都の名所_bp」をクリックして［開く］をクリックします。
⑧ ［スライドの再利用］作業ウィンドウの2枚目のスライドをクリックします。
⑨ スライド「人気の観光スポット Best5」の下にスライド「渡月橋」が挿入されます。
⑩ 同様に［スライドの再利用］作業ウィンドウの3枚目と4枚目のスライドをクリックします。
⑪ スライド「清水寺」とスライド「金閣寺（鹿苑寺）」が挿入されます。
⑫ ［スライドの再利用］作業ウィンドウの［閉じる］ボタンをクリックします。

【タスク2】セクション「京都紹介」の4枚のスライドの画面切り替えが15秒後に自動的に切り替わるようにします。

① サムネイルのセクション名「京都紹介」をクリックします（またはスライド「旅する京都」をクリックし、Shift キーを押しながらスライド「京ことば」をクリックします）。
② 「京都紹介」セクションの4枚のスライドが選択されたことを確認します。
③ ［画面切り替え］タブの［画面切り替えのタイミング］の［自動］ボックスに「15」と入力します。
④ 選択したスライドの画面切り替えの設定が変更されます。

【タスク3】スライド「人気の観光スポット Best5」のグラフに汎用マーカーなしのデータテーブルを適用します。

① スライド「人気の観光スポット Best5」のグラフを選択します。
② グラフ右側の［グラフ要素］ボタンをクリックします。
③ ［グラフ要素］の［データテーブル］の［>］をクリックします。
④ ［凡例マーカーなし］をクリックします。
⑤ グラフに凡例マーカーなしのデータテーブルが表示されます。

【タスク4】タイトルスライド「旅する京都」のイラストの装飾用を解除し、「京都のイメージ」という代替テキストを設定します。

① タイトルスライド「旅する京都」のイラストを選択します。
② ［図の形式］タブの［代替テキスト］ボタンをクリックします。
③ ［代替テキスト］作業ウィンドウが表示されます。
④ ［装飾用にする］チェックボックスをオフにします。
⑤ 問題文の「京都のイメージ」をクリックします。
⑥ ［代替テキスト］作業ウィンドウのボックス内をクリックし、Ctrl+V キーを押します。
⑦ イラストに代替テキストが設定されます。
⑧ ［代替テキスト］作業ウィンドウの［閉じる］ボタンをクリックします。

【タスク5】スライド「京都の概要」の箇条書きの行頭文字を矢印の行頭文字に変更します。

① スライド「京都の概要」の箇条書きプレースホルダーを選択します。
② ［ホーム］タブの［箇条書き］ボタンの▼をクリックします。
③ ［矢印の行頭文字］をクリックします。
④ スライド「京都の概要」の箇条書きの行頭文字が矢印の行頭文字に変更されます。

【タスク6】スライド「京ことば」の画像にアニメーション「フロートイン」を適用し、方向を「フロートダウン」に変更します。

① スライド「京ことば」の画像を選択します。
② ［アニメーション］タブの［アニメーション］の［フロートイン］をクリックします（一覧に表示されていない場合は［アニメーションスタイル］ボタンをクリックして選択します）。
③ アニメーションがプレビューされ、スライド上にアニメーション番号が表示されます。
④ ［アニメーション］タブの［効果のオプション］ボタンをクリックします。
⑤ ［方向］の［フロートダウン］をクリックします。
⑥ 設定したアニメーションのオプションがプレビューされます。

プロジェクト2　パソコン講座

【タスク1】スライド9に3列5行の表を挿入し、1行目に左から「会社名」、「条件」、「コース」と入力します。

① サムネイルのスライド9をクリックします。
② プレースホルダー内の［表の挿入］アイコンをクリックします。
③ ［表の挿入］ダイアログボックスが表示されます。
④ ［列数］ボックスに「3」と入力します。
⑤ ［行数］ボックスに「5」と入力します。
⑥ ［OK］をクリックします。
⑦ 表が挿入されます。
⑧ 問題文の「会社名」をクリックします。
⑨ 1行目の1列目のセル内をクリックし、Ctrl + V キーを押します。
⑩ 同様に、1行目2列目のセルに「条件」、1行目3列目のセルに「コース」を入力します。

【タスク2】スライド3の右側の矢印の図形の枠線を「ゴールド、アクセント2」の太さ「4.5pt」、塗りつぶしを「緑、アクセント4」に変更します。

① スライド3の矢印の図形を選択します。
② ［図形の書式］タブの［図形の枠線］ボタンの▼をクリックします。
③ ［テーマの色］の［ゴールド、アクセント2］をクリックします。

④ ［図形の書式］タブの［図形の枠線］ボタンの▼をクリックします。

⑤ ［太さ］をポイントし、［4.5pt］をクリックします。

⑥ ［図形の書式］タブの［図形の塗りつぶし］ボタンの▼をクリックします。

⑦ ［テーマの色］の［緑、アクセント 4］をクリックします。

⑧ 図形の枠線と塗りつぶしが変更されます。

【タスク 3】 スライド 4 の表の「備考」の列を削除します。

① スライド 4 の表の「備考」の列にある任意のセル内をクリックします。

② ［レイアウト］タブの［削除］ボタンをクリックします。

③ ［列の削除］をクリックします。

④ 表の「備考」の列が削除されます。

【タスク 4】 スライド 2 の右側の薄いピンク色の図形を「吹き出し：円形」に変更します。

① スライド 2 のピンク色の図形を選択します。

② ［図形の書式］タブの［図形の編集］ボタンをクリックします。

③ ［図形の変更］をポイントし、［吹き出し］の［吹き出し：円形］をクリックします。

④ 図形が円形の吹き出しに変更されます。

【タスク 5】 既定のセクション名を「最初に」に変更します。

① 「既定のセクション」のセクション名をクリックします。

② ［ホーム］タブの［セクション］ボタンをクリックします。

③ ［セクション名の変更］をクリックします。

④ ［セクション名の変更］ダイアログボックスが表示されます。

⑤ 問題文の「最初に」をクリックします。

⑥ ［セクション名］ボックスをクリックし、Ctrl+V キーを押します。

⑦ ［名前の変更］をクリックします。

⑧ セクション名が「最初に」に変更されます。

【タスク 6】 スライドマスターに「日付」のプレースホルダーを追加します。

① ［表示］タブの［スライドマスター］ボタンをクリックします。

② スライドマスター表示に切り替わります。

③ 左側のサムネイルの一番上の［スライドマスター］をクリックします。

④ ［スライドマスター］タブの［マスターのレイアウト］ボタンをクリックします。

⑤ ［マスターレイアウト］ダイアログボックスが表示されます。

⑥ ［日付］チェックボックスをオンにします。

⑦ ［OK］をクリックします。

⑧ スライドマスターに「日付」のプレースホルダーが表示されます。

⑨ ［スライドマスター］タブの［マスター表示を閉じる］ボタンをクリックします。

プロジェクト 3　上高地

【タスク 1】 スライドマスターでテーマを「イオン」に設定します。

① ［表示］タブの［スライドマスター］ボタンをクリックします。

② スライドマスター表示に切り替わります。

③ 左側のサムネイルの一番上の［スライドマスター］をクリックします。

④ ［スライドマスター］タブの［テーマ］ボタンをクリックします。

⑤ 一覧から［イオン］をクリックします。

⑥ テーマがイオンに変更されます。

⑦ ［スライドマスター］タブの［マスター表示を閉じる］ボタンをクリックします。

【タスク 2】 スライド 6 を非表示にします。

① サムネイルのスライド 6 をクリックします。

② ［スライドショー］タブの［非表示スライド］ボタン（または［非表示スライドに設定］ボタン）をクリックします。

③ サムネイルのスライド 6 が薄くなり、スライド番号 6 に＼が表示されます。

【タスク 3】 スライド 2 のオーディオがスライド切り替え時に自動的に開始し、スライドショー実行中はアイコンを隠すようにします。

① スライド 2 のオーディオファイルのアイコンを選択します。

② ［再生］タブの［開始］ボックスをクリックし、［自動］をクリックします。

③ ［再生］タブの［スライドショーを実行中にサウンドのアイコンを隠す］チェックボックスをオンにします。

④ サウンドの再生オプションが変更されます。

【タスク 4】 スライド 7 の「1 日目」と「2 日目」の文字列に太字、下線、影の文字のスタイルを設定します。

① スライド 7 の文字列「1 日目」を範囲選択し、Ctrl キーを押しながら「2 日目」を範囲選択します。

② ［ホーム］タブの［太字］ボタンをクリックします。

③ 同様に、［ホーム］タブの［下線］ボタン、［影］ボタンをクリックします。

④ 選択した文字列に「太字」、「下線」、「影」のスタイルが設定されます。

【タスク 5】 ドキュメント検査を実行して、ドキュメントのプロパティと個人情報およびスライド外のコンテンツを削除します。それ以外はそのままにします。

① ［ファイル］タブの［情報］の［問題のチェック］をクリックします。

② ［ドキュメント検査］をクリックします。

③ 保存確認のメッセージが表示されたら［はい］をクリックします。

④ ［ドキュメントの検査］ダイアログボックスが表示されます。

⑤ ［スライド外のコンテンツ］チェックボックスをオンにします（その他は既定のままとします）。

⑥ ［検査］をクリックします。

⑦ ［ドキュメントのプロパティと個人情報］の［すべて削除］をクリックします。

⑧ ドキュメントのプロパティと個人情報がすべて削除されます。

⑨ ［スライド外のコンテンツ］の［すべて削除］をクリックします。

⑩ スライド外のコンテンツがすべて削除されます。

⑪ ［ドキュメントの検査］ダイアログボックスの［閉じる］をクリックします。

【タスク 6】 スライドのノートを 2 部、横方向で印刷するように設定します。すべての 1 ページ目が印刷されたら 2 ページ目が印刷されるようにします。

① ［ファイル］タブの［印刷］をクリックします。

② ［部数］ボックスに「2」と指定します。

③ ［設定］の［フルページサイズのスライド］をクリックします。

④ ［印刷レイアウト］の［ノート］をクリックします。

⑤ 印刷プレビュー画面がノートになります。

⑥ ［設定］の［縦方向］をクリックし、［横方向］をクリックします。

⑦ 印刷プレビュー画面で印刷の向きが横になります。

⑧ ［設定］の［部単位で印刷］をクリックし、［ページ単位で印刷］をクリックします。

⑨ 印刷の設定が変更されます。

プロジェクト4　ワイン

【タスク1】タイトルスライドの3つのボトルのアニメーションのオプションを「上から」、継続時間を「1.5秒」に変更します。

① タイトルスライドの1つ目のボトルのイラストを選択します。
② Shift キーを押しながら、ほかの2つのボトルのイラストをクリックします。
③ [アニメーション]タブの[効果のオプション]ボタンをクリックします。
④ [上から]をクリックします。
⑤ アニメーションのオプションが変更され、プレビューされます。
⑥ [アニメーション]タブの[継続時間]ボックスに「1.5」と入力します。
⑦ 継続時間が変更されます。

【タスク2】スライド2のブドウのイラストにアニメーションの軌跡効果「涙」を設定します。

① スライド2のブドウのイラストを選択します。
② [アニメーション]タブの[アニメーション]の[その他](または[アニメーションスタイル])ボタンをクリックします。
③ [その他のアニメーションの軌跡効果]をクリックします。
④ [アニメーションの軌跡効果の変更]ダイアログボックスが表示されます。
⑤ [ベーシック]の[涙]をクリックします。
⑥ 設定したアニメーションがプレビューされます。
⑦ [OK]をクリックします。
⑧ イラストにアニメーションの軌跡効果が設定され、アニメーション番号が表示されます。

【タスク3】スライド8の「ワイナリー紹介」と入力されている図形に「https://www.example.com/winery」へのハイパーリンクを設定し、ヒント設定に「BPワイナリー」を指定します。

① スライド8の「ワイナリー紹介」と入力されている図形を選択します。
② [挿入]タブの[リンク]ボタンをクリックします。
③ [ハイパーリンクの挿入]ダイアログボックスが表示され、[リンク先]で[ファイル、Webページ]が選択されていることを確認します。
④ 問題文の「https://www.example.com/winery」をクリックします。
⑤ [アドレス]ボックス内をクリックし、Ctrl+V キーを押します。
⑥ [ヒント設定]をクリックします。
⑦ [ハイパーリンクのヒントの設定]ダイアログボックスが表示されます。
⑧ 問題文の「BPワイナリー」をクリックします。
⑨ [ヒントのテキスト]ボックスをクリックし、Ctrl+V キーを押します。
⑩ [ハイパーリンクのヒントの設定]ダイアログボックスの[OK]をクリックします。
⑪ [ハイパーリンクの挿入]ダイアログボックスの[OK]をクリックします。
⑫ 「ワイナリー紹介」と入力されている図形に「https://www.example.com/winery」へのハイパーリンクが設定されます。
⑬ 選択を解除し、ポイントすると「BPワイナリー」がポップヒントで表示されます。

【タスク4】スライド3の箇条書きを間隔が「1cm」の2段組みにします。

① スライド3の箇条書きプレースホルダーを選択します。
② [ホーム]タブの[段の追加または削除]ボタンをクリックします。
③ [段組みの詳細設定]をクリックします。
④ [段組み]ダイアログボックスが表示されます。
⑤ [数]ボックスに「2」と入力します。
⑥ [間隔]ボックスに「1」と入力します。
⑦ [OK]をクリックします。
⑧ 箇条書きが段の間隔が1cmの2段組みになります。

【タスク5】スライド4のSmartArtにスタイル「凹凸」、色を「グラデーション - アクセント1」を設定します。

① スライド4のSmartArtを選択します。
② [SmartArtのデザイン]タブの[SmartArtのスタイル]の[その他]（または[クイックスタイル]）ボタンをクリックします。
③ [3D]の[凹凸]をクリックします。
④ SmartArtにスタイルが設定されます。
⑤ [SmartArtのデザイン]タブの[色の変更]ボタンをクリックします。
⑥ [アクセント1]の[グラデーション - アクセント1]をクリックします。
⑦ SmartArtの色が変更されます。

【タスク6】スライド6に「グラフの見直し」というコメントを挿入します。

① サムネイルのスライド6をクリックします。
② [校閲]タブの[新しいコメント]ボタンをクリックします。
③ [コメント]ウィンドウが表示され、ボックスにカーソルが表示されます。
④ 問題文の「グラフの見直し」をクリックします。
⑤ [コメント]ウィンドウのボックス内をクリックし、Ctrl+V キーを押します。
⑥ [コメントを投稿する]ボタンをクリックします。
⑦ スライド6にコメントが挿入され、スライドの右上にコメントアイコンが表示されます。
⑧ [コメント]ウィンドウの[閉じる]ボタンをクリックします。
⑨ スライドのサムネイルにコメントマークが表示されます。

プロジェクト5　ペット

【タスク1】タイトルスライド「ペットと暮らす」に3Dオブジェクトフォルダーの「dog_bp.fbx」を挿入し、スライドの左側の白い背景部分に移動します。正確な位置は問いません。

① タイトルスライド「ペットと暮らす」が選択されていることを確認します。
② [挿入]タブの[3Dモデル]ボタンの▼をクリックします。
③ [このデバイス]をクリックします。
④ [3Dモデルの挿入]ダイアログボックスで[3Dオブジェクト]フォルダーが選択されていることを確認し、[dog_bp]をクリックします。
⑤ [挿入]をクリックします。
⑥ 3Dモデルが挿入されます。
⑦ 3Dモデルの枠線をポイントしてドラッグし、スライドの左方向の白い背景の位置に移動します。

【タスク2】スライド「ペットがもたらす効果」の後にドキュメントフォルダーにある「ペット補足 _bp.docx」のアウトラインからスライドを挿入します。

① サムネイルのスライド「ペットがもたらす効果」の下、またはスライド「ペットがもたらす効果」を選択します。
② ［ホーム］タブの［新しいスライド］ボタンの▼をクリックします。
③ ［アウトラインからスライド］をクリックします。
④ ［アウトラインの挿入］ダイアログボックスが表示されます。
⑤ ［ドキュメント］フォルダーが選択されていることを確認し、「ペット補足 _bp」をクリックして［挿入］をクリックします（「ペット補足 _bp」が表示されていない場合は、左側の一覧から［ドキュメント］をクリックして指定します）。
⑥ スライド「ペットがもたらす効果」の下に「ペット補足 _bp」を基にした 3 枚のスライドが挿入されます。

【タスク3】スライド「日本におけるペットの歴史」に「変形」、オプションが「文字」の画面切り替え効果を設定します。

① サムネイルのスライド「日本におけるペットの歴史」を選択します。
② ［画面切り替え］タブの［画面切り替え］の［変形］をクリックします。
③ 設定した画面切り替えがプレビューされます。
④ ［画面切り替え］タブの［効果のオプション］ボタンをクリックします。
⑤ ［文字］をクリックします。
⑥ 画面切り替えの効果のオプションが設定され、プレビューされます。

【タスク4】スライド「ペットがもたらす効果」の画像を最背面に移動し、3 つの吹き出しを「家族が増えたようだ」、「生活にハリができた」、「心に潤いが生まれた」と入力されている順番にします。

① スライド「ペットがもたらす効果」の画像を選択します。
② ［図の形式］タブの［背面へ移動］ボタンの▼をクリックします。
③ ［最背面へ移動］をクリックします。
④ 画像が最背面へ移動します。
⑤ 「家族が増えたようだ」と入力された吹き出しの図形を選択します。
⑥ ［図形の書式］タブの［オブジェクトの選択と表示］ボタンをクリックします。
⑦ ［選択］ウィンドウが表示され、［思考の吹き出し：雲形 6］が選択されていることを確認します。
⑧ ［選択］ウィンドウの［前面へ移動］ボタンを 2 回クリックします。
⑨ ［思考の吹き出し：雲形 6］が雲形の一番上（全体では上から 4 番目）に移動します。
⑩ 「生活にハリができた」と入力された吹き出しの図形を選択します。
⑪ ［思考の吹き出し：雲形 7］が選択されていることを確認し、［前面へ移動］ボタンをクリックします。
⑫ ［思考の吹き出し：雲形 7］が雲形の 2 番目（全体では上から 5 番目）に移動します。
⑬ ［選択］ウィンドウの［閉じる］ボタンをクリックします。

【タスク5】分類プロパティに「ペット資料」と入力します。

① ［ファイル］タブの［情報］を選択します。
② 問題文の「ペット資料」をクリックします。
③ ［ファイル］タブの［情報］の［分類］ボックスをクリックし、

Ctrl+V キーを押します。
④ ファイルのプロパティの分類に「ペット資料」が入力されます。

プロジェクト6　リニューアル資料

【タスク1】スライド 3 の右上にあるビルのイラストがグレースケール表示では明るいグレースケールで表示されるようにします。

① スライド 3 のビルのイラストを選択します。
② ［表示］タブの［グレースケール］ボタンをクリックします。
③ 画面の表示がグレースケールになり、［グレースケール］タブが表示されます。
④ ［グレースケール］タブの［明るいグレースケール］ボタンをクリックします。
⑤ ビルのイラストが明るいグレースケールの色に変わります。
⑥ ［グレースケール］タブの［カラー表示に戻る］ボタンをクリックします。
⑦ 画面の表示がカラーに戻り、ビルのイラストが元の色に戻ります。

【タスク2】スライド 5 の箇条書きを「縦方向アクセントリスト」の SmartArt に変換し、「カラフル - アクセント 2 から 3」の色を設定します。

① スライド 5 の箇条書きプレースホルダーを選択します。
② ［ホーム］タブの［SmartArt グラフィックに変換］ボタンをクリックします。
③ ［その他の SmartArt グラフィック］をクリックします。
④ ［SmartArt グラフィックの選択］ダイアログボックスが表示されます。
⑤ ［リスト］の［縦方向アクセントリスト］をクリックします。
⑥ ［OK］をクリックします。
⑦ 箇条書きが SmartArt に変換されます。
⑧ ［SmartArt のデザイン］タブの［色の変更］ボタンをクリックします。
⑨ ［カラフル］の［カラフル - アクセント 2 から 3］をクリックします。
⑩ SmartArt の色が変更されます。

【タスク3】配布資料マスターの日付をオフにし、左のヘッダーに「リニューアル資料」と入力します。

① ［表示］タブの［配布資料マスター］ボタンをクリックします。
② ［配布資料マスター］画面に変わり、［配布資料マスター］タブが表示されます。
③ ［配布資料マスター］タブの［日付］チェックボックスをオフにします。
④ 問題文の「リニューアル資料」をクリックします。
⑤ ［配布資料マスター］画面の左上の［ヘッダー］ボックス内をクリックし、Ctrl+V キーを押します。
⑥ ［配布資料マスター］タブの［マスター表示を閉じる］ボタンをクリックします。

【タスク4】1 ページあたり 2 スライドで単純白黒で印刷する準備をします。

① ［ファイル］タブの［印刷］をクリックします。
② ［設定］の［フルページサイズのスライド］をクリックします。
③ ［配布資料］の［2 スライド］をクリックします。
④ 印刷プレビュー画面が 2 スライドの配布資料になります。
⑤ ［設定］の［カラー］をクリックし、［単純白黒］をクリックします。
⑥ 印刷プレビュー画面が単純白黒になります。

【タスク 5】 スライド 6 の画像に「回転、白」のスタイルと「モ
　　　　　　ザイク：バブル」のアート効果を設定します。

① スライド 6 の画像を選択します。
② ［図の形式］タブの［図のスタイル］の［その他］（または［クイックスタイル］）ボタンをクリックします。
③ 一覧から［回転、白］をクリックします。
④ 画像にスタイルが設定されます。
⑤ ［図の形式］タブの［アート効果］ボタンをクリックします。
⑥ ［モザイク：バブル］をクリックします。
⑦ 画像にアート効果が設定されます。

【タスク 6】 タイトルスライドの前に「概要」、スライド 3 の
　　　　　　前に「プラン」、スライド 7 の前に「価格」とい
　　　　　　うセクションを挿入します。

① サムネイルのタイトルスライドの前またはタイトルスライドをクリックします。
② ［ホーム］タブの［セクション］ボタンをクリックします。
③ ［セクションの追加］をクリックします。
④ タイトルスライドの前にセクションが挿入され、［セクション名の変更］ダイアログボックスが表示されます。
⑤ 問題文の「概要」をクリックします。
⑥ ［セクション名の変更］ダイアログボックスの［セクション名］ボックスをクリックし、Ctrl+V キーを押します。
⑦ ［名前の変更］をクリックします。
⑧ セクション名が「概要」に変更されます。
⑨ サムネイルのスライド 2 と 3 の間、またはスライド 3 をクリックし、手順 2 〜 7 と同様の操作でセクション名を「プラン」にします。
⑩ サムネイルのスライド 6 と 7 の間、またはスライド 7 をクリックし、手順 2 〜 7 と同様の操作でセクション名を「価格」にします。

● 模擬テスト 2

プロジェクト 1　ジビエ

【タスク 1】 タイトルスライドの前に「ジビエ〜 Gibier 〜」「日
　　　　　　本のジビエの現状」へのリンクを含むサマリー
　　　　　　ズームのスライドを挿入します。

① サムネイルのタイトルスライドをクリックします。
② ［挿入］タブの［ズーム］ボタンをクリックし、［サマリーズーム］をクリックします。
③ ［サマリーズームの挿入］ダイアログボックスが表示されます。
④ 「1. ジビエ〜 Gibier 〜」と「3. 日本のジビエの現状」のチェックボックスをオンにし、［挿入］をクリックします。
⑤ タイトルスライドの前にサマリーズームが挿入されます。

【タスク 2】 スライド「ジビエフェア開催」の画像の右端をト
　　　　　　リミングしてスライドに合わせます。

① スライド「ジビエフェア開催」の図をクリックします。
② ［図の形式］タブの［トリミング］ボタンをクリックします。
③ 図の右中央のハンドルを左方向にスライドからはみ出さない位置までドラッグします。
④ ［トリミング］ボタンをクリックして、トリミングを確定します。
⑤ 図がトリミングされます。

【タスク 3】 ドキュメントを検査して、「プレゼンテーション
　　　　　　ノート」を削除します。他はそのままにします。

① ［ファイル］タブの［情報］の［問題のチェック］をクリックします。

② ［ドキュメント検査］をクリックします。
③ 保存確認のメッセージが表示されたら［はい］をクリックします。
④ ［ドキュメントの検査］ダイアログボックスが表示されます。
⑤ ［検査］をクリックします。
⑥ ［プレゼンテーションノート］の［すべて削除］をクリックします。
⑦ プレゼンテーションノートが削除されます。
⑧ ［ドキュメント検査］ダイアログボックスの［閉じる］をクリックします。

【タスク 4】 すべてのスライドの画面切り替えの効果のオプ
　　　　　　ションを「右」に変更します。

① ［画面切り替え］タブの［画面切り替え］の［効果のオプション］ボタンをクリックします。
② 一覧の［右］をクリックします。
③ ［すべてに適用］をクリックします。
④ 画面切り替えが設定されます。

【タスク 5】 スライド「主なジビエの種類」と「ジビエの特徴」
　　　　　　の順番を入れ替えます。

① サムネイルでスライド「主なジビエの種類」をスライド「ジビエの特徴」の下にドラッグアンドドロップします。
② 順番が入れ替わります。

【タスク 6】 スライド「ジビエとは」のテキストに塗りつぶし
　　　　　　四角の行頭文字の箇条書きを設定します。

① スライド「ジビエとは」の箇条書きのプレースホルダーを選択します。
② ［ホーム］タブの［箇条書き］ボタンの▼をクリックし、［塗りつぶし四角の行頭文字］をクリックします。
③ 箇条書きの行頭文字が変更されます。

【タスク 7】 「ジビエの特徴」のスライドの箇条書きテキスト
　　　　　　に「ズーム」のアニメーションを設定し、タイミ
　　　　　　ングを「直前の動作の後」にします。

① スライド「ジビエの特徴」の箇条書きのプレースホルダーを選択します。
② ［アニメーション］タブの［アニメーション］の［アニメーションスタイル］ボタンをクリックします。
③ ［開始］の一覧から［ズーム］をクリックします。
④ ［開始］ボックスをクリックし、［直前の動作の後］をクリックします。
⑤ 箇条書きにアニメーションが設定され、番号が表示されます。

プロジェクト 2　社員交流イベント

【タスク 1】 スライドのノートをページ単位で 2 部印刷する設
　　　　　　定をします。

① ［ファイル］タブの［印刷］をクリックします。
② ［部数］ボックスに「2」と指定します。
③ ［フルページサイズのスライド］をクリックし、［ノート］をクリックします。
④ ［部単位で印刷］をクリックし、［ページ単位で印刷］をクリックします。
⑤ 印刷設定が変更されます。

【タスク 2】 読み取り専用で常に開くようにプレゼンテーショ
　　　　　　ンの設定を変更します。

① ［ファイル］タブの［情報］の［プレゼンテーションの保護］をクリックします。
② ［常に読み取り専用で開く］をクリックします。

③ プレゼンテーションが読み取り専用で開く設定に変更されます。

【タスク1】タイトルスライドを除いたすべてのスライドにスライド番号とフッターに「総務部_9月」を表示します。

① ［挿入］タブの［ヘッダーとフッター］ボタンをクリックします。
② ［ヘッダーとフッター］ダイアログボックスの［スライド番号］チェックボックスをオンにします。
③ ［フッター］チェックボックスをオンにします。
④ 問題文の「総務部_9月」をクリックします。
⑤ ［フッター］ボックスをクリックし、Ctrl + V キーを押します。
⑥ ［タイトルスライドに表示しない］チェックボックスをオンにします。
⑦ ［すべてに適用］ボタンをクリックします。
⑧ タイトルスライド以外のスライドにスライド番号とフッターが表示されます。

【タスク2】スライド「早期に受診することによるメリット」の右側のプレースホルダーにドキュメントフォルダーにある「Green_bp.mp4」を挿入します。

① スライド「早期に受診することによるメリット」の右側のプレースホルダー内の［ビデオの挿入］アイコンをクリックします。
② 左側の一覧から［ドキュメント］が選択されていることを確認し、一覧から［Green_bp］をクリックして［挿入］をクリックします。
③ スライドにビデオが挿入されます。

【タスク3】スライド「受診率100%に向けて」にある左側の円の図形に「受診を」と入力します。

① サムネイルのスライド「受診率100%に向けて」を選択します。
② 問題文の「受診を」をクリックします。
③ スライド内の左側の円の図形をクリックして Ctrl + V キーを押します。
④ 図形内に文字が追加されます。

【タスク4】配布資料マスターでヘッダーのプレースホルダーを削除します。

① ［表示］タブの［配布資料マスター］ボタンをクリックします。
② ［配布資料マスター］タブの［ヘッダー］チェックボックスをオフにします。
③ ［配布資料マスター］タブの［閉じる］をクリックします。

【タスク5】「2つのコンテンツ」スライドマスターの「フッター」プレースホルダーを削除します。

① ［表示］タブの［スライドマスター］ボタンをクリックします。
② 左側のサムネイルの［2つのコンテンツレイアウト］をクリックします。
③ ［スライドマスター］タブの［フッター］チェックボックスをオフにします。
④ ［スライドマスター］タブの［マスター表示を閉じる］ボタンをクリックします。

【タスク6】スライド「健康診断は社員の義務」の画像に「ひし形」のアニメーションの軌跡効果を設定します。

① サムネイルでスライド「健康診断は社員の義務」をクリックし、画面下部の画像をクリックします。
② ［アニメーション］タブの［アニメーション］の［その他］（または［アニメーションスタイル］）ボタンをクリックします。
③ ［その他のアニメーションの軌跡効果］をクリックします。

④ ［アニメーションの軌跡効果の変更］ダイアログボックスが表示されます。
⑤ ［ひし形］をクリックして［OK］をクリックします。
⑥ 画像にアニメーションが設定されます。

【タスク7】「健康診断」という名前の目的別スライドショーを作成し、3枚目と4枚目以外を含めます。

① ［スライドショー］タブの［目的別スライドショー］ボタンをクリックし、［目的別スライドショー］をクリックします。
② ［目的別スライドショー］ダイアログボックスの［新規作成］をクリックします。
③ 問題文の「健康診断」をクリックし、［目的別スライドショーの定義］ダイアログボックスの［スライドショーの名前］ボックスの「目的別スライドショー1」を範囲選択して Ctrl + V キーを押します。
④ ［プレゼンテーション中のスライド］の一覧で3枚目と4枚目以外のチェックボックスをオンにし、［追加］ボタンをクリックします。
⑤ ［OK］をクリックします。
⑥ ［閉じる］をクリックします。

【タスク1】スライド「参考資料2」の箇条書きテキストをSmartArtの「基本ベン図」に変換します。

① スライド「参考資料2」の箇条書きのテキストをクリックします。
② ［ホーム］タブの［SmartArtグラフィックに変換］ボタンをクリックします。
③ ［基本ベン図］をクリックします。
④ 箇条書きが SmartArt グラフィックに変換されます。

【タスク2】スライドの切り替えが「保存済みのタイミング」になるようにスライドショーのオプションを設定します。

① ［スライドショー］タブの［スライドショーの設定］ボタンをクリックします。
② ［スライドショーの設定］ダイアログボックスの［スライドの切り替え］の［保存済みのタイミング］をオンにします。
③ ［OK］をクリックします。
④ スライドショーのタイミングが変更されます。

【タスク3】スライド2～4をセクション「ライフプラン概要」、スライド5以降をセクション「参考資料」にします。

① サムネイルのスライド2を選択します。
② ［ホーム］タブの［セクション］ボタンをクリックし、［セクションの追加］をクリックします。
③ ［セクション名の変更］ダイアログボックスが表示されます。
④ 問題文の「ライフプラン概要」をクリックします。
⑤ ［セクション名］ボックスをクリックし、Ctrl + V キーを押します。
⑥ ［名前の変更］をクリックします。
⑦ サムネイルのスライド5を選択します。
⑧ ［ホーム］タブの［セクション］ボタンをクリックし、［セクションの追加］をクリックします。
⑨ ［セクション名の変更］ダイアログボックスが表示されます。
⑩ 問題文の「参考資料」をクリックします。
⑪ ［セクション名］ボックスをクリックし、Ctrl + V キーを押します。
⑫ ［名前の変更］をクリックします。
⑬ セクションが追加されます。

【タスク4】スライド「キャンペーン概要」の画像に「シンプルな枠、白」のスタイルと、「線画」アート効果を設定します。

① スライド「キャンペーン概要」の図をクリックします。
② [図の形式] タブの [図のスタイル] の [その他]（または [クイックスタイル]）ボタンをクリックします。
③ [シンプルな枠、白] をクリックします。
④ [アート効果] ボタンをクリックし [線画] をクリックします。
⑤ 図にスタイルとアート効果が設定されます。

【タスク5】スライド「参考資料1」の表の左端に列を追加し、1列1行目に「疾病種類」、1列2行目に「成人病」、1列6行目に「その他」と入力し、1列2行目から5行目までのセル、1列6行目から9行目までのセルをそれぞれ結合します。

① スライド「参考資料1」の表の左端列の任意のセルをクリックます。
② [レイアウト] タブの [左に列を挿入] ボタンをクリックします。
③ 表に列が追加されます。
④ 問題文の「疾病種類」をクリックします。
⑤ 1列1行目のセルにカーソルを移動して Ctrl + V キーを押します。
⑥ 問題文の「成人病」をクリックします。
⑦ 1列2行目のセルにカーソルを移動して Ctrl + V キーを押します。
⑧ 問題文の「その他」をクリックします。
⑨ 1列6行目のセルにカーソルを移動して Ctrl + V キーを押します。
⑩ 1列2行目から5行目までを範囲選択し、[レイアウト] タブの [セルの結合] ボタンをクリックします。
⑪ 1列6行目から9行目までを範囲選択し、[レイアウト] タブの [セルの結合] ボタンをクリックします。
⑫ セルが結合されます。

【タスク6】スライド「ライフプランニング概要」にコメント「内容の確認をお願いします。」を追加します。

① サムネイルのスライド「ライフプランニング概要」を選択します。
② [校閲] タブの [新しいコメント] ボタンをクリックします。
③ [コメント] ウィンドウが表示されます。
④ 問題文の「内容の確認をお願いします。」をクリックします。
⑤ [コメント] ウィンドウのボックス内をクリックし、Ctrl+V キーを押します。
⑥ [コメントを投稿する] ボタンをクリックします。
⑦ [コメント] ウィンドウの [閉じる] ボタンをクリックします。
⑧ スライドのサムネイルにコメントマークが表示されます。

プロジェクト5　マイバッグ推進運動

【タスク1】スライド「キャッチコピー」の下の4つの画像をグループ化します。

① スライド「キャッチコピー」の4つの画像を選択します。
② [図形の書式] タブの [グループ化] ボタンをクリックし、[グループ化] をクリックします。
③ 4つの画像がグループ化されます。

【タスク2】スライド「レジ袋有料化の意見」の左側のプレースホルダーに右側の表のデータを使ってグラフ「集合縦棒」を挿入します。データは手動で入力またはコピーをします。グラフタイトルと凡例は削除します。

① スライド「レジ袋有料化の意見」の左側のプレースホルダー内の [グラフの挿入] アイコンをクリックします。
② [グラフの挿入] ダイアログボックスが表示されます。
③ [縦棒] をクリックし、[集合縦棒] をクリックして [OK] をクリ

クします。
④ スライドの右側の表を選択し、Ctrl+C キーを押します。
⑤ [Microsoft PowerPoint 内のグラフ] シートのセル「A1」をクリックし、Ctrl+V キーを押します。
⑥ [貼り付けのオプション] ボタンをクリックし、[貼り付け先の書式に合わせる] をクリックします。
⑦ シートのC列からD列までドラッグし、右クリックして [削除] をクリックします。
⑧ [Microsoft PowerPoint 内のグラフ] シートの [閉じる] ボタンをクリックします。
⑨ グラフタイトル「回答（人）」をクリックし、Delete キーを押します。
⑩ 凡例「回答（人）」をクリックし、Delete キーを押します。
⑪ グラフが作成されます。

【タスク3】スライドサイズを横30cm、縦18cmに変更し、サイズに合わせて調整するようにします。

① [デザイン] タブの [スライドのサイズ] ボタンをクリックし、[ユーザー設定のスライドのサイズ] をクリックします。
② [スライドのサイズ] ダイアログボックスの [幅] ボックスを「30cm」に変更します。
③ [高さ] ボックスを「18cm」に変更し、[OK] をクリックします。
④ [サイズに合わせて調整] をクリックします。
⑤ スライドのサイズが変更されます。

【タスク4】スライド「目標」に「上向き矢印」の SmartArt を挿入し、「33%」「60%」「90%」と入力します。

① スライド「目標」のコンテンツプレースホルダー内の [SmartArt グラフィックの挿入] アイコンをクリックします。
② [SmartArt グラフィックの選択] ダイアログボックスが表示されます。
③ [手順] をクリックし、[上向き矢印] をクリックして [OK] をクリックします。
④ [SmartArt のデザイン] タブの [テキストウィンドウ] ボタンをクリックします。
⑤ 問題文の「33%」をクリックします。
⑥ テキストウィンドウの1行目をクリックして Ctrl + V キーを押します。
⑦ 問題文の「60%」をクリックします。
⑧ テキストウィンドウの2行目をクリックして Ctrl + V キーを押します。
⑨ 問題文の「90%」をクリックします。
⑩ テキストウィンドウの3行目をクリックして Ctrl + V キーを押します。
⑪ テキストウィンドウの [×] をクリックして閉じます。

【タスク5】スライド「背景」のテキストを1段組みにします。

① スライド「背景」のコンテンツプレースホルダーをクリックします。
② [ホーム] タブの [段の追加または削除] ボタンをクリックし、「1段組み」をクリックします。
③ テキストが1段組みになります。

【タスク6】スライド「4月より」に「店内施策」へのスライドズームを挿入し、スライドの右上に配置します。

① サムネイルのスライド「4月より」を選択します。
② [挿入] タブの [ズーム] ボタンをクリックし、[スライドズーム] をクリックします。
③ [スライドズームの挿入] ダイアログボックスが表示されます。
④ 「6. 店内施策」のチェックボックスをオンにし、[挿入] をクリッ

クします。

⑤ 挿入されたスライドズームをスライドの右上にドラッグします。

【タスク1】スライド「"田舎暮らし"に関するお問い合わせ」の画像のアニメーション効果のオプションを「左から」スライドインする設定に変更します。

① スライド「"田舎暮らし"に関するお問い合わせ」の画像をクリックします。
② [アニメーション] タブをクリックし、[効果のオプション] ボタンをクリックして、[左から] をクリックします。
③ アニメーションの効果が変更されます。

【タスク2】スライド「"田舎暮らし"に関するお問い合わせ」の「WEB 太森市」の「太森市」の文字列にハイパーリンク「https://www.example.jp/inaka」を設定し、表示文字列を「太森市スローライフ課HP」にします。

① スライド「"田舎暮らし"に関するお問い合わせ」にある「WEB 太森市」の「太森市」の文字列を選択します。
② [挿入] タブの [リンク] ボタンをクリックします。
③ [ハイパーリンクの挿入] ダイアログボックスが表示されます。
④ 問題文の「https://www.example.jp/inaka」をクリックします。
⑤ [アドレス] ボックスをクリックし、Ctrl + V キーを押します。
⑥ 問題文の「太森市スローライフ課HP」をクリックします。
⑦ [表示文字列] ボックスに入力されている「太森市」を選択し、Ctrl + V キーを押します。
⑧ [OK] をクリックします。
⑨ 文字列にハイパーリンクが設定されます。

【タスク3】スライド「お試し田舎暮らし」の前に「セクション見出し」レイアウトのスライドを追加し、タイトルに「体験田舎暮らし」と入力してフォントを「80pt」にします。

① サムネイルのスライド「田舎暮らしの始め方」を選択します。
② [ホーム] タブの [新しいスライド] ボタンの▼をクリックし、[セクション見出し] をクリックします。
③ レイアウトが「セクション見出し」のスライドが挿入されます。
④ 問題文の「体験田舎暮らし」をクリックします。
⑤ 挿入したスライドのタイトルプレースホルダー内をクリックし、Ctrl + V キーを押します。
⑥ タイトルプレースホルダーを選択し、[ホーム] タブの [フォントサイズ] ボタンの▼をクリックして「80」をクリックします。

【タスク4】タイトルスライドの「田舎暮らしは良い暮らし」の文字の色を「ベージュ、アクセント4」、文字間隔を「20pt」に変更します。

① タイトルスライドのタイトルプレースホルダーを選択します。
② [ホーム] タブの [フォントの色] ボタンの▼をクリックし、[テーマの色] の [ベージュ、アクセント4] をクリックします。
③ [ホーム] タブの [文字の間隔] ボタンの▼をクリックし、[その他の間隔] をクリックします。
④ [フォント] ダイアログボックスの [文字幅と間隔] タブが表示されます。
⑤ [幅] ボックスに「20」と入力し、[OK] をクリックします。
⑥ 文字色と文字間隔が変更されます。

【タスク5】スライド「田舎暮らしの始め方」の SmartArt の一番下に図形を追加し、レベルを下げて「田舎暮らしをするからには完全移住派」と入力します。

① スライド「田舎暮らしの始め方」内の SmartArt グラフィックをクリックします。
② [SmartArt のデザイン] タブの [テキストウィンドウ] ボタンをクリックします。
③ テキストウィンドウ一番下の「田舎へ完全移住」の右側をクリックし、Enter キーを押します。
④ [SmartArt のデザイン] タブの [レベル下げ] ボタンをクリックします。
⑤ 問題文の「田舎暮らしをするからには完全移住派」をクリックします。
⑥ テキストウィンドウ一番下の追加した箇条書きをクリックし、Ctrl + V キーを押します。
⑦ テキストウィンドウの [×] をクリックします。
⑧ SmartArt グラフィックの一番下に図形が追加されます。

【タスク6】スライド「体験ツアーレポート（参加者様の声）」の 3D モデルにフェードインのアニメーションを設定します。

① スライド「体験ツアーレポート（参加者様の声）」の 3D モデルをクリックします。
② [アニメーション] タブの [アニメーション] の [フェードイン] をクリックします。
③ 3D モデルにアニメーションが設定されます。

【タスク7】スライド「太森市への移住者の年代別人口比率」のグラフの種類を「集合横棒」にします。

① スライド「太森市への移住者の年代別人口比率」のグラフクリックします。
② [グラフのデザイン] タブの [グラフの種類の変更] ボタンをクリックします。
③ [グラフの種類の変更] ダイアログボックスが表示されます。
④ [横棒] をクリックし、[集合横棒] が選択されていることを確認して [OK] をクリックします。
⑤ グラフの種類が変更されます。

●模擬テスト3

【タスク1】スライドの最後に白紙のレイアウトのスライドを挿入します。

① サムネイルのスライド「宍道湖名物」（スライド8）の後ろ、またはスライドをクリックします。
② [ホーム] タブの [新しいスライド] ボタンの▼をクリックします。
③ [白紙] をクリックします。
④ スライド「宍道湖名物」の下に「白紙」のスライドが挿入されます。

【タスク2】スライド「出雲大社のうさぎ」に折り紙の画面切り替えを設定します。

① サムネイルのスライド「出雲大社のうさぎ」をクリックします。
② [画面切り替え] タブの [画面切り替え] の [その他]（または [切り替え効果]）ボタンをクリックします。
③ [はなやか] の [折り紙] をクリックします。
④ 画面切り替え効果がプレビューされ、設定されます。

【タスク3】スライド「行きたい名所ベスト3」の表のデータを使用して、右側のプレースホルダーに集合縦棒グラフを作成します。

① スライド「行きたい名所ベスト3」の右側のプレースホルダーの[グラフの挿入]アイコンをクリックします。
② [グラフの挿入]ダイアログボックスが表示されます。
③ 左側の一覧が[縦棒]、上の形式が[集合縦棒]になっていることを確認して[OK]をクリックします。
④ プレースホルダー内に集合縦棒グラフが挿入され、[Microsoft PowerPoint 内のグラフ]シートが表示されます。
⑤ 左側の表を選択します。
⑥ [ホーム]タブの[コピー]ボタンをクリックします。
⑦ [Microsoft PowerPoint 内のグラフ]シートのセルA1で右クリックします。
⑧ [貼り付けのオプション]の[貼り付け先の書式に合わせる]をクリックします。
⑨ 表のデータが[Microsoft PowerPoint 内のグラフ]シートにコピーされます。
⑩ [Microsoft PowerPoint 内のグラフ]シートのセルD5の右下の青い枠にマウスポインターを合わせ、青い枠がセルB4の右下になるようにドラッグします。
⑪ グラフのデータ範囲がセルA1:B4に変更され、グラフに反映されます。
⑫ [Microsoft PowerPoint 内のグラフ]シートの[閉じる]ボタンをクリックします。
⑬ [Microsoft PowerPoint 内のグラフ]シートが閉じます。

【タスク4】スライド「島根観光」、「出雲大社」、「松江城」、「宍道湖遊覧船」を使って「島根の名所」という名前で目的別スライドショーを作成します。

① [スライドショー]タブの[目的別スライドショー]ボタンをクリックします。
② [目的別スライドショー]をクリックします。
③ [目的別スライドショー]ダイアログボックスが表示されます。
④ [新規作成]をクリックします。
⑤ 問題文の「島根の名所」をクリックします。
⑥ [目的別スライドショーの定義]ダイアログボックスの[スライドショーの名前]ボックス内の「目的別スライド ショー 1」を削除し、Ctrl+V キーを押します。
⑦ [目的別スライドショーの定義]ダイアログボックスの[プレゼンテーション中のスライド]の「1.島根観光」、「3.出雲大社」、「5.松江城」、「7.宍道湖遊覧船」のチェックボックスをオンにし、[追加]をクリックします。
⑧ [目的別スライドショーのスライド]に「1.島根観光」、「2.出雲大社」、「3.松江城」、「4.宍道湖遊覧船」と表示されたことを確認し、[OK]をクリックします。
⑨ [目的別スライドショー]ダイアログボックスに「島根の名所」と表示されていることを確認し、[閉じる]をクリックします。

【タスク5】スライド「松江城」の葉っぱのイラストを最前面、「秋は紅葉も」と入力された楕円を最背面に移動します。

① スライド「松江城」の葉っぱのイラストを選択します。
② [図の形式]タブの[前面へ移動]ボタンの▼をクリックします。
③ [最前面へ移動]をクリックします。
④ 葉っぱの図が最前面に移動します。
⑤ 「秋は紅葉も」と入力された楕円を選択します。
⑥ [図形の書式]タブの[背面へ移動]ボタンの▼をクリックします。

⑦ [最背面へ移動]をクリックします。
⑧ 「秋は紅葉も」と入力された楕円が最背面に移動します。

【タスク6】セクション「既定のセクション」のセクション名を「島根旅」に変更します。

① 「既定のセクション」のセクション名をクリックします。
② [ホーム]タブの[セクション]ボタンをクリックします。
③ [セクション名の変更]をクリックします。
④ [セクション名の変更]ダイアログボックスが表示されます。
⑤ 問題文の「島根旅」をクリックします。
⑥ [セクション名]ボックスをクリックし、Ctrl+V キーを押します。
⑦ [名前の変更]をクリックします。
⑧ セクション名が「島根旅」に変更されます。

プロジェクト2 短期講座

【タスク1】スライドマスターで「タイトルのみ」レイアウトを複製し、「詳細」という名前のレイアウトを作成して左に表、右に SmartArt のプレースホルダーを配置します。正確なサイズや位置は問いません。

① [表示]タブの[スライドマスター]ボタンをクリックします。
② 左側のサムネイルの[タイトルのみレイアウト]を右クリックします。
③ [レイアウトの複製]をクリックします。
④ [タイトルのみレイアウト]の下に[1_タイトルのみレイアウト]が複製され、選択されます。
⑤ [スライドマスター]タブの[名前の変更]ボタンをクリックします。
⑥ [レイアウト名の変更]ダイアログボックスが表示されます。
⑦ 問題文の「詳細」をクリックします。
⑧ [レイアウト名の変更]ダイアログボックスの[レイアウト名]ボックス内をクリックし、Ctrl+V キーを押します。
⑨ [名前の変更]をクリックします。
⑩ レイアウト名が変更されます。
⑪ [スライドマスター]タブの[プレースホルダーの挿入]ボタンの▼をクリックします。
⑫ 一覧から[表]をクリックします。
⑬ マウスポインターの形状が + に変わったことを確認し、「マスタータイトルの書式設定」と表示されているプレースホルダーの左下上部から右下へドラッグします。
⑭ 表プレースホルダーが挿入されます。
⑮ [スライドマスター]タブの[プレースホルダーの挿入]ボタンの▼をクリックします。
⑯ 一覧から[SmartArt]をクリックします。
⑰ マウスポインターの形状が + に変わったことを確認し、表プレースホルダーの右側の余白をドラッグします。
⑱ SmartArt グラフィックプレースホルダーが挿入されます。
⑲ [スライドマスター]タブの[マスター表示を閉じる]ボタンをクリックします。

【タスク2】スライド6の矢印の枠線を「6pt」にし、「透視投影:左上」の影を設定します。

① スライド6の矢印の図形を選択します。
② [図形の書式]タブの[図形の枠線]ボタンの▼をクリックします。
③ [太さ]をポイントし、[6pt]をクリックします。
④ 図形の枠線の太さが変更されます。
⑤ [図形の書式]タブの[図形の効果]ボタンをクリックします。
⑥ [影]をポイントし、[透視投影]の[透視投影:左上]をクリックします。
⑦ 図形に影が設定されます。

【タスク3】タイトルスライド以外のスライドにスライド番号を表示します。

① ［挿入］タブの［スライド番号の挿入］ボタンをクリックします。
② ［ヘッダーとフッター］ダイアログボックスの［スライド］タブが表示されます。
③ ［スライド番号］チェックボックスをオンにします。
④ ［タイトルスライドに表示しない］チェックボックスをオンにします。
⑤ ［すべてに適用］をクリックします。
⑥ タイトルスライド以外のスライドにスライド番号が表示されます。

【タスク4】スライド2に縦方向箇条書きリストのSmartArtを挿入し、上から「少人数制」、「少ない定員で丁寧に指導」、「自習教材の提供」、「欠席してもビデオ学習が可能」と入力します。

① サムネイルのスライド2をクリックします。
② プレースホルダー内の［SmartArtグラフィックの挿入］アイコンをクリックします。
③ ［SmartArtグラフィックの挿入］ダイアログボックスが表示されます。
④ ［リスト］の［縦方向箇条書きリスト］をクリックします。
⑤ ［OK］をクリックします。
⑥ SmartArtが挿入されます。
⑦ ［SmartArtのデザイン］タブの［テキストウィンドウ］ボタンをクリックします。
⑧ 問題文の「少人数制」をクリックします。
⑨ テキストウィンドウの1行目をクリックし、Ctrl+Vキーを押します。
⑩ キーボードの下向き矢印をクリックし、2行目にカーソルを移動します。
⑪ 手順8～9と同様の操作で2行目に「少ない定員で丁寧に指導」、3行目に「自習教材の提供」、4行目に「欠席してもビデオ学習が可能」と入力します。
⑫ テキストウィンドウの［×］をクリックして閉じます。

【タスク5】メディアのサイズを圧縮します。品質は問いません。

① ［ファイル］タブの［情報］の［メディアサイズとパフォーマンス］にある［メディアの圧縮］をクリックします。
② 任意の品質をクリックします。
③ ［メディアの圧縮］ダイアログボックスが表示され、メディアの圧縮状況が表示されます。
④ ［メディアの圧縮］ダイアログボックスの下部に［圧縮が完了しました…］と表示されたら［閉じる］をクリックします。
⑤ メディアが圧縮されます。

【タスク6】スライド5のグラフの右側の白い部分に「高い満足度！」と入力した横書きテキストボックスを作成します。

① サムネイルのスライド5をクリックします。
② ［挿入］タブの［テキストボックス］ボタンをクリックします。
③ 円グラフの右側の任意の白い部分をクリックします。
④ 問題文の「高い満足度！」をクリックします。
⑤ テキストボックスにカーソルが表示されていることを確認し、Ctrl+Vキーを押します。

【タスク1】スライドマスターでスライドの背景のスタイルをスタイル2にします。

① ［表示］タブの［スライドマスター］ボタンをクリックします。
② 左側のサムネイルの一番上の［スライドマスター］をクリックします。
③ ［スライドマスター］タブの［背景のスタイル］ボタンをクリックします。
④ ［スタイル2］をクリックします。
⑤ スライドの背景が変更されます。
⑥ ［スライドマスター］タブの［マスター表示を閉じる］ボタンをクリックします。

【タスク2】スライド2の下の図形に「雑誌BPに掲載中」と文字を入力します。

① スライド2の下の図形を選択します。
② 問題文の「雑誌BPに掲載中」をクリックします。
③ 図形が選択されていることを確認し、Ctrl+Vキーを押します。
④ 図形に文字列が入力されます。

【タスク3】スライド3の「銀座○○ギャラリー」と入力されている図形のサイズを左の「横浜○○モール」と入力されている図形のサイズに合わせます。

① スライド3の「横浜○○モール」と入力されている図形を選択します。
② ［図形の書式］タブの［図形の高さ］ボックスが「7cm」、［図形の幅］ボックスが「8cm」であることを確認します（図形がロックされているためグレー表示になっています）。
③ 「銀座○○ギャラリー」と入力されている図形をクリックします。
④ ［図形の書式］タブの［図形の高さ］ボックスをクリックし、「7」と入力します。
⑤ ［図形の幅］ボックスをクリックし、「8」と入力します。
⑥ 「銀座○○ギャラリー」と入力されている図形のサイズが変更されます。

【タスク4】スライド4に動画「yacho_bp」を挿入し、動画の幅を「16cm」にします。

① サムネイルのスライド4をクリックします。
② プレースホルダー内の［ビデオの挿入］アイコンをクリックします。
③ ［ビデオの挿入］ダイアログボックスが表示されます。
④ ドキュメントフォルダーが選択されていることを確認し、「yacho_bp」を選択します（表示されていない場合は左の一覧から［ドキュメント］をクリックして選択します）。
⑤ ［挿入］をクリックします。
⑥ 動画が挿入されます。
⑦ ［ビデオ形式］タブの［幅］ボックスに「16」と入力します。
⑧ 動画のサイズが変更されます。

【タスク5】スライドマスターのタイトルのみレイアウトの背景を非表示にし、マスタータイトルのフォントの色を「茶、アクセント2」、太字にします。

① ［表示］タブの［スライドマスター］ボタンをクリックします。
② 左側のサムネイルの［タイトルのみレイアウト］をクリックします。
③ ［スライドマスター］タブの［背景を非表示］チェックボックスをオンにします。
④ ［マスタータイトルの書式設定］プレースホルダーの枠線をクリッ

クします。

⑤ ［ホーム］タブの［フォントの色］ボタンの▼をクリックし、［茶、アクセント2］をクリックします。

⑥ ［太字］ボタンをクリックします。

⑦ ［マスタータイトルの書式設定］のフォントの色が茶、太字に変更されます。

⑧ ［スライドマスター］タブの［マスター表示を閉じる］ボタンをクリックします。

【タスク6】タイトルスライドの画像にアニメーションの軌跡効果「バウンド（左へ）」を設定します。

① タイトルスライドの画像を選択します。

② ［アニメーション］タブの［アニメーション］の［その他］（または［アニメーションスタイル］）ボタンをクリックします。

③ ［その他のアニメーションの軌跡効果］をクリックします。

④ ［アニメーションの軌跡効果の変更］ダイアログボックスが表示されます。

⑤ ［線と曲線］の［バウンド（左へ）］をクリックします。

⑥ 設定したアニメーションがプレビューされます。

⑦ ［OK］をクリックします。

⑧ 画像にアニメーションの軌跡効果が設定され、アニメーション番号が表示されます。

プロジェクト4　ペット可物件

【タスク1】タイトルスライドの画像を「涙形」の図形に合わせてトリミングします。

① タイトルスライドの画像を選択します。

② ［図の形式］タブの［トリミング］ボタンの▼をクリックします。

③ ［図形に合わせてトリミング］をポイントし、［基本図形］の［涙形］をクリックします。

④ 画像が「涙形」の図形に合わせてトリミングされます。

【タスク2】スライド1から4のみグレースケールで5部印刷する準備をします。その際、部単位で印刷されるようにします。

① ［ファイル］タブの［印刷］をクリックします。

② ［設定］の［スライド指定］ボックスに「1-4」と入力します。

③ ［設定］の［カラー］をクリックし、［グレースケール］をクリックします。

④ ［部数］ボックスに「5」と指定します。

⑤ ［設定］の［部単位で印刷］が選択されていることを確認します。

⑥ 印刷の設定が変更されます。

【タスク3】スライド3の画像と図形をグループ化します。

① スライド3の画像をクリックします。

② Shiftキーを押しながら青い枠の図形をクリックします。

③ ［図形の書式］（または［図の形式］タブ）の［グループ化］ボタンをクリックします。

④ ［グループ化］をクリックします。

⑤ 画像と図形がグループ化されます。

【タスク4】スライド2の箇条書きを「ターゲットリスト」のSmartArtに変換します。

① スライド2の箇条書きプレースホルダーを選択します。

② ［ホーム］タブの［SmartArtグラフィックに変換］ボタンをクリックします。

③ ［その他のSmartArtグラフィック］をクリックします。

④ ［SmartArtグラフィックの選択］ダイアログボックスが表示されます。

⑤ ［リスト］の［ターゲットリスト］を選択します。

⑥ ［OK］をクリックします。

⑦ 箇条書きがSmartArtに変換されます。

【タスク5】スライド5のビデオを2秒でフェードインし、スライドが切り替わったら自動で再生するようにします。

① スライド5のビデオを選択します。

② ［再生］タブの［フェードイン］ボックスに「2」と入力します。

③ ［再生］タブの［開始］ボックスをクリックし、［自動］をクリックします。

④ ビデオの再生の設定が変更されます。

【タスク6】スライド7のスライドの背景をピクチャーフォルダーの「building_bp」にして、透明度を20％にします。

① サムネイルのスライド7をクリックします。

② ［デザイン］タブの［背景の書式設定］ボタンをクリックします。

③ ［背景の書式設定］作業ウィンドウの［塗りつぶし］が表示されます。

④ ［塗りつぶし］の［塗りつぶし（図またはテクスチャ）］をオンにします。

⑤ ［画像ソース］の［挿入する］をクリックします。

⑥ ［図の挿入］ウィンドウの［ファイルから］をクリックします。

⑦ ［図の挿入］ダイアログボックスが表示されます。

⑧ ［ピクチャ］フォルダーが選択されていることを確認し、「building_bp」をクリックします。

⑨ ［挿入］をクリックします。

⑩ スライドの背景に画像が挿入されます。

⑪ ［背景の書式設定］作業ウィンドウの［塗りつぶし］の［透明度］ボックスに「20」と入力します。

⑫ 背景の画像の透明度が変更されます。

⑬ ［背景の書式設定］作業ウィンドウの［閉じる］ボタンをクリックします。

プロジェクト5　ことわざと四字熟語

【タスク1】ノートマスターのテキストプレースホルダーの枠線の色に「青-アクセント5」を設定します。

① ［表示］タブの［ノートマスター］ボタンをクリックします。

② ノートマスターの下部分のテキストプレースホルダーの枠線をクリックします。

③ ［図形の書式］タブの［図形の枠線］ボタンの▼をクリックします。

④ ［テーマの色］の［青-アクセント5］をクリックします。

⑤ ノートマスターのテキストプレースホルダーの枠線に色が設定されます。

⑥ ［ノートマスター］タブの［マスター表示を閉じる］ボタンをクリックします。

【タスク2】タイトルスライドにスライド2と5にリンクするスライドズームを挿入し、サムネイルを下部の薄い水色の四角形の図形の部分にスライド2を左、スライド5を右に重ならないように配置します。正確な位置は問いません。

① サムネイルのスライド1をクリックします。

② ［挿入］タブの［ズーム］ボタンをクリックします。

③ ［スライドズーム］をクリックします。

④ ［スライドズームの挿入］ダイアログボックスが表示されます。

⑤ 「2.ことわざとは」と「5.四字熟語とは」のチェックボックスをオンにします。

⑥ ［挿入］をクリックします。
⑦ スライドズームのサムネイルが挿入されます。
⑧ 「ことわざとは」のサムネイルをスライドの下の水色の角の丸い四角形の左側、「四字熟語とは」のサムネイルを右側に移動します。

【タスク 3】スライド 4 の文字列「After a storm comes a calm.」の下に描画ツールのペン「ピンク：2mm」で線を引きます。

① サムネイルのスライド 4 をクリックします。
② ［描画］タブの［描画ツール］の一覧から［ペン］をクリックします（ペンが表示されていない場合は、［ペンの追加］ボタンをクリックして［ペン］をクリックします）。
③ ［色］の一覧から［ピンク］をクリックします。
④ ［太さ］の一覧から［2mm］をクリックします。
⑤ 「After a storm comes a calm.」の文字列の下をドラッグして描画します。
⑥ Esc キーを押してマウスの状態を解除します。

【タスク 4】スライド 3 のイラストのアニメーションが一番最後に開始されるようにします。

① スライド 3 のイラストを選択します。
② ［アニメーション］タブの［順番を後にする］ボタンを 2 回クリックします。
③ イラストのアニメーション番号が「3」に変更されます。

【タスク 5】スライド 9 の SmartArt に開始効果「ターン」、連続の「個別」を設定します。

① スライド 9 の SmartArt を選択します。
② ［アニメーション］タブの［アニメーション］の［アニメーションスタイル］ボタンをクリックします。
③ ［開始］の［ターン］をクリックします。
④ 「ターン」のアニメーションがプレビューされます。
⑤ ［アニメーション］タブの［効果のオプション］ボタンをクリックします。
⑥ ［連続］の［個別］をクリックします。
⑦ SmartArt のアニメーションが個別に変更され、プレビューされます。

プロジェクト 6　パーソナルカラー

【タスク 1】タイトルスライドのコメントに「承知しました」と返信します。

① タイトルスライドが選択され、［コメント］ウィンドウが表示されていることを確認します（表示されていない場合は、サムネイルのタイトルスライドのスライド番号の下のコメントマークをクリックします）。
② 問題文の「承知しました」をクリックします。
③ User01 のコメントの［返信］ボックスをクリックし、Ctrl+V キーを押します。
④ コメントの返信が入力されます。
⑤ ［返信を投稿する］ボタンをクリックします。
⑥ ［コメント］ウィンドウの［閉じる］ボタンをクリックします。

【タスク 2】スライド「パーソナルカラーを知っていますか？」のグラフを「円グラフ」に変更し、スタイル「スタイル 4」、色「カラフルなパレット 2」を設定します。

① スライド「パーソナルカラーを知っていますか？」のグラフを選択します。
② ［グラフのデザイン］タブの［グラフの種類の変更］ボタンをクリッ

クします。
③ ［グラフの種類の変更］ダイアログボックスが表示されます。
④ 左側の一覧から［円］をクリックします。
⑤ 上の形式で［円］が選択されていることを確認し、［OK］をクリックします。
⑥ グラフが円グラフに変更されます。
⑦ グラフ右側の［グラフスタイル］ボタンをクリックします。
⑧ ［スタイル］タブの［スタイル 4］をクリックします。
⑨ ［色］タブの［カラフル］の［カラフルなパレット 2］をクリックします。
⑩ グラフのスタイルと色が変更されます。
⑪ ［グラフスタイル］ボタンをクリックしてグラフスタイルを閉じます。

【タスク 3】スライド「募集要項」を削除します。

① スライド「募集要項」のサムネイルをクリックします。
② Delete キーを押します。
③ スライドが削除されます。

【タスク 4】すべての画面切り替え効果のオプションを横、継続時間を 2 秒に変更します。

① ［画面切り替え］タブの［効果のオプション］ボタンをクリックします。
② ［横］をクリックします。
③ 画面切り替えの効果のオプションが「横」に変更され、プレビューされます。
④ ［画面切り替え］タブの［期間］ボックスに「2」と入力します。
⑤ ［画面切り替え］タブの［すべてに適用］ボタンをクリックします。
⑥ すべてのスライドに画面切り替えの効果の継続時間が変更され、自動的に切り替える時間が設定されます。

【タスク 5】スライド「モニター募集」の 3D オブジェクトのビューを「下前面」にし、幅を「20cm」に変更します。

① スライド「モニター募集」の 3D モデルを選択します。
② ［3D モデル］タブの［3D モデルビュー］の［ビュー］ボタンをクリックします。
③ ［下前面］をクリックします。
④ 3D モデルのビューが変更されます。
⑤ ［3D モデル］タブの［幅］ボックスに「20」と入力します。
⑥ 3D モデルの幅が変更されます。

【タスク 6】スライドショーでスライド 1 から 5 を出席者として閲覧し、レーザーポインターの色が青になるよう設定にします。

① ［スライドショー］タブの［スライドショーの設定］ボタンをクリックします。
② ［スライドショーの設定］ダイアログボックスが表示されます。
③ ［スライドの表示］の［スライド指定］をオンにします。
④ ［スライド指定］のボックスに「1」から「5」と指定します。
⑤ ［種類］の［出席者として閲覧する（ウィンドウ表示）］をオンにします。
⑥ ［レーザーポインターの色］のボタンをクリックし［青］をクリックします。
⑦ ［OK］をクリックします。
⑧ スライドショーが設定されます。

● 模擬テスト 4

【タスク1】スライド「事務局」の後にアウトライン「受付時間等 _bp.docx」からスライドを挿入します。挿入したスライドレイアウトを「タイトルとコンテンツ」に変更後、リセットします。

① サムネイルのスライド「事務局」を選択します。
② ［ホーム］タブの［新しいスライド］ボタンの▼をクリックし、［アウトラインからスライド］をクリックします。
③ ［アウトラインの挿入］ダイアログボックスで［ドキュメント］が選択されていることを確認し、一覧から［受付時間等 _bp.docx］をクリックして［開く］をクリックします。
④ スライドが挿入されます。
⑤ サムネイルのスライド「受付時間」を選択します。
⑥ ［ホーム］タブの［レイアウト］ボタンをクリックし、「タイトルとコンテンツ」を選択します。
⑦ ［ホーム］タブの［リセット］ボタンをクリックします。
⑧ 同様に、挿入したスライド「事務局」のレイアウトを「タイトルとコンテンツ」に変更してリセットします。

【タスク2】「募集部門」スライドのSmartArtの「コピー・カバー部門」と「オリジナル部門」を入れ替えます。

① サムネイルのスライド「募集部門」を選択し、SmartArt 内の「コピー・カバー部門」の図形を選択します。
② ［SmartArt のデザイン］タブの［下へ移動］ボタンをクリックします。
③ SmartArt 内の順序が入れ替わります。

【タスク3】左にテキスト、右にメディアのプレースホルダーの「オリジナル1」というレイアウトを一番下に作成します。プレースホルダーのサイズは自由で、元々あるプレースホルダーは削除しません。

① ［表示］タブの［スライドマスター］ボタンをクリックします。
② サムネイルの一番下のレイアウトをクリックし、［スライドマスター］タブの［レイアウトの挿入］ボタンをクリックします。
③ ［スライドマスター］タブの［名前の変更］ボタンをクリックします。
④ 問題文の「オリジナル1」をクリックします。
⑤ ［レイアウト名の変更］ダイアログボックスの［レイアウト名］ボックスをクリックして Ctrl+V キーを押します。
⑥ ［名前の変更］をクリックします。
⑦ ［スライドマスター］タブの［プレースホルダーの挿入］ボタンの▼をクリックし、［テキスト］をクリックします。
⑧ マウスポインターの形状が + に変わったことを確認し、「マスタータイトルの書式設定」と表示されているプレースホルダーの右側をドラッグします。
⑨ テキストプレースホルダーが挿入されます。
⑩ ［スライドマスター］タブの［プレースホルダーの挿入］ボタンの▼をクリックし、［メディア］をクリックします。
⑪ マウスポインターの形状が + に変わったことを確認し、テキストプレースホルダーの右側をドラッグします。
⑫ メディアプレースホルダーが挿入されます。
⑬ ［スライドマスター］タブの［マスター表示を閉じる］ボタンをクリックします。

【タスク4】「応募方法」スライドの「こちら」の文字に「https://www.example.com/bpcontest」へのハイパーリンクを設定し、表示文字列を「弊社 HP」にします。

① スライド「応募方法」の文字列「こちら」をドラッグし、［挿入］タブの［リンク］ボタンをクリックします。
② ［ハイパーリンクの挿入］ダイアログボックスが表示されます。
③ 問題文の「弊社 HP」をクリックします。
④ ［表示文字列］ボックスをクリックして Ctrl+V キーを押します。
⑤ ［リンク先］が［ファイル、Web ページ］となっていることを確認します。
⑥ 問題文の「https://www.example.com/bpcontest」をクリックします。
⑦ ［アドレス］ボックスをクリックして Ctrl+V キーを押します。
⑧ ［OK］をクリックします。
⑨ ハイパーリンクが挿入されます。

【タスク5】「募集部門」スライドの角丸四角形の図形を「爆発:8pt」に変更します。

① スライド「募集部門」の図形をクリックします。
② ［図形の書式］タブの［図形の編集］ボタンをクリックします。
③ ［図形の変更］をポイントし、［星とリボン］の［爆発:8pt］をクリックします。
④ 図形が変更されます。

【タスク6】「コンテストの流れ」スライドの箇条書きのアニメーションの効果のオプションを「フロートダウン」に変更し、継続時間を「2秒」にします。

① スライド「コンテストの流れ」のコンテンツプレースホルダーを選択します。
② ［アニメーション］タブの［効果のオプション］ボタンをクリックし、［フロートダウン］をクリックします。
③ ［継続時間］ボックスに「2」と入力します。
④ アニメーションの効果と継続時間が変更されます。

【タスク1】スライド「参考資料2＜お手続きの流れ＞」の箇条書きの文字サイズを「32pt」、文字の間隔を「5pt」に広げます。

① スライド「参考資料2＜お手続きの流れ＞」のコンテンツプレースホルダーを選択します。
② ［ホーム］タブの［フォントサイズ］ボタンの▼をクリックし、［32pt］をクリックします。
③ ［文字の間隔］ボタンをクリックし、［その他の間隔］をクリックします。
④ ［フォント］ダイアログボックスの［幅］ボックスに「5」と入力します。
⑤ ［OK］をクリックします。
⑥ フォントの設定が変更されます。

【タスク2】スライド「お問合せ」のスライドのレイアウトを「タイトルのみ」に変更します。

① サムネイルのスライド「お問合せ」を選択します。
② ［ホーム］タブの［レイアウト］ボタンの▼をクリックし、［タイトルのみ］をクリックします。
③ スライドのレイアウトが変更されます。

【タスク3】「キャンペーン」セクションを 1 ページに 2 スライドで印刷する設定をします。

① ［ファイル］タブの［印刷］をクリックします。
② ［設定］の［すべてのスライドを印刷］をクリックし、［セクション］の［キャンペーン］をクリックします。
③ ［フルページサイズのスライド］をクリックし、［配布資料］の［2 スライド］をクリックします。
④ 印刷設定が変更されます。

【タスク4】すべてのスライドのフッターに「BP ライフ生命株式会社」を追加します。

① ［挿入］タブの［ヘッダーとフッター］ボタンをクリックします。
② ［ヘッダーとフッター］ダイアログボックスが表示されます。
③ 問題文の「BP ライフ生命株式会社」をクリックします。
④ ［フッター］チェックボックスをオンにします。
⑤ ［フッター］ボックスをクリックして Ctrl+V キーを押します。
⑥ ［すべてに適用］をクリックします。
⑦ すべてのスライドのフッターが追加されます。

【タスク5】タイトルスライドをノート表示にしてノートプレースホルダーの高さを「5cm」にします。

① サムネイルのタイトルスライドを選択します。
② ［表示］タブの［ノート］ボタンをクリックします。
③ プレースホルダーを選択し、［図形の書式］タブの［図形の高さ］ボックスに「5」と入力します。
④ ［表示］タブの［標準］ボタンをクリックします。

【タスク6】スライド「キャンペーン概要」にある図を、サイズは変更せずに本文と重ならないように上端をトリミングします。

① スライド「キャンペーン概要」の図をクリックします。
② ［図の形式］タブの［トリミング］ボタンをクリックします。
③ 図の上中央のハンドルを下方向に文字と重ならない位置までドラッグします。
④ ［トリミング］ボタンをクリックして、トリミングを確定します。
⑤ 図がトリミングされます。

プロジェクト3　夏の入会キャンペーン
【タスク1】タイトルスライドの背景色を「ライム、アクセント 4、白、＋基本色 80%」に変更します。

① サムネイルのタイトルスライドを選択します。
② ［デザイン］タブの［背景の書式設定］ボタンをクリックします。
③ ［背景の書式設定］作業ウィンドウが表示されます。
④ ［塗りつぶし（単色）］が選択されていることを確認します。
⑤ ［色］ボタンの▼をクリックして［ライム、アクセント 4、白、＋基本色 80%］をクリックします。
⑥ タイトルスライドの背景色が変更されます。
⑦ ［背景の書式設定］作業ウィンドウの［閉じる］ボタンをクリックします。

【タスク2】スライド「概要」の図形の塗りつぶしを「ゴールド、アクセント 3、白＋基本色 80%」、枠線を「ゴールド、アクセント 3」で太さ「3pt」、効果を「光彩：11pt；ゴールド、アクセント カラー 3」に設定します。

① スライド「概要」のコンテンツプレースホルダーを選択します。
② ［図形の書式］タブの［図形の塗りつぶし］ボタンの▼をクリックし、［テーマの色］の［ゴールド、アクセント 3、白＋基本色

80%］をクリックします。
③ ［図形の枠線］ボタンの▼をクリックし、［テーマの色］の［ゴールド、アクセント 3］をクリックします。
④ ［図形の枠線］ボタンの▼をクリックし、［太さ］をポイントして［3pt］をクリックします。
⑤ ［図形の効果］ボタンの▼をクリックし、［光彩］をポイントして［光彩：11pt；ゴールド、アクセント カラー 3］をクリックします。
⑥ 図形に効果が設定されます。

【タスク3】スライド「会員料金」の表のスタイルを「中間スタイル 2- アクセント 1」とし、交互についている行の色を解除し、列の縞模様を設定します。

① スライド「会員料金」の表をクリックします。
② ［テーブルデザイン］タブの［表のスタイル］の［その他］（または［テーブルスタイル］）ボタンをクリックします。
③ ［中間］の［中間スタイル 2- アクセント 1］をクリックします。
④ ［表スタイルのオプション］の［縞模様（行）］チェックボックスをオフにします。
⑤ ［縞模様（列）］チェックボックスをオンにします。
⑥ 表のスタイルが変更されます。

【タスク4】スライド「NEW プログラム」に「プログラムの確認をお願いします」というコメントを挿入します。

① サムネイルのスライド「NEW　プログラム」を選択します。
② ［校閲］タブの［新しいコメント］ボタンをクリックします。
③ ［コメント］ウィンドウが表示されます。
④ 問題文の「プログラムの確認をお願いします」をクリックします。
⑤ コメントボックス内をクリックして Ctrl+V キーを押します。
⑥ ［コメントを投稿する］ボタンをクリックします。
⑦ ［コメント］ウィンドウの［閉じる］ボタンをクリックします。
⑧ サムネイルのスライドにコメントマークが表示されます。

【タスク5】すべてのスライドの画面切り替え効果のオプションを「右」に変更します。

① ［画面切り替え］タブの［効果のオプション］ボタンをクリックし、［右］をクリックます。
② ［すべてに適用］をクリックします。
③ すべてのスライドの画面切り替えの効果のオプションが変更されます。

【タスク6】スライドショーのリハーサルを行い、タイミングを記録します。

① ［スライドショー］タブの［リハーサル］ボタンをクリックします。
② スライドショーが実行され画面左上に［記録中］ツールバーが表示されます。
③ クリックしながら最後のスライドまで進みます。
④ リハーサルが終了すると［スライドショーの所要時間は〇〇です。今回のタイミングを保存しますか？］というメッセージが表示されるので［はい］をクリックまたは Enter キーを押します。
⑤ スライドショーのリハーサル時間が記録されます。

プロジェクト4　朝の新提案
【タスク1】ドキュメント検査をし、「スライド上の非表示の内容」を削除します。

① ［ファイル］タブの［情報］の［問題のチェック］をクリックします。
② ［ドキュメント検査］をクリックします。
③ 保存確認のメッセージが表示されたら［はい］をクリックします。
④ ［ドキュメントの検査］ダイアログボックスが表示されます。
⑤ ［検査］をクリックします。

⑥ ［スライド上の非表示の内容］の［すべて削除］をクリックします。
⑦ ［ドキュメント検査］ダイアログボックスの［閉じる］をクリックします。

【タスク 2】 スライド「出勤前の朝の時間を有意義に」の次にスライド「出勤前にやりたいこと」「得られる効能」へのリンクを含むサマリーズームのスライドを挿入します。

① サムネイルのスライド「出勤前の朝の時間を有意義に」をクリックします。
② ［挿入］タブの［ズーム］ボタンをクリックし、［サマリーズーム］をクリックします。
③ ［サマリーズームの挿入］ダイアログボックスが表示されます。
④ 「4.出勤前にやりたいこと」と「6.得られる効能」のチェックボックスをオンにし、［挿入］をクリックします。
⑤ スライド「出勤前の朝の時間を有意義に」の次にサマリーズームのスライドが挿入されます。

【タスク 3】 スライド「出勤前の朝の時間を有意義に」のオーディオをクリックすると 1 秒後にフェードインし、スライドが切り替わっても再生されるようにします。

① スライド「出勤前の朝の時間を有意義に」のサウンドをクリックします。
② ［再生］タブの［フェードの継続時間］の［フェードイン］ボックスに「1」と入力します。
③ ［スライド切り替え後も再生］チェックボックスをオンにします。
④ サウンドの設定が変更されます。

【タスク 4】 スライド「「朝活」とは」の中央の画像の図形の塗りつぶしを標準の色の「オレンジ」、図形の枠線を標準の色の「赤」、図形の効果を「面取り」の「ソフトラウンド」に設定します。

① スライド「「朝活」とは」の中央の図形をクリックします。
② ［図形の書式］タブの［図形の塗りつぶし］ボタンをクリックし、［標準の色］の［オレンジ］をクリックします。
③ ［図形の枠線］ボタンをクリックし、［標準の色］の［赤］をクリックします。
④ ［図形の効果］ボタンをクリックし、［面取り］をポイントして［ソフトラウンド］をクリックします。
⑤ 図形に書式が設定されます。

【タスク 5】 スライド「出勤前の朝の時間を有意義に」の 3D モデルのビューを「左上前面」にし、幅を「10cm」にします。

① スライド「出勤前の朝の時間を有意義に」の 3D モデルをクリックします。
② ［3D モデル］タブの［3D モデルビュー］の［その他］（または［ビュー］）ボタンをクリックします。
③ ［左上前面］をクリックします。
④ ［幅］ボックスに「10」と入力します。
⑤ 3D モデルのビューとサイズが変更されます。

【タスク 6】 スライド「「朝活」とは」の図形のアニメーションが左から順番に表示されるように変更します。

① サムネイルのスライド「「朝活」とは」をクリックします。
② ［アニメーション］タブをクリックして現在のアニメーションの順番を確認します。
③ 右端の図形をクリックし、［順番を後にする］ボタンをクリックします。

④ アニメーションの番号が左から順番になったことを確認します。

プロジェクト 5　リニューアルオープンのお知らせ

【タスク 1】 スライド「リニューアルオープン」にセクション「ポイント」と「キャンペーン」にリンクするセクションズームを挿入し、サムネイルをスライドの下部に配置します。

① サムネイルのスライド「リニューアルオープン」をクリックします。
② ［挿入］タブの［ズーム］をクリックし、［セクションズーム］をクリックします。
③ ［セクションズームの挿入］ダイアログボックスが表示されます。
④ 「セクション 2：ポイント」と「セクション 3：キャンペーン」のチェックボックスをオンにし、［挿入］をクリックします。
⑤ 挿入されたサムネイルをスライドの下部にドラッグして配置します。

【タスク 2】 すべてのスライドに「カバー」の画面切り替えを設定します。

① ［画面切り替え］タブの［画面切り替え］の［その他］（または［切り替え効果］）ボタンをクリックします。
② ［カバー］をクリックします。
③ ［すべてに適用］をクリックします。
④ すべてのスライドに画面切り替え効果が設定されます。

【タスク 3】 スライド「リニューアルのポイント」のアイコンのサイズを縦横比率はそのまま 1.5 倍に拡大します。

① スライド「リニューアルのポイント」のアイコンを選択します。
② ［グラフィックス形式］タブの［サイズ］の［配置とサイズ］をクリックします。
③ ［書式設定グラフィックス］作業ウィンドウの［縦横比を固定する］チェックボックスをオンにします。
④ ［高さの倍率］ボックスに「150」と入力します。
⑤ アイコンのサイズが変更されます。
⑥ ［書式設定グラフィックス］作業ウィンドウの［閉じる］ボタンをクリックします。

【タスク 4】 スライド「名門エステサロン」に 4 行×2 列の表を挿入し、スライドの下部に配置します。左上のセルから下に「主なメニュー」「フェイシャル」「ボディ」「フットケア」と入力し、フェイシャルの隣のセルに「一番人気」と入力します。

① サムネイルのスライド「名門エステサロン」を選択し、［挿入］タブの［表］ボタンをクリックします。
② 「4 行×2 列」のセルをクリックします。
③ 挿入した表をスライドの下部に移動します。
④ 問題文の「主なメニュー」をクリックします。
⑤ 表の左上のセル内をクリックし、Ctrl+V キーを押します。
⑥ 問題文の「フェイシャル」をクリックします。
⑦ 表の 1 列 2 行目のセル内をクリックし、Ctrl+V キーを押します。
⑧ 同様に「ボディ」「フットケア」を 1 列 3 行目、1 列 4 行目に貼り付けます。
⑨ 問題文の「一番人気」をクリックします。
⑩ 2 列目 2 行目のセル内をクリックし、Ctrl+V キーを押します。

【タスク5】プレゼンテーションに「お知らせ_bp」という名前を付けてドキュメントフォルダーに PDF ファイルとしてエクスポートします。

① [ファイル] タブの [エクスポート] をクリックし、[PDF/XPS ドキュメントの作成] をクリックします。
② [PDF/XPS の作成] をクリックします。
③ [PDF または XPS 形式で発行] ダイアログボックスが表示されます。
④ [ドキュメント] フォルダーが選択されていることを確認します。
⑤ 問題文の「お知らせ_bp」をクリックします。
⑥ [ファイル名] ボックスをクリックして Ctrl+V キーを押します。
⑦ [ファイルの種類] ボックスに [PDF] と表示されていることを確認します。
⑧ [発行] をクリックします。
⑨ ファイルが PDF 形式でエクスポートされます。

プロジェクト 6　Kids プログラミングスクール

【タスク1】スライドのサイズを「画面に合わせる（16：10）」にしてコンテンツをサイズに合わせて調整します。

① [デザイン] タブの [スライドのサイズ] ボタンをクリックし、[ユーザー設定のスライドのサイズ] をクリックします。
② [スライドのサイズ] ダイアログボックスの [スライドのサイズ指定] の▼をクリックし、[画面に合わせる（16:10）] をクリックします。
③ [OK] をクリックします。
④ [サイズに合わせて調整] をクリックします。
⑤ スライドのサイズが変更されます。

【タスク2】スライド「コンセプト」の 5 つの図形を上下中央揃え、等間隔で横に並ぶように設定します。

① スライド「コンセプト」の 5 つの図形を選択します。
② [図形の書式] タブの [配置] ボタンをクリックし、[上下中央揃え] をクリックします。
③ [配置] ボタンをクリックし、[左右に整列] をクリックします。
④ 5 つの図形の配置が変更されます。

【タスク3】スライド「市場分析（1）」の表の一番下に行を追加し、左から「プログラミング教室」、「10 億円」と入力します。

① スライド「市場分析（1）」の表の一番下の行内をクリックします。
② [レイアウト] タブの [下に行を挿入] ボタンをクリックします。
③ 表に行が追加されます。
④ 問題文の「プログラミング教室」をクリックします。
⑤ 挿入した行の左端のセル内をクリックし、Ctrl+V キーを押します。
⑥ 問題文の「10 億円」をクリックします。
⑦ 挿入した行の右端のセル内をクリックし、Ctrl+V キーを押します。

【タスク4】スライド「競合上の優位性」の 3D オブジェクトに「ジャンプしてターン」のアニメーションを設定し、方向を「右」に変更します。

① スライド「競合上の優位性」の 3D オブジェクトをクリックします。
② [アニメーション] タブの [アニメーション] の [ジャンプしてターン] をクリックします。
③ [効果のオプション] をクリックし、[方向] の [右] をクリックします。
④ 3D オブジェクトにアニメーションが設定されます。

【タスク5】スライド「市場分析(2)」の右側のプレースホルダーにグラフ「集合縦棒」を挿入し、左側の表のデータを設定します。データは手動で入力、またはコピーします。作成後、グラフのタイトルと凡例は削除します。

① スライド「市場分析（2）」の右側のプレースホルダー内の [グラフの挿入] アイコンをクリックします。
② [グラフの挿入] ダイアログボックスの一覧から [縦棒] の [集合縦棒] が選択されていることを確認し、[OK] をクリックします。
③ グラフが挿入されます。
④ スライドの左側の表を選択します。
⑤ [ホーム] タブの [コピー] ボタンをクリックします。
⑥ [Microsoft PowerPoint 内のグラフ] シートのセル「A2」で右クリックします。
⑦ [貼り付けのオプション] の [貼り付け先の書式に合わせる] をクリックします。
⑧ 表のデータが [Microsoft PowerPoint 内のグラフ] シートにコピーされます。
⑨ [Microsoft PowerPoint 内のグラフ] シートのセル D5 の右下の青い枠にマウスポインターを合わせ、青い枠がセル B5 の右下になるようにドラッグします。
⑩ [Microsoft PowerPoint 内のグラフ] シートの [閉じる] ボタンをクリックします。
⑪ グラフタイトル「系列 1」をクリックし、Delete キーを押して削除します。
⑫ 凡例「系列 1」をクリックし、Delete キーを押して削除します。

【タスク6】スライドマスターにテーマ「木版活字」を設定します。

① [表示] タブの [スライドマスター] ボタンをクリックします。
② [スライドマスター] タブの [テーマ] ボタンをクリックし、[木版活字] をクリックします。
③ [スライドマスター] タブの [マスター表示を閉じる] ボタンをクリックします。
④ スライドのテーマが変更されます。

● 模擬テスト 5

プロジェクト 1　フレグランス

【タスク1】スライド 4 の SmartArt に代替テキスト「ピラミッド図」を指定します。

① スライド 4 の SmartArt を選択します。
② [書式] タブの [代替テキスト] ボタンをクリックします。
③ [代替テキスト] ウィンドウが表示されます。
④ 問題文の「ピラミッド図」をクリックします。
⑤ [代替テキスト] ウィンドウのボックス内をクリックし、Ctrl+V キーを押します。
⑥ SmartArt に代替テキストが設定されます。
⑦ [代替テキスト] ウィンドウの [閉じる] ボタンをクリックします。

【タスク2】スライドマスターの 2 つのコンテンツレイアウトの左側のマスターテキストの書式設定プレースホルダーに「ベージュ、アクセント 3」の四角の行頭文字を設定します。

① [表示] タブの [スライドマスター] ボタンをクリックします。
② 左側のサムネイルの [2 つのコンテンツレイアウト] をクリック

します。

③ ［2 つのコンテンツレイアウト］の左側の［マスターテキストの書式設定］プレースホルダーの枠線をクリックします。

④ ［ホーム］タブの［箇条書き］ボタンの▼をクリックし、［箇条書きと段落番号］をクリックします。

⑤ ［箇条書きと段落番号］ダイアログボックスの［箇条書き］タブが表示されます。

⑥ 一覧から［四角の行頭文字］をクリックします。

⑦ ［色］のボタンをクリックし、［ベージュ、アクセント 3］をクリックします。

⑧ ［OK］をクリックします。

⑨ 左側の［マスターテキストの書式設定］プレースホルダーの行頭文字が変更されます。

⑩ ［スライドマスター］タブの［マスター表示を閉じる］ボタンをクリックします。

【タスク3】 タイトルスライドの図のアニメーションが一番最初に実行されるようにします。

① タイトルスライドの図を選択します。

② ［アニメーション］タブの［順番を前にする］ボタンを 2 回クリックします。

③ 図のアニメーション番号が「1」に変更されます。

【タスク4】 スライド 4 の 3 つの矢印の図形に「パステル - ゴールド、アクセント 5」のスタイルと「標準スタイル3」の効果を設定します。

① スライド 4 の 1 つ目の矢印を選択します。

② Shift キー（または Ctrl キー）を押しながら、他の 2 つの矢印をクリックして選択します。

③ ［図形の書式］タブの［図形のスタイル］の［その他］（または［クイックスタイル］）ボタンをクリックします。

④ ［テーマスタイル］の［パステル - ゴールド、アクセント 5］をクリックします。

⑤ ［図形の効果］ボタンをクリックします。

⑥ ［標準スタイル］をポイントし、［標準スタイル］の［標準スタイル 3］をクリックします。

⑦ 3 つの矢印に図形のスタイルと効果が設定されます。

【タスク5】 スライド 5 の右下のイラストに「対角を丸めた四角形、白」のスタイル、「反射 (中)：オフセットなし」の効果を設定します。

① スライド 5 の右下のイラストを選択します。

② ［図の形式］タブの［図のスタイル］の［クイックスタイル］ボタンをクリックします。

③ ［対角を丸めた四角形、白］をクリックします。

④ ［図の効果］ボタンをクリックします。

⑤ ［反射］をポイントし、［反射の種類］の［反射 (中)：オフセットなし］をクリックします。

⑥ イラストに図のスタイルと効果が設定されます。

【タスク6】 リハーサルを実施し、タイミングを保存します。

① ［スライドショー］タブの［リハーサル］ボタンをクリックします。

② スライドショーが実行され画面左上に［記録中］ツールバーが表示されます。

③ クリックしながら最後のスライドまで進みます。

④ リハーサルが終了すると［スライドショーの所要時間は○○です。今回のタイミングを保存しますか？］というメッセージが表示されるので［はい］をクリックまたは Enter キーを押します。

⑤ スライドショーのリハーサル時間が記録されます。

【タスク1】 タイトルスライドの画像にアニメーションの軌跡効果「対角線（右下へ）」を設定します。

① タイトルスライドの画像を選択します。

② ［アニメーション］タブの［アニメーション］の［その他］（または［アニメーションスタイル］）ボタンをクリックします。

③ ［その他のアニメーションの軌跡効果］をクリックします。

④ ［アニメーションの軌跡効果の変更］ダイアログボックスが表示されます。

⑤ ［線と曲線］の［対角線（右下へ）］をクリックします。

⑥ 設定したアニメーションがプレビューされます。

⑦ ［OK］をクリックします。

⑧ 画像にアニメーションの軌跡効果が設定され、アニメーション番号が表示されます。

【タスク2】 スライド 8 の表に「中間スタイル 2 - アクセント 4」、面取り「カットアウト」を設定し、スライドの左右中央に配置します。

① スライド 8 の表を選択します。

② ［テーブルデザイン］タブの［表のスタイル］の［その他］（または［テーブルスタイル］）ボタンをクリックします。

③ ［中間］の［中間スタイル 2 - アクセント 4］をクリックします。

④ ［効果］ボタンをクリックします。

⑤ ［セルの面取り］をポイントし、［面取り］の［カットアウト］をクリックします。

⑥ 表にスタイルと効果が設定されます。

⑦ ［レイアウト］タブの［配置］ボタンをクリックします。

⑧ ［スライドに合わせて配置］がオンであることを確認し、［左右中央揃え］をクリックします。

⑨ 表がスライドの左右中央に配置されます。

【タスク3】 スライド 5 のマウスの 3D モデルに「フェードイン」のアニメーションを設定します。

① スライド 5 のマウスの 3D モデルを選択します。

② ［アニメーション］タブの［アニメーション］の［フェードイン］をクリックします。

③ マウスにアニメーションが設定され、プレビューされます。

【タスク4】 スライド 9 のマウスの 3D モデルに「背面」のビューを設定し、幅を「5cm」にします。

① スライド 9 のマウスの 3D モデルを選択します。

② ［3D モデル］タブの［3D モデルビュー］の［その他］（または［ビュー］）ボタンをクリックします。

③ ［背面］をクリックします。

④ 3D モデルのビューが変更されます。

⑤ ［3D モデル］タブの［幅］ボックスに「5」と入力します。

⑥ 3D モデルのサイズが変更されます。

【タスク5】 スライド 8 の後ろに「研修案」というセクションを挿入します。

① サムネイルのスライド 8 とスライド 9 の間（またはスライド 9）を選択します。

② ［ホーム］タブの［セクション］ボタンをクリックします。

③ ［セクションの追加］をクリックします。

④ スライド 9 の前に［タイトルなしのセクション］が追加され、［セクション名の変更］ダイアログボックスが表示されます。

⑤ 問題文の「研修案」をクリックします。

⑥ ［セクション名の変更］ダイアログボックスの［セクション名］ボッ

クスが選択されていることを確認し、Ctrl+V キーを押します。
⑦ [名前の変更] をクリックします。
⑧ セクション名が「研修案」に変更されます。

【タスク 6】スライド 9 のコメントを削除します。

① サムネイルのスライド 9 を選択します。
② [コメント] ウィンドウが表示されます（表示されない場合は、サムネイルのスライド 9 の番号の下のコメントマークをクリックします）。
③ [コメント] ウィンドウの [その他のスレッド操作] をクリックし、[スレッドの削除] をクリックします。
④ コメントが削除されます。
⑤ [コメント] ウィンドウの [閉じる] ボタンをクリックします。

プロジェクト 3　エコ活動

【タスク 1】アクセシビリティチェックを実行し、エラーの図を装飾用にします。

① [ファイル] タブの [情報] の [問題のチェック] をクリックします。
② [アクセシビリティチェック] をクリックします。
③ [アクセシビリティ] 作業ウィンドウが表示されます。
④ [アクセシビリティ] 作業ウィンドウの [検査結果] の [エラー] にある [不足オブジェクトの説明（1）] をクリックします。
⑤ [Picture8（スライド 1）] をクリックします。
⑥ スライド 1 の図が選択されます。
⑦ [おすすめアクション] の [装飾用にする] をクリックします。
⑧ エラーが消えたことを確認します。
⑨ [アクセシビリティ] 作業ウィンドウの [閉じる] ボタンをクリックします。

【タスク 2】スライド「3R（スリーアール）を実践する」の 3D モデルのアニメーションのオプションを「下」、継続時間を「5 秒」に変更します。

① スライド「3R（スリーアール）を実践する」の 3D モデルを選択します。
② [アニメーション] タブの [効果のオプション] ボタンをクリックします。
③ [方向] の [下] をクリックします。
④ アニメーションのオプションが変更され、アニメーションがプレビューされます。
⑤ [アニメーション] タブの [継続時間] ボックスに「5」と入力します。
⑥ アニメーションの継続時間が変更されます。

【タスク 3】スライド「REUSE（リユース）」の 4 つのイラストをグループ化します。

① スライド「REUSE（リユース）」の 1 つ目のイラストを選択します。
② Shift キー（または Ctrl キー）を押しながら、他の 3 つのイラストをクリックして選択します。
③ [図形の書式]（または [図の形式]）タブの [グループ化] ボタンをクリックし、[グループ化] をクリックします。
④ 4 つのイラストがグループ化されます。

【タスク 4】スライド「RECYCLE（リサイクル）の流れ」の SmartArt の一番前に図形を追加し、「識別マークを確認」と入力します。

① スライド「RECYCLE（リサイクル）の流れ」の SmartArt の一番上の「消費者が分別排出」と入力されている図を選択します。
② [SmartArt のデザイン] タブの [図形の追加] ボタンの▼をクリックします。
③ [前に図形を追加] をクリックします。

④ SmartArt の先頭に図形が追加されます。
⑤ [SmartArt のデザイン] タブの [テキストウィンドウ] ボタンをクリックします。
⑥ テキストウィンドウが表示されます。
⑦ 問題文の「識別マークを確認」をクリックします。
⑧ テキストウィンドウの先頭にカーソルがあることを確認し、Ctrl+V キーを押します。
⑨ SmartArt の先頭の図形に「識別マークを確認」の文字列が追加されます。
⑩ テキストウィンドウの [×] ボタンをクリックします。

【タスク 5】スライド「参考：社員の意識調査」のグラフを積み上げ縦棒グラフに変更し、スタイル 9 を設定します。

① スライド「参考：社員の意識調査」のグラフを選択します。
② [グラフのデザイン] タブの [グラフの種類の変更] ボタンをクリックします。
③ [グラフの種類の変更] ダイアログボックスで [縦棒] が選択されていることを確認し、上の形式から [積み上げ縦棒] をクリックします。
④ [OK] をクリックします。
⑤ グラフが積み上げ縦棒に変更されます。
⑥ [グラフスタイル] ボタンをクリックし、[スタイル] の [スタイル 9] をクリックします。
⑦ グラフのスタイルが変更されます。

【タスク 6】スライド「RECYCLE（リサイクル）の流れ」の後にドキュメントフォルダーの「節電_bp.pptx」のすべてのスライドを順番どおりに挿入します。

① サムネイルのスライド「RECYCLE（リサイクル）の流れ」とスライド「参考：社員の意識調査」の間（またはスライド「RECYCLE（リサイクル）の流れ」）を選択します。
② [ホーム] タブの [新しいスライド] ボタンの▼をクリックします。
③ [スライドの再利用] をクリックします。
④ [スライドの再利用] 作業ウィンドウが表示されます。
⑤ [スライドの再利用] 作業ウィンドウの [参照] をクリックします。
⑥ [参照]（または [コンテンツの選択]）ダイアログボックスが表示され、[ドキュメント] が選択されていることを確認します。
⑦ 「節電_bp」をクリックし、[開く] をクリックします。
⑧ [スライドの再利用] 作業ウィンドウの任意のスライドを右クリックして [すべてのスライドを挿入] をクリック（または、[スライドの再利用] 作業ウィンドウの [すべて挿入] をクリック）します。
⑨ スライド「RECYCLE（リサイクル）の流れ」の下に 5 枚のスライドが挿入されます。
⑩ [スライドの再利用] 作業ウィンドウの [閉じる] ボタンをクリックします。

プロジェクト 4　八重山

【タスク 1】スライドマスターの「タイトル付きの図」レイアウトを複製して「ベストショット」という名前に変更し、マスターテキストプレースホルダーを削除し、マスタータイトルプレースホルダーをスライドの上下中央に配置します。

① [表示] タブの [スライドマスター] ボタンをクリックします。
② 左側のサムネイルの [タイトル付きの図レイアウト] を右クリックします。
③ [レイアウトの複製] をクリックします。
④ [タイトル付きの図] の下に [1_ タイトル付きの図] が複製され、選択されます。

⑤ ［スライドマスター］タブの［名前の変更］ボタンをクリックします。

⑥ ［レイアウト名の変更］ダイアログボックスが表示されます。

⑦ 問題文の「ベストショット」をクリックします。

⑧ ［レイアウト名の変更］ダイアログボックスの［レイアウト名］の
ボックス内をクリックし、Ctrl+V キーを押します。

⑨ ［名前の変更］をクリックします。

⑩ レイアウト名が変更されます。

⑪ 「ベストショット」レイアウトの「マスターテキストの書式設定」
と表示されているプレースホルダーの枠線をクリックします。

⑫ Delete キーを押します。

⑬ 「マスタータイトルの書式設定」と表示されているプレースホル
ダーの枠線をクリックします。

⑭ ［図形の書式］タブの［配置］ボタンをクリックします。

⑮ ［スライドに合わせて配置］がオンであることを確認し、［上下中
央揃え］をクリックします。

⑯ プレースホルダーがスライドの上下中央に配置されます。

⑰ ［スライドマスター］タブの［マスター表示を閉じる］ボタンをク
リックします。

【タスク2】スライド「沖縄八重山諸島」の次にスライド「お すすめスポット」とスライド「八重山諸島について」 へのリンクを含むサマリーズームを挿入します。

① ［挿入］タブの［ズーム］ボタンをクリックし、［サマリーズーム］
をクリックします。

② ［サマリーズームの挿入］ダイアログボックスが表示されます。

③ 「2.おすすめスポット」と「6.八重山諸島について」のチェックボッ
クスをオンにして［挿入］をクリックします。

④ スライド「おすすめスポット」の前に選択したスライドへのリン
クが設定されたサムネイルが配置されたサマリーズームのスライ
ドが挿入されます。

【タスク3】1ページ6スライド（横）でグレースケールの配 布資料で印刷する準備をします。

① ［ファイル］タブの［印刷］をクリックします。

② ［設定］の［フルサイズのスライド］をクリックし、［配布資料］の［6
スライド（横）］をクリックします。

③ 印刷プレビュー画面が6スライドの配布資料になります。

④ ［カラー］をクリックし、［グレースケール］をクリックします。

⑤ 印刷プレビュー画面がグレースケールになります。

【タスク4】スライド「石垣島の米原ビーチ」の一番右の画像 の上部分を一番左の画像の上の部分の位置に合わ せてトリミングします。

① スライド「石垣島の米原ビーチ」の一番右の画像を選択します。

② ［図の形式］タブの［トリミング］ボタンをクリックします。

③ 画像の周囲にトリミングハンドルが表示されます。

④ 画像の上側中央のトリミングハンドルをポイントし、マウスポイ
ンターの形状が ⊥ に変わったら、スライド左端の画像の上側と
揃ったときに表示される赤い点線のスマートガイドが表示される
位置まで下方向にドラッグします。

⑤ ［トリミング］ボタンをクリックしてマウスの状態を解除します。

⑥ 画像の上部分がトリミングされます。

【タスク5】スライド「マングローブの風景」のビデオの開始 時間を「2秒」、終了時間を「8秒」に設定し、再 生が終わったら巻き戻すようにします。

① スライド「マングローブの風景」のビデオを選択します。

② ［再生］タブの［ビデオのトリミング］ボタンをクリックします。

③ ［ビデオのトリミング］ダイアログボックスが表示されます。

④ ［開始時間］ボックスに「2」と入力します。

⑤ ［終了時間］ボックスに「8」と入力します。

⑥ ［OK］をクリックします。

⑦ ［再生］タブの［再生が終了したら巻き戻す］チェックボックスを
オンにします。

⑧ ビデオの設定が変更されます。

プロジェクト5　熊野

【タスク1】プロパティの会社名を「歴史研究会」、サブタイ トルに「熊野」を設定します。

① ［ファイル］タブの［情報］をクリックし、［プロパティをすべて
表示］をクリックします。

② 問題文の「歴史研究会」をクリックします。

③ ［プロパティ］の［会社］ボックスをクリックし、Ctrl+V キーを
押します。

④ 問題文の「熊野」をクリックします。

⑤ ［プロパティ］の［サブタイトル］ボックスをクリックし、Ctrl+V
キーを押します。

⑥ 会社とサブタイトルのプロパティが設定されます。

【タスク2】スライド8の図形に「船から望む景色を満喫」と 入力し、左の画像の上下中央に揃えます。

① 問題文の「船から望む景色を満喫」をクリックします。

② スライド8の図形をクリックし、Ctrl+V キーを押します。

③ 図形に文字が入力されます。

④ 図形の枠線をクリックし、Shift キーを押しながら左側の画像をク
リックします。

⑤ ［図形の書式］（または［図の形式］）タブの［配置］ボタンをクリッ
クします。

⑥ ［選択したオブジェクトを揃える］がオンであることを確認し、［上
下中央揃え］をクリックします。

⑦ 図形と画像の上下が中央に揃います。

【タスク3】スライド2の箇条書きを3段組みにし、「古代〜 中世…」の行から3段目にします。

① スライド2の箇条書きプレースホルダーを選択します。

② ［ホーム］タブの［段の追加または削除］ボタンをクリックします。

③ ［3段組み］をクリックします。

④ 箇条書きが3段組みになります。

⑤ 2段目の下の「古代〜中世…」の行頭をクリックします。

⑥ Enter キーを2回押します。

⑦ 「古代〜中世…」の行が3段目の先頭に移動します。

【タスク4】スライド5のサウンドの音量を「小」に変更し、 スライドショー実行中にアイコンを隠してスライ ドが切り替わったら自動再生するようにします。

① スライド5のオーディオファイルのアイコンを選択します。

② ［再生］タブの［音量］ボタンをクリックし、［小］をクリックします。

③ ［再生］タブの［スライドショー実行中にサウンドのアイコンを隠
す］チェックボックスをオンにします。

④ ［再生］タブの［開始］ボックスをクリックして［自動］をクリッ
クします。

【タスク5】スライド6から8の背景を「スタイル12」にします。

① サムネイルのスライド6をクリックし、Shift キーを押しながらス
ライド8をクリックします。

② ［デザイン］タブの［バリエーション］の［その他］（または［バリエー
ション］）ボタンをクリックします。

③ ［背景のスタイル］をポイントし、［スタイル12］を右クリックします。
④ ［選択したスライドに適用］をクリックします。
⑤ スライド6からスライド8の背景が変更されます。

【タスク6】スライド7のSmartArtを箇条書きに変換します。

① スライド7のSmartArtを選択します。
② ［SmartArtのデザイン］タブの［変換］ボタンをクリックします。
③ ［テキストに変換］をクリックします。
④ SmartArtが箇条書きに変換されます。

プロジェクト6　データ分析

【タスク1】スライド「分析結果の活用」の「Word」、「Excel」と入力されている図形の高さを「1.5cm」、幅を「3.5cm」にします。

① スライド「分析結果の活用」の「Word」と入力されている図形を選択します。
② Shiftキーを押しながら「Excel」と入力されている図形をクリックします。
③ ［図形の書式］タブの［図形の高さ］ボックスに「1.5」と入力します。
④ ［図形の書式］タブの［図形の幅］ボックスに「3.5」と入力します。
⑤ Enterキーを押して確定します。
⑥ 2つの図形のサイズが変更されます。

【タスク2】スライド「データ分析」に3つのセクションズームを挿入し、リムネイルをグレーの四角形内に重ならないように左側からセクション「導入」、セクション「分析」、セクション「研修内容」の順番で配置します。

① サムネイルのスライド「データ分析」をクリックします。
② ［挿入］タブの［ズーム］ボタンをクリックし、［セクションズーム］をクリックします。
③ ［セクションズームの挿入］ダイアログボックスが表示されます。
④ 「セクション1：導入」、「セクション2：分析」、「セクション3：研修内容」の各チェックボックスをオンにします。
⑤ ［挿入］をクリックします。
⑥ セクションズームのサムネイルが挿入されます。
⑦ サムネイルをスライドのグレーの四角形の中に左側から「データ分析」、「ビジネスデータ分析」、「責任者向けデータ分析研修」の順に重ならないように配置します。

【タスク3】スライドマスターの「タイトルとコンテンツ」の箇条書きの行頭文字をピクチャフォルダーの「雷_bp.png」にします。

① ［表示］タブの［スライドマスター］ボタンをクリックします。
② 左側のサムネイルから［タイトルとコンテンツレイアウト］をクリックします。
③ 箇条書きのプレースホルダーの枠線をクリックします。
④ ［書式］タブの［箇条書き］ボタンの▼をクリックし、［箇条書きと段落番号］をクリックします。
⑤ ［箇条書きと段落番号］ダイアログボックスの［箇条書き］タブの［図］をクリックします。
⑥ ［図の挿入］ウィンドウの［ファイルから］をクリックします。
⑦ ［図の挿入］ダイアログボックスが表示されます。
⑧ ［ピクチャ］フォルダーが選択されていることを確認します。
⑨ 「雷_bp」をクリックし、［挿入］をクリックします。
⑩ 箇条書きのプレースホルダーの行頭文字に雷の図が設定されます。
⑪ ［スライドマスター］タブの［マスター表示を閉じる］ボタンをク

リックします。

【タスク4】スライドの最後にドキュメントフォルダーからWordファイル「実践研修_bp.docx」を挿入します。

① サムネイルのスライド「責任者向けデータ分析研修」の下（またはスライド「責任者向けデータ分析研修」）をクリックします。
② ［ホーム］タブの［新しいスライド］ボタンの▼をクリックします。
③ ［アウトラインからスライド］をクリックします。
④ ［アウトラインの挿入］ダイアログボックスが表示されます。
⑤ ［ドキュメント］フォルダーが選択されていることを確認します。
⑥ 「実践研修_bp」をクリックし、［挿入］をクリックします。
⑦ スライド「責任者向けデータ分析研修」の下に3枚のスライドが挿入されます。

【タスク5】スライド「ビジネスデータ分析」とスライド「責任者向けデータ分析研修」の画面切り替えを「ページカール」にします。

① サムネイルのスライド「ビジネスデータ分析」を選択します。
② Ctrlキーを押しながらサムネイルのスライド「責任者向けデータ分析研修」をクリックします。
③ ［画面切り替え］タブの［画面切り替え］の［その他］（または［切り替え効果］）ボタンをクリックします。
④ ［はなやか］の［ページカール］をクリックします。
⑤ 選択したスライドに画面切り替え効果「ページカール」が設定され、プレビューされます。

【タスク6】ファイルにフォントを埋め込む設定にします。

① ［ファイル］タブの［その他］をクリックし、［オプション］をクリックします。
② ［PowerPointのオプション］ダイアログボックスが表示されます。
③ 左側の［保存］をクリックします。
④ ［ファイルにフォントを埋め込む］チェックボックスをオンにします。
⑤ ［OK］をクリックします。
⑥ ファイルにフォントを埋め込む設定がされます。

模擬テストプログラムの使用許諾契約について

　以下の使用許諾契約書は、お客様と株式会社日経BP（以下、「日経BP」といいます）との間に締結される法的な契約書です。本プログラムおよびデータ（以下、「プログラム等」といいます）を、インストール、複製、ダウンロード、または使用することによって、お客様は本契約書の条項に拘束されることに同意したものとします。本契約書の条項に同意されない場合、日経BPは、お客様に、プログラム等のインストール、複製、アクセス、ダウンロード、または使用のいずれも許諾いたしません。

●使用許諾契約書

1. 許諾される権利について
日経BPは、本契約に基づき、以下の非独占的かつ譲渡不可能な使用権をお客様に許諾します。
（1）プログラム等のコピー1部を、1台のコンピューターへインストールし、1人が当該コンピューター上で使用する権利。
（2）保存のみを目的とした、プログラム等のバックアップコピー1部を作成する権利。

2. 著作権等
（1）プログラム等およびプログラム等に付属するすべてのデータ、商標、著作、ノウハウおよびその他の知的財産権は、日経BPまたは著作権者に帰属します。これらのいかなる権利もお客様に帰属するものではありません。
（2）お客様は、プログラム等およびプログラム等に付属する一切のデータは、日経BPおよび著作権者の承諾を得ずに、第三者へ、賃貸、貸与、販売、または譲渡できないものとします。
（3）本許諾契約の各条項は、プログラム等を基に変更または作成されたデータについても適用されます。

3. 保証の限定、損害に関する免責
（1）プログラム等を収録した媒体に物理的損傷があり、使用不能の場合には、日経BPは当該メディアを無料交換いたします。ただし、原則として、交換できるのは購入後90日以内のものに限ります。
（2）前項の場合を除いては、日経BPおよび著作権者は、プログラム等およびプログラム等に付属するデータに関して生じたいかなる損害についても保証いたしません。
（3）本契約のもとで、日経BPがお客様またはその他の第三者に対して負担する責任の総額は、お客様が書籍購入のために実際に支払われた対価を上限とします。

4. 契約の解除
（1）お客様が本契約に違反した場合、日経BPは本契約を解除することができます。その場合、お客様は、データの一切を使用することができません。またこの場合、お客様は、かかるデータの複製等すべてを遅滞なく破棄する義務を負うものとします。
（2）お客様は、プログラム等およびそれに付属するデータ、プログラム等の複製、プログラム等を基に変更・作成したデータの一切を破棄することにより、本契約を終了することができます。ただし、本契約のもとでお客様が支払われた一切の対価は返還いたしません。

5. その他
（1）本契約は、日本国法に準拠するものとします。
（2）本契約に起因する紛争が生じた場合は、東京簡易裁判所または東京地方裁判所のみをもって第1審の専属管轄裁判所とします。
（3）お客様は事前の承諾なく日本国外へプログラム等を持ち出すことができないものとします。日経BPの事前の承諾がない場合、お客様の連絡・通知等一切のコンタクトの宛先は、日本国内に限定されるものとします。

■ 本書についての最新情報、訂正、重要なお知らせについては下記 Web ページを開き、書名もしくは ISBN で検索してください。ISBN で検索する際は ー（ハイフン）を抜いて入力してください。

https://bookplus.nikkei.com/catalog/

■ 本書に掲載した内容および模擬テストプログラムについてのお問い合わせは、下記 Web ページのお問い合わせフォームからお送りください。電話およびファクシミリによるご質問には一切応じておりません。なお、本書の範囲を超えるご質問にはお答えできませんので、あらかじめご了承ください。ご質問の内容によっては、回答に日数を要する場合があります。

https://nkbp.jp/booksQA

問題作成協力 ● 清水 香里
装　　　　丁 ● 折原カズヒロ
Ｄ Ｔ Ｐ 制　作 ● クニメディア株式会社
模擬テスト
プログラム開発 ● エス・ビー・エス株式会社

MOS攻略問題集 PowerPoint 365（2023 年リリース版）

2023 年 10 月 30 日　初版第 1 刷発行

著　　　者：市川 洋子
発　行　者：中川 ヒロミ
発　　　行：株式会社日経 BP
　　　　　　〒 105-8308　東京都港区虎ノ門 4-3-12
発　　　売：株式会社日経 BP マーケティング
　　　　　　〒 105-8308　東京都港区虎ノ門 4-3-12
印　　　刷：大日本印刷株式会社

・本書に記載している会社名および製品名は、各社の商標または登録商標です。なお、本文中に ™、® マークは明記しておりません。
・本書の例題または画面で使用している会社名、氏名、他のデータは、一部を除いてすべて架空のものです。

ISBN978-4-296-05054-3　Printed in Japan